Große Gefühle. Von der Antike bis zur Gegenwart

Große Gefühle

Von der Antike bis zur Gegenwart

KUNST | HALLE | KREMS

Herausgegeben von Hans-Peter Wipplinger

VERLAG *für* MODERNE KUNST

Hans von Aachen (1552–1615)

Andrea Abati (* 1952)

Francesco Albani (1578–1660)

Matthew Barney (* 1967)

Paris Paschalinus Bordon, gen. Bordone (1550–1571)

Glenn Brown (* 1966)

Paolo Caliari, gen. Veronese (1528–1588)

Maria Luisa Calosso (* 1986)

James Casebere (* 1953)

Valerio Castello (1624–1659)

Maurizio Cattelan (* 1960)

Jake und Dinos Chapman (* 1966 bzw. * 1962)

Pieter Claesz (um 1597–1660)

Roberto Cuoghi (* 1973)

Berlinde De Bruyckere (* 1964)

Carlo Dolci (1616–1686)

Hans-Peter Feldmann (* 1941)

Urs Fischer (* 1973)

Pauwels Franck, gen. Paolo Fiammingo (um 1540–1596)

Francesco Furini (1603–1646)

Anna Gaskell (* 1969)

Douglas Gordon (* 1966)

Mona Hatoum (* 1952)

Damien Hirst (* 1965)

Carsten Höller (* 1961)

William Kentridge (* 1955)

Suchan Kinoshita (* 1965)

Ragnar Kjartansson (* 1976)

Donghee Koo (* 1974)

Zoe Leonard (* 1961)

Sharon Lockhart (* 1964)

Sarah Lucas (* 1962)

Esko Männikkö (* 1959)

Margherita Manzelli (* 1968)

Hellen van Meene (* 1972)

Nathaniel Mellors (* 1974)

Shirin Neshat (* 1957)

João Onofre (* 1976)

Tony Oursler (* 1957)

Philippe Parreno (* 1964)

Diego Perrone (* 1970)

Johann Poyancz († um 1565)

Thomas Ruff (* 1958)

Jacob van Ruisdael (um 1628–1682)

Johann Heinrich Schönfeld (1609–1684)

Yinka Shonibare (* 1962)

Andrea Solario (um 1466–1524)

Bartholomäus Spranger (1546–1611)

Fiona Tan (* 1966)

Sam Taylor-Wood (* 1967)

Tiziano Vecellio, gen. Tizian (um 1488–1576)

Jeff Wall (* 1946)

Adriaen van der Werff (1659–1722)

Inhalt

Prolog

Hans-Peter Wipplinger, Direktor der Kunsthalle Krems

Emotionen, die wesentlich das Denken, Fühlen und Handeln beeinflussen, spielen eine zentrale Rolle im menschlichen Leben und prägen seit Jahrhunderten nicht nur individuelle Befindlichkeiten, sondern weitgehend auch sozial- und gesellschaftspolitische Ordnungssysteme.[1]

Ob und wie sich im Wandel der Epochen Gefühle, Affekte, Empfindungen oder Leidenschaften entwickeln und verändern, daran forschen – mit verstärkter Aufmerksamkeit seit den 1980/90er-Jahren – zahlreiche wissenschaftliche Disziplinen wie Psychologie, Soziologie, Biologie, Geschichtswissenschaft, Politologie, Philosophie, Kommunikationswissenschaft oder Neurowissenschaft. Der gegenwärtige Boom von Emotionstheorien ist vermutlich darauf zurückzuführen, dass Emotionen letzthin als konstitutives Element der Kognition wertgeschätzt werden. Man vermutet – wider frühere Annahmen –, dass sie durchaus auf Verstand und Vernunft einwirken, Bedürfnisse erzeugen, Wahrnehmungen beeinflussen, Vorstellungen aufdrängen oder Denk- und Entscheidungsprozesse veranlassen. Zwischen den einstigen vermeintlichen Gegensätzen[2] – hier abgeklärtes, rationales Denken, dort stimmungsabhängiges, affektorientiertes Gefühl – kommt es kontinuierlich zu Interferenzen, die die emotionale Verfasstheit eines Individuums wie einer Gesellschaft kennzeichnen.

Da Emotionen komplexe dynamische Prozesse darstellen und keine statischen Kategorien, zeichnen sich die Antworten und Forschungsergebnisse zu Wesen, Natur, Bedeutung und Funktionen von Emotionen durch ihre kontroversielle Mannigfaltigkeit aus. Vertreten Evolutionsbiologen die These, dass die grundlegenden Emotionen im Laufe der Menschheitsgeschichte in einer notwendigen Anpassung an die Umwelt entstanden und genetisch festgelegt sind, betonen die Kulturwissenschaftler unter anderem die hohe Bedeutung der Sprache für das Erlernen von Emotionen, weil die Rede von Gefühlen – die immer auch kulturell codiert ist – sich nicht von ihrer historisch und kulturell entwickelten Vermittlung lösen lässt. Evident scheint, dass man Emotionen weder auf neurobiologische Prozesse[3]

noch auf kulturelle Konstrukte reduzieren kann, sondern komplexe und einander bedingende Vorgänge biologischer, psychologischer, sozialer und kultureller Natur für sie verantwortlich sind. Wie weit der Einfluss angeborener Mechanismen oder kultureller und sozialer Überformungen reicht, ist aufgrund der Komplexität und Subtilität mentaler Phänomene schwer festzumachen.

Der Vermittlung und Repräsentation von Gefühlen, die historisch variabel, also in Abhängigkeit von Zeit und Raum, zu betrachten sind, haben sich in den letzten Jahren, dem allgemein gewachsenen Interesse folgend, auch die Bildwissenschaften zunehmend zugewandt. Einer der wichtigsten Wegbereiter dieses Forschungsfeldes war der bildanthropologische Kulturhistoriker Aby Warburg[4], dem in der Ausstellung *Große Gefühle* wie in der vorliegenden Publikation in Bezug auf sein Konzept der „Pathosformel"[5] ein besonderer Stellenwert eingeräumt wird. Mit „Pathos" bezeichnete Warburg innere wie äußere Bewegung, also Leid und Erregung, Ungestümes wie Bewegendes, das durch den Zusatz von „Formel" ein Moment des Festgeprägten, Stillstehenden und Dauernden erhält. Mit anderen Worten und verkürzt formuliert handelt es sich um die Darstellung menschlicher Leidenschaften und menschlichen Leidens. Durch Warburgs Weiterentwicklung der Pathosformel zu sogenannten Engrammen[6] – Einschreibungen im Gehirn, Gedächtnisspuren, die von außergewöhnlichen Reizeinwirkungen hinterlassen werden – werden memorierte Bilder darüber hinaus zu Trägern individueller wie kollektiver Erinnerung, wird das Gedächtnis als „Leidschatz der Menschheit" gedeutet.

Auch wenn die kulturellen Codierungen emotionaler Empfindungen in Form von nach „außen" gerichtetem Ausdruck naturgemäß immer auch von den im „Inneren" empfundenen Gefühlen abweichen, können Erkenntnisse über Qualitäten und Intensitäten von Emotionen durch die Betrachtung von „Bildwerken" – insbesondere durch eine Analyse der Speicherung von Ausdrucksenergien in Form von Gebärde, Mimik und Gestik – zu einer Annäherung führen. Außer

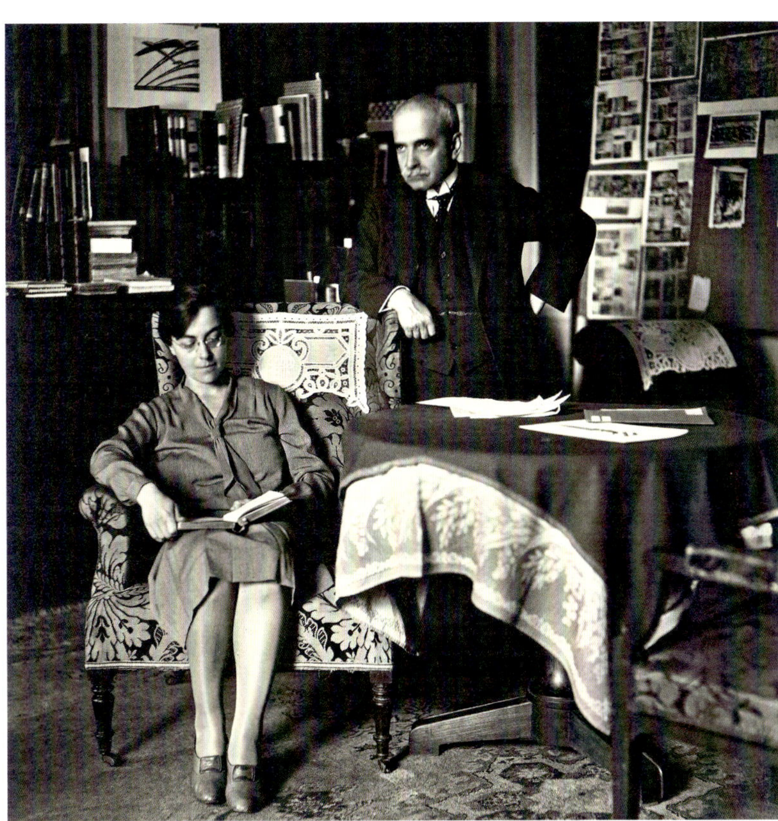

Aby Warburg und Gertrud Bing in Rom, April 1929
Warburg Institute, London

durch die Pathosformel scheint der Ausnahmewissen-
schaftler Warburg auch wegen seiner generellen Arbeits-
weise als Patron für diese Ausstellung prädestiniert:
Seine diachrone Betrachtungsweise, sein interdisziplinärer
Forschungsansatz und nicht zuletzt sein Konzept von
Evolutionszusammenhängen, die einen umfassen-
den Einblick in das Nachleben von Ausdrucksformeln
bieten, eignen sich bestens als Folie für die Untersuchung
anhand der Originale. Denn letztlich vertrauen die
Ausstellungsmacher(innen) mit Warburg auf die Aussage-
kraft des Materials, der Kunst selbst oder wie Ernst H.
Gombrich es bezeichnete, den „Genius der Phantasie" von
Künstlerinnen und Künstlern.

Die Ausstellung *Große Gefühle* wurde durch das Zusammen-
spiel zweier außergewöhnlicher Sammlungen möglich. Sie
erlauben die Darstellung unterschiedlicher Ausformungen
von Emotionen und ihrer Veränderung in den historischen
Kontexten über Epochen hinweg. Die zeitgenössischen
Kunstwerke stammen allesamt aus der Fondazione Sandretto
Re Rebaudengo in Turin. Sie wurden in einen spannungs-
reichen Dialog mit Werken aus den unterschiedlichen Sammlungen des Kunsthistorischen Museums in Wien gesetzt.
Mein großer Dank für das Zustandekommen dieser Ausstellung gilt daher zunächst Patrizia Sandretto Re Rebaudengo,
die in den frühen 1990er-Jahren begonnen hat, zeitgenössische

Kunst zu sammeln, und 1995 ihre Stiftung, als deren
Präsidentin sie fungiert, gegründet hat. Im Jahr 2002
eröffnete sie in Turin ein Privatmuseum, in dem sie zahl-
reiche anspruchsvolle Ausstellungen im politischen, sozialen
und philosophischen Kontext organisiert und sich – neben
Diskussionen, Vortragsveranstaltungen und anderen
Aktivitäten – vor allem einer breit angelegten Kunstver-
mittlung verschrieben hat. Ohne ihr leidenschaftliches
Engagement, ihre Großzügigkeit und ihr Vertrauen in unsere
Institution würde es diese Schau nicht geben. Ein herz-
licher Dank gilt Francesco Bonami, seit 1995 künstlerischer
Direktor der Fondazione Sandretto Re Rebaudengo, der
unser Vorhaben unterstützt und einen aufschlussreichen
Katalogbeitrag verfasst hat. Ganz besonders danke ich
Irene Calderoni, die nicht nur als Kuratorin der Sammlung,
sondern auch als Kokuratorin der Ausstellung und Kata-
logautorin ihr Wissen zur Verfügung gestellt hat.
Dass wir einen weiten historischen Bogen von der Gegenwartskunst zur Antike schlagen und somit trotz oder vielmehr wegen der historischen Differenz den Schwerpunkt
auf Verbindungslinien des Ausdrucks legen können, verdanken wir dem Kunsthistorischen Museum Wien unter
der äußerst kollegialen Generaldirektorin Sabine Haag.
Neben ihr ist vor allem Sylvia Ferino-Pagden als Direktorin
der Gemäldegalerie hervorzuheben, die von Anbeginn

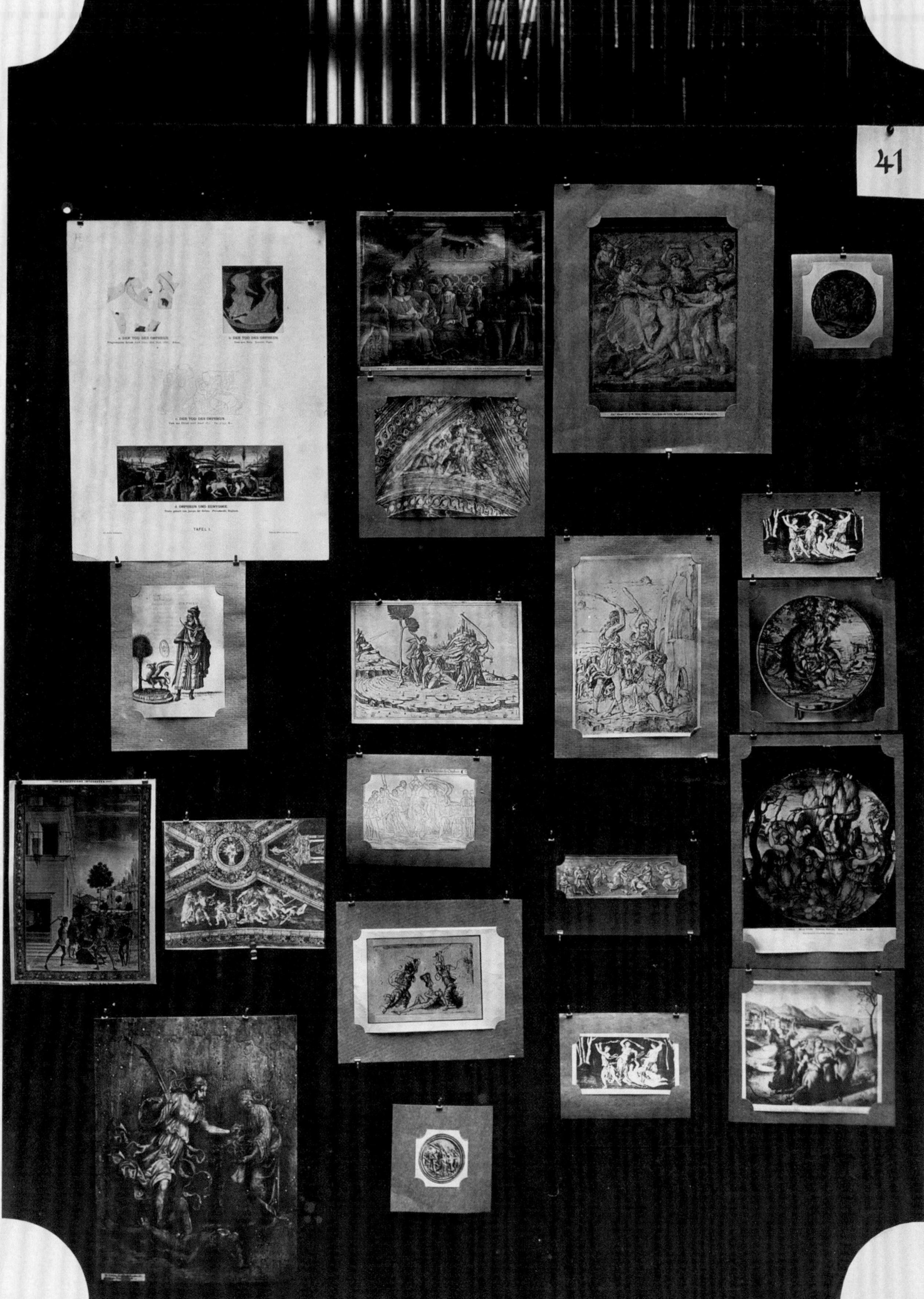

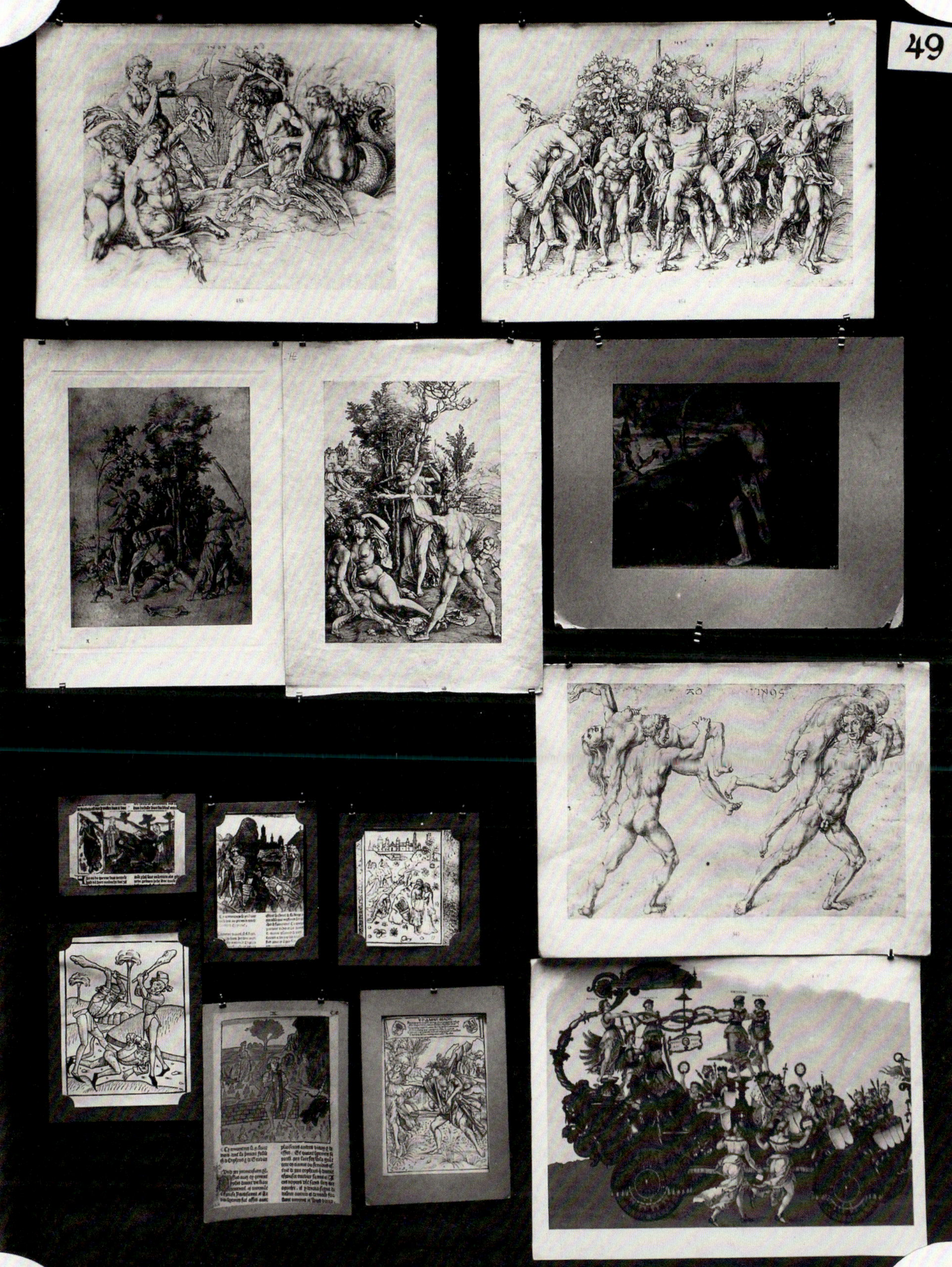

Vorangehende Doppelseite:

Aby M. Warburg
Mnemosyne-Atlas, letzte Fassung, Tafel 41, 1929 (links)
Mnemosyne-Atlas, vorletzte Fassung, Tafel 49, 1928 (rechts)
Warburg Institute, London

der konzeptuellen Überlegungen zu diesem Vorhaben ihre Bereitschaft zur Kooperation signalisierte und neben der Bereitstellung vieler bedeutender Leihgaben wertvolle inhaltlich-kuratorische Unterstützung leistete. Des Weiteren sei den Direktoren der verschiedenen Sammlungen auf das Herzlichste gedankt: dem Direktor a. D. der Hofjagd- und Rüstkammer, Christian Beaufort-Spontin, sowie dem amtierenden Direktor Matthias Pfaffenbichler, der Direktorin der Ägyptisch-Orientalischen Sammlung, Regina Hölzl, und ihrer Mitarbeiterin Michaela Hüttner, dem Direktor der Antikensammlung und des Ephesosmuseums, Alfred Bernhard-Walcher, sowie der Direktorin von Wagenburg und Monturdepot, Monica Kurzel-Runtscheiner. Mein abschließender Dank ergeht an den Leiter des Ausstellungsmanagements des Kunsthistorischen Museums, Christian Hölzl, sowie an seine Mitarbeiterin Ulrike Becker für ihren umsichtigen Einsatz.

Speziellen Dank möchte ich der Kunsthistorikerin und freien Kuratorin Brigitte Borchhardt-Birbaumer aussprechen, mit der ich auf freundschaftliche Weise das Basiskonzept zu dieser Ausstellung entwickeln durfte. Ihre Kreativität, ihr Einsatz und ihr Fachwissen haben entscheidend zum Gelingen der Schau beigetragen. Für die Katalogtexte sei nicht nur ihr, sondern im Besonderen auch dem Philosophen Burghart Schmidt und den wissenschaftlichen Mitarbeiterinnen der Kunsthalle Krems, Stephanie Damianitsch und Alexandra Hennig, herzlich gedankt.

Auch allen Mitarbeitern der Kunsthalle Krems, die das Projekt mit großem Engagement umgesetzt haben, sei an dieser Stelle ausdrücklich gedankt. Stellvertretend darf ich mich bei der Geschäftsführerin Cornelia Lamprechter und der Leiterin des Ausstellungsmanagements, Katrin Unterreiner, sowie der zuständigen Projektmanagerin Elke Pehamberger-Müllner, der Leiterin der Presse- und Öffentlichkeitsarbeit, Katharina Kober, der Marketingleiterin Eva Zwirner sowie dem technischen Leiter Walter Lehmerhofer und dem gesamten Aufbauteam herzlich bedanken. Für die grafische Gestaltung des Katalogs spreche ich Alexander Rendi, für die Kooperation in Zusammenhang mit dem Katalogbuch Silvia Jaklitsch vom Verlag für moderne Kunst Nürnberg und für die Ausstellungsarchitektur Christof Cremer meinen Dank aus. Last, but not least gilt mein Dank den Hauptfördergebern der Kunsthalle Krems, dem Land Niederösterreich und der Stadt Krems, dem Verein der Freunde der Kunstmeile Krems wie auch allen privatwirtschaftlichen Sponsoren, die durch ihr finanzielles Engagement zum Gelingen dieser Ausstellung beigetragen haben.

1 In der Psychologie und Neurobiologie wird kein wesentlicher Unterschied zwischen Emotion und Gefühl gemacht. Nach dem Neurophysiologen Ernst Florey (1927–1997) ist lediglich die Reichweite der Begriffe verschieden: Emotionen sind „ichbezogen" und Zustände der eigenen Befindlichkeit, wohingegen Gefühle auch objektbezogen sein können und jede Wahrnehmung als angenehm oder unangenehm, jede Handlung als richtig oder falsch bewerten; vgl. Ernst Florey, „Geist oder Automat: Spekulationen über das fühlende Gehirn", *Kunstforum international*, 126 (1994), S. 93. Der Philosoph Aaron Ben-Ze'ev (* 1949) nennt als Merkmale von Emotionen Instabilität, große Intensität, Parteilichkeit und Kurzlebigkeit. Zu den Komponenten der Emotion zählt er Kognition, Evaluation, Motivation und Gefühl. Er unterscheidet strikt zwischen den Begriffen „Emotion" und „Gefühl": Emotionen besitzen für ihn neben der Gefühlskomponente auch eine intentionale Komponente, die Gefühle nicht aufweisen, weil sie eher als passiven, in Raum und Zeit lokalisierten Zustand sieht; vgl. Aaron Ben-Ze'ev, *Die Logik der Gefühle. Kritik der emotionalen Intelligenz*, Frankfurt am Main 2009, S. 72. Alltagssprachlich werden die Begriffe „Emotion" und „Gefühl" meist synonym verwendet.

2 Platon etwa betrachtete Gefühle als Hindernis beim Denken und unterschied streng zwischen Gefühl und Verstand.

3 Zahlreiche Neurologen wie etwa Walter Rudolf Hess (1881–1973), James Papez (1883–1958) oder Paul MacLean (1913–2007) lokalisierten Emotionen im limbischen System des menschlichen Gehirns und konnten in ihren Untersuchungen feststellen, dass der limbische Teil und benachbarte Hirnstrukturen für emotionale Reaktionen verantwortlich sind. Nach Papez wird die „Entstehung der großen Gefühle, der Emotionen, [...] den archaischen Hirnstrukturen zugeschrieben, die ganz am Anfang der Säugetierevolution vor Millionen von Jahren bereits in den Gehirnen dieser Tiere angelegt wurden, noch ehe ein cerebraler Neocortex entstand" (Florey 1994, wie Anm. 1, S. 101).

4 Aby Warburg, mit vollem Namen Abraham Moritz Warburg, wurde 1866 in Hamburg geboren und verstarb dort im Jahr 1929.

5 Warburg war hier wesentlich von August Schmarsow (1853–1936) geleitet, der als Vertreter evolutionistischer Theorien insbesondere die Wiederaufnahme antiken Gedanken- und Bildguts lehrte sowie Gesten, Mimik und Ausdruck besondere Beachtung schenkte.

6 Ein Begriff, den Warburg von dem deutschen Evolutionsbiologen und Zoologen Richard Semon (1859–1918) übernahm.

Vorwort

Patrizia Sandretto Re Rebaudengo, Präsidentin der Fondazione Sandretto Re Rebaudengo

Schon der Beginn meiner Sammlertätigkeit war von dem Willen zur Öffnung und dem Wunsch nach Austausch geprägt. Ich war immer der Meinung, dass eine Kunstsammlung als Ergebnis einer persönlichen Leidenschaft einen Wert für die Allgemeinheit darstellt und daher einem möglichst breiten Publikum zugänglich gemacht werden soll. Für diesen Zweck müssen die Werke sichtbar gemacht und Werkzeuge zur Interpretation und Verständnisförderung zur Verfügung gestellt werden, damit sich alle den immer wieder neuen Sprachen der zeitgenössischen Kunst nähern können. Mit dieser Vision entstand 1995 die Fondazione Sandretto Re Rebaudengo, eine gemeinnützige Einrichtung, die mit der neuen Generation von Künstlern und Kuratoren zusammenarbeitet, um Ausstellungen und Publikationen zu gestalten und Kunstvermittlungsprogramme für alle Altersstufen zu organisieren.
Eine Auswahl von Werken aus der Sammlung in der Kunsthalle Krems präsentieren zu können, erfüllt uns mit großer Genugtuung und ist eine einzigartige Gelegenheit, sie im Dialog mit den vom Kunsthistorischen Museum Wien zur Verfügung gestellten Meisterwerken sehen zu können. Es ist eine Ehre, mit Einrichtungen von solch internationaler Bedeutung und einem solchen Ansehen zusammenzuarbeiten. Mein aufrichtigster Dank gilt Hans-Peter Wipplinger, Direktor der Kunsthalle Krems, und Sabine Haag, Generaldirektorin des Kunsthistorischen Museums, für ihren Einsatz zur Realisierung dieser Ausstellung und für das Konzept und das Kuratieren in Zusammenarbeit mit der freien Kuratorin Brigitte Borchhardt-Birbaumer und Irene Calderoni, Kuratorin der Fondazione Sandretto Re Rebaudengo. Mit Enthusiasmus, Intelligenz und Professionalität verwirklichte dieses Kuratorenteam ein ausgefallenes und differenziertes Projekt, das eine innovative Interpretation der Werke aus der Sammlung zulässt und dem Publikum eine faszinierende und spannende Reise durch Zeit und Kunst ermöglicht.

„Die Geschichte der menschlichen Kultur als eine Geschichte der menschlichen Leidenschaften"

Hans-Peter Wipplinger

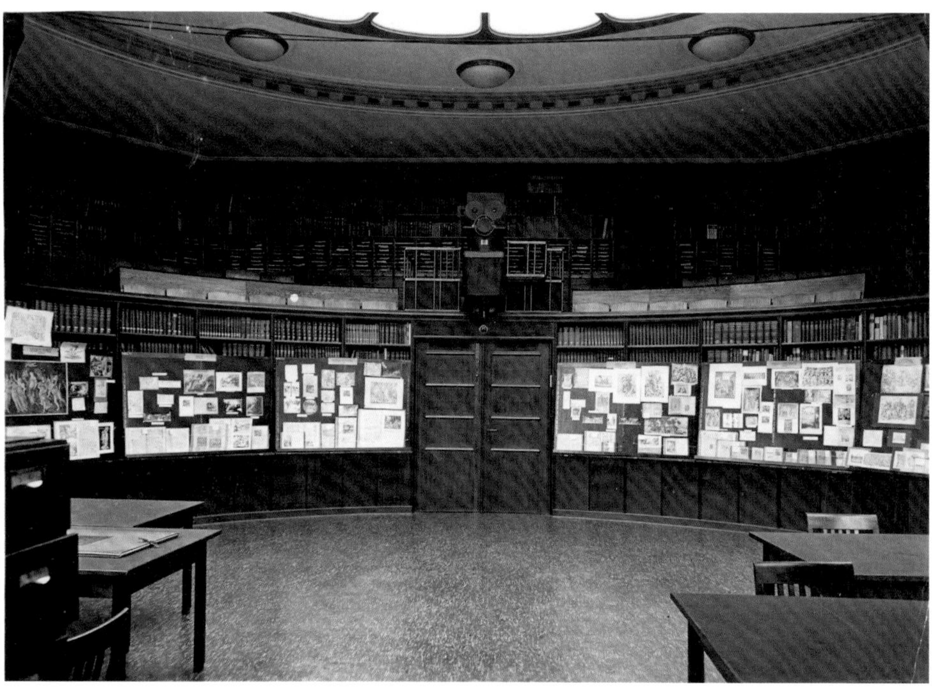

Lesesaal der Kulturwissenschaftlichen Bibliothek Warburg, Hamburg, mit Bilderreihe zum Nachleben Ovids, Februar 1927
Warburg Institute, London

Den „ganzen Kreislauf menschlichen Gefühlslebens, von stiller Schwermut bis zu heftiger Erregtheit"[1], sieht Aby Warburg (1866–1929) in den Werken Sandro Botticellis (1445–1510) dargestellt. Doch wie gelang es dem Künstler, seinen Gestalten eine solch emotionale Ausdruckskraft zu verleihen, die noch heute nichts von ihrer Wirkmacht verloren hat? Bereits in seiner Dissertation von 1893 zu Botticellis mythologischen Gemälden *Die Geburt der Venus* (um 1490) und *Frühling* (1478) wird Warburg auf die Verwendung von Motiven aufmerksam, die italienische Künstler des Quattrocento – aber auch Dürer, wie wir sehen werden – dem Formenschatz der Antike entlehnten, um, wie Warburg annimmt, einer „leidenschaftlich-seelischen Erregung" Ausdruck zu verleihen. Die Rede ist von der „Darstellung äußerlich beweg-

ten Beiwerks – der Gewandung und der Haare"[2]. Der äußeren Bewegung als Hinweis auf innere Bewegtheit oder anders ausgedrückt der emotionalen Ergriffenheit als Energie, die sich im „bewegten Beiwerk" manifestiert, gilt fortan Warburgs Augenmerk. Es sind nicht allein die formale Übernahme antiker Vorbilder und die damit verbundene Stilmischung, die ihn interessieren, sondern auch die Frage nach einer der bildhaften Darstellung von Pathos zugrunde liegenden Formel, die das „nachgefühlte Erlebnis"[3] eines Individuums durch den Künstler trotz der kultur- und kunsthistorischen Verschiebung objektiv nachvollziehbar macht. Bereits Leon Battista Alberti (1404–1472) hebt in seinem Traktat *De pictura* (1435) neben Gesicht und Gesten vor allem die Bedeutung von Haar und Gewand als Spiegel innerseelischer Zustände hervor.[4] Eine weitere

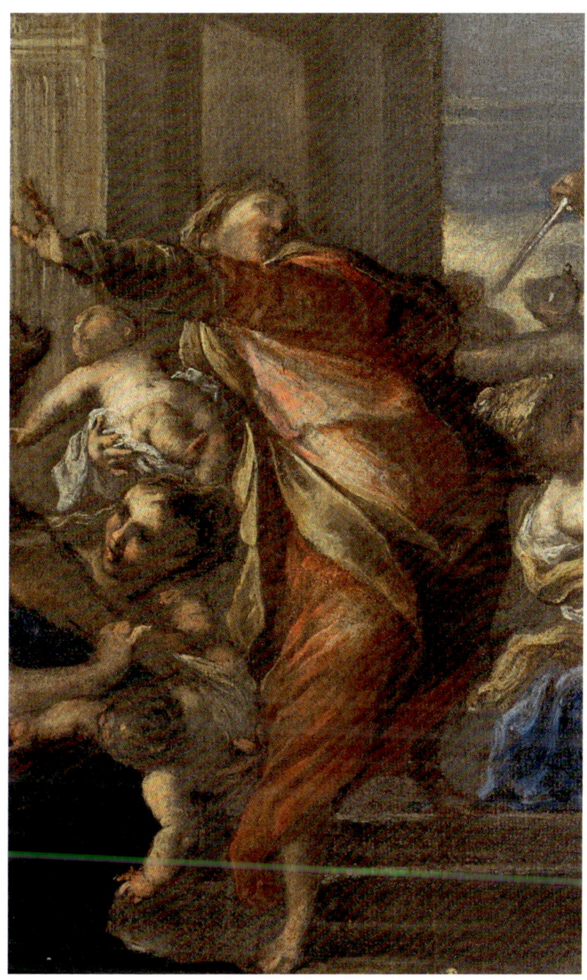

Valerio Castello
Bethlehemitischer Kindermord, um 1650 / 55 (Detail)
S. 46

Parallele findet Warburg bei seinem Zeitgenossen Sigmund Freud (1856–1939), der in seiner Untersuchung *Der Moses des Michelangelo* (1914) das Verfahren der Psychoanalyse anwendet: „Auch diese ist gewöhnt, aus geringgeschätzten oder nicht beachteten Zügen, aus dem *Abhub* – dem ‚refuse‘ – der Beobachtung, Geheimes und Verborgenes zu erraten.“[5] In diesem Fall aus dem Barte des Propheten, in dessen bewegten Strähnen Freud das Nachbeben eines Zornausbruches ausmachen will.

Um seine These des „bewegten Beiwerks“ zu untermauern, entwickelt Warburg seine eigenen theoretischen Überlegungen zu einer Einfühlungs- und Ausdruckspsychologie. Sein ganzes Forschen sei mitbestimmt vom Willen, „die Geschichte der menschlichen Kultur als eine Geschichte der menschlichen Leidenschaften zu sehen“[6], so Erwin

Panofsky (1892–1968) im Nachruf auf seinen Lehrer. Auch Anthropologie, insbesondere die Ausdruckslehre von Charles Darwin (1809–1882), spielt dabei eine Rolle. So notiert Warburg 1888 in seinem Tagebuch über die Lektüre des damaligen Bestsellers *Der Ausdruck der Gemüthsbewegungen bei dem Menschen und den Thieren* (1872): „Endlich ein Buch das mir hilft!“[7] Darwins Argumentation, dass die menschliche Mimik vererbbar sei und es sich bei Emotionen wie Freude, Erstaunen, Angst, Ekel, Zorn und Traurigkeit um kulturübergreifende Konstanten handele, ist sicherlich eine Anregung für Warburg. Doch geht sein Ansatz aus heutiger Sicht über die Theorie der Primäremotionen[8] hinaus. Das Moment der Bewegung, dem Warburg in seinen Untersuchungen eine entscheidende Rolle zumisst und das die Zeitdimension ins Spiel bringt, kann auch unter den Gesichtspunkten der aktuellen Appraisal Theory (Bewertungstheorie) betrachtet werden. Statt von emotionsspezifischen prototypischen Ausdruckskonfigurationen, die je nach Situation quasi programmmäßig abgerufen werden, gehen Appraisaltheoretiker davon aus, dass in einem dynamischen Bewertungsprozess eine Vielzahl subtil differenzierter Emotionszustände erzeugt wird. Konfrontiert mit einem neuartig-ungewohnten Reiz müsse der Mensch diesen in einer Reihe von Bewertungs- und Prüfschritten analysieren, um eine optimale Verhaltensreaktion des Organismus vorzubereiten. Der Emotionsmechanismus umfasst dabei zahlreiche verschiedene Ausdrucksbewegungen wie Stirnrunzeln (kognitiver Prozess), einen weit geöffneten Mund (physiologischer Prozess) oder die geballte Faust (motivationaler Prozess). Eine Emotion in die statische Form eines Kunstwerks zu bannen, ist also schwierig, wenn nicht unmöglich. Analog zu den zahlreichen Ausdrucksbewegungen kann es sich bei bildhaften Repräsentationen von Emotionen immer nur um „gefrorene Momente im Emotionsprozess“, um „gefrorene Gefühle“ handeln, so Klaus R. Scherer, Leiter des Swiss Center for Affective Sciences in Genf.[9] Er schlussfolgert: „In Gemälden und Skulpturen begegnen uns also nicht die prototypischen Formen der Primäremotionen, sondern die komplexen, emotionalen Erlebnismuster der dargestellten Individuen, aus der Sichtweise des Künstlers und seiner speziellen Interpretation der Situation."[10] „Bewegtes Beiwerk", das Warburg als signifikant heraushebt, ist eine Möglichkeit, die Prozesshaftigkeit von Emotionen und den „sequentiell-kumulativen Aufbau des Emotionsausdrucks"[11] motivisch zu unterstreichen. Vor der Folie der aktuellen Appraisaltheorie können flatternde Haare und gebauschte Gewänder als psycho-ikonologische Indikatoren für körperliche wie mentale Anspannung und tiefenpsychologische Motorik gelesen werden, die den Emotionsprozess begleiten. Doch Warburg vertieft seine ikonologischen Fallstudien: Ausgehend vom „bewegten Beiwerk" unterzieht er auch bildliche Darstellungsformen von Mimik und Gestik einer vergleichenden Untersuchung. Dabei interessieren ihn vor allem die „Grenzwerte mimischen und physiognomischen Ausdrucks"[12], für die er in seinem Vortrag *Dürer und die italienische Antike* (1905) den Terminus der „Pathosformel" einführt - und dies, „ohne je eine theoretische Erläuterung des Begriffs zu geben"[13], wie Claudia Wedepohl vom Warburg Institute in London bemerkt.

„Superlative Formen" jedoch bedeuten den Endpunkt eines Emotionsprozesses, den Moment der endgültigen Bewertung einer Situation. Die Zeichnung *Der Tod des Orpheus* (1494) von Albrecht Dürer (1471–1528), die Warburg zum Ausgangspunkt seines Vortrages macht, zeigt den beim Spiel der Lyra von rasenden Mänaden überraschten Orpheus. Mit Stöcken prügelnd zwingen sie ihn zu Boden. Noch erhebt der Sänger die Hand zur abwehrenden Geste, doch sein Instrument liegt bereits verstummt neben ihm. Unter Hinzunahme von antiken Darstellungen derselben Szene - auf einer Schale, auf Vasen, auf einer Truhe oder einem Sarkophagrelief - glaubt Warburg den Beweis erbracht zu haben, dass die Abwehrhaltung des Orpheus eine getreue Übernahme eines seit der Antike bekannten Typus sei. Diese „wandernden antiken Superlative der Gebärdensprache"[14], wie er die „Pathosformeln" auch nennt, sind jedoch zu trennen in antike Vorbilder, die überliefert, wiederentdeckt und kopiert wurden, und Urbilder bzw. Urgebärden.[15] Derartige Urerfahrungen sind stets an bestimmte prägende Ereignisse und Handlungsabläufe bzw. an einen mythologischen Stoff gebunden und müssen

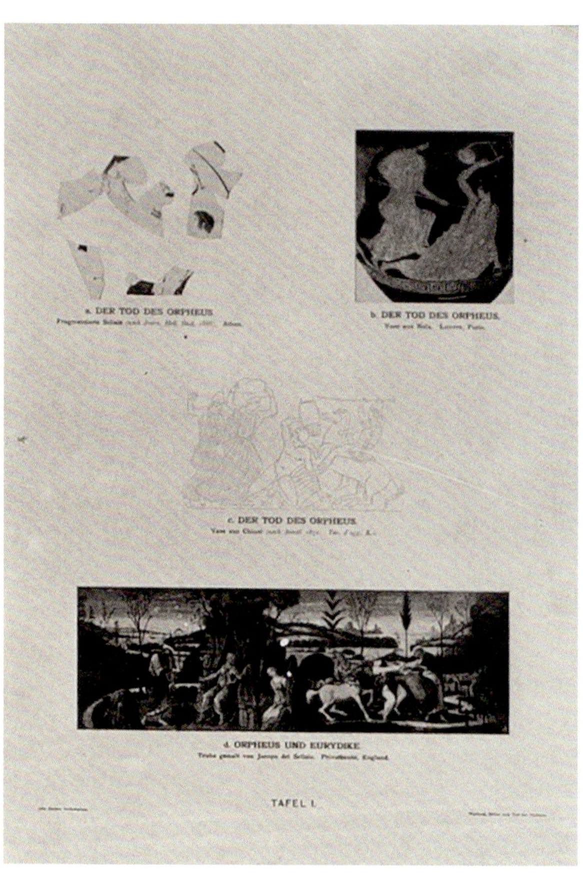

Aby M. Warburg
Mnemosyne-Atlas, letzte Fassung, Tafel 41, 1929 (Detail)
S. 10

„nachgefühlt" werden, wie Warburg es formuliert. Eine methodologisch grenzwertige Vorgehensweise. Zum einen entbehren Pathosformeln als bildhafte Formen der inhaltlichen Bestimmtheit, was einige ikonografische Fallstricke mit sich bringt. Zum anderen ist auch die empathische Wahrnehmung von Emotionen störanfällig, zumal die Dargestellten einer anderen Zeit, einem anderen Kulturkreis oder mythologischen Welten entstammen. Verstehen wir kaum unseren eigenen Gefühlshaushalt, fällt es erst recht schwer, sich etwa in die emotionale Bedrängnis eines Orpheus einzufühlen. Wie wir gesehen haben, ergeben sich durch die individuelle Evaluation einer Situation je nach sozialer und kultureller Einbettung, persönlicher Erfahrung und Disposition differente Emotionen bzw. Ausdrucksreaktionen. Wie Ernst H. Gombrich (1909–2001) nicht ohne Witz bemerkt, „besteht ein Unterschied zwischen

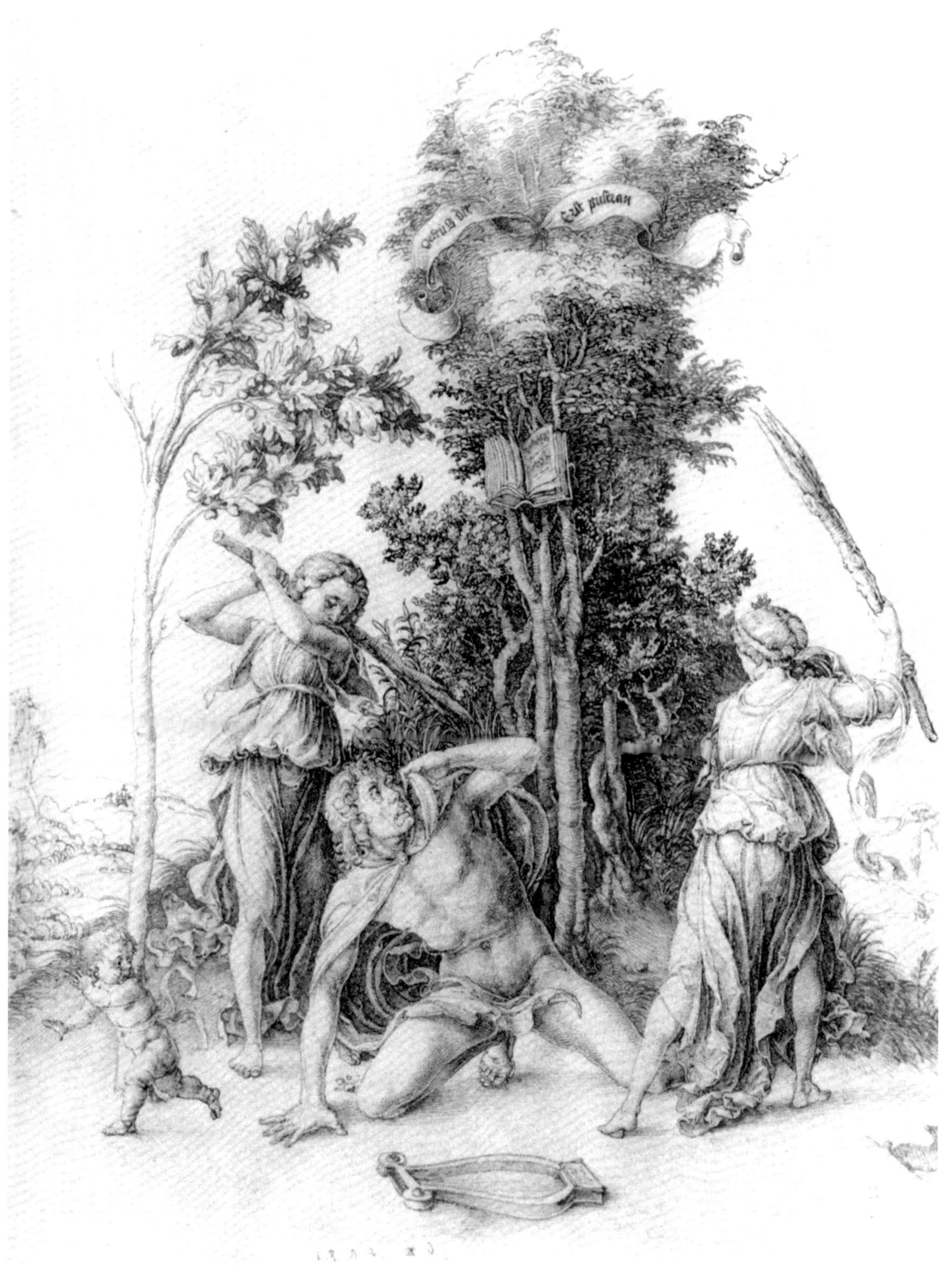

Albrecht Dürer, *Tod des Orpheus*, 1494
Kunsthalle Hamburg, Kupferstichkabinett

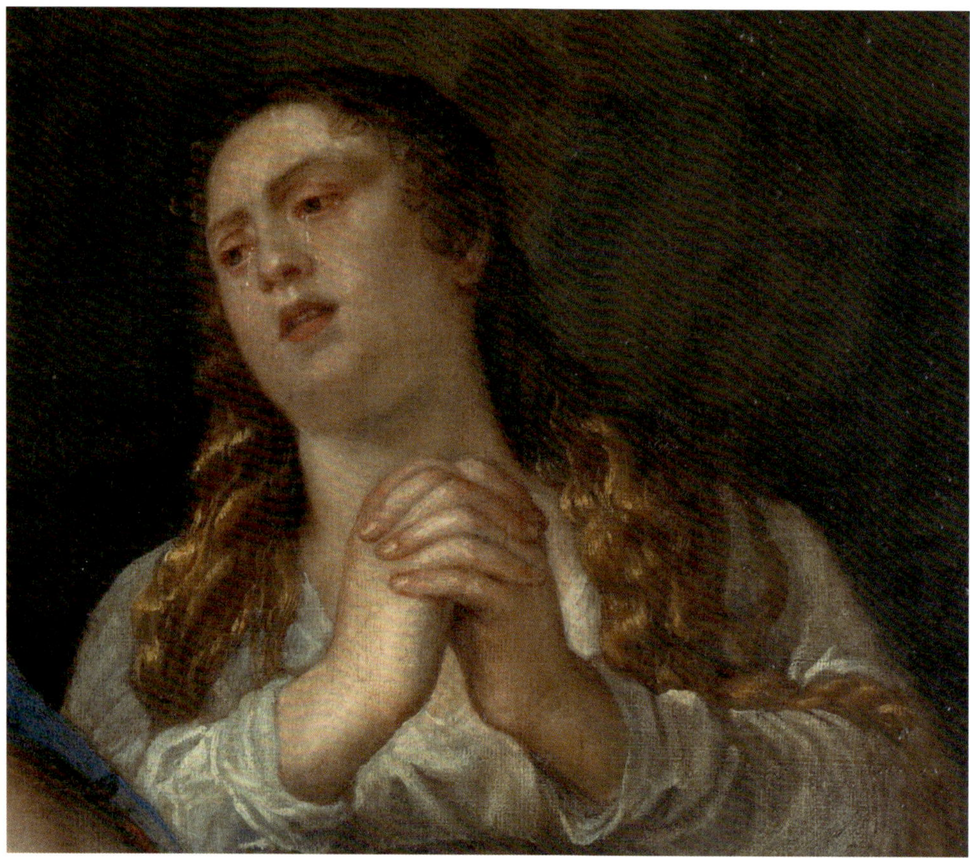

Tiziano Vecellio, gen. Tizian
Grablegung Christi, nach 1557 (Detail)
S. 50

dem Lächeln eines Optimisten und dem eines Pessimisten"[16]. Oft wird eine Emotion dicht gefolgt oder überlagert von einer anderen. Überraschung, Schmerz und Todesfurcht liegen nah beieinander, wie Dürers *Tod des Orpheus* eindrücklich zeigt. Ferner ähneln emotionale Extreme einander, was einen unkontrollierbaren Umschlag auch und gerade bei der Rezeption ihrer bildlichen Darstellung zur Folge haben kann. Im Umkehrschluss gilt, dass die gleiche Emotion durch unterschiedliche Stimuli ausgelöst werden kann. Dabei ist jeweils die Intensität ausschlaggebend. Warburgs Begriff der „energetischen Inversion in der Ausdeutung antiker Pathosformeln"[17], durch die er beispielsweise die Raserei einer Mänade in die expressiv gesteigerte Trauer einer Maria Magdalena unter dem Kreuz verwandelt sieht, könnte auch unter diesen Gesichtspunkten diskutiert werden.

Die Kenntnis des narrativen Zusammenhangs vorausgesetzt, kann das im Kunstwerk „gefrorene Gefühl" nachempfunden werden. So misst Warburg Mythen und Religion, und damit Ritual und Fest, große Bedeutung bei. Wie schon der Kulturhistoriker Jacob Christoph Burckhardt (1818–1897) vertritt er die Ansicht, dass die griechisch-römischen Mythen, die im volkstümlichen Festwesen des Mittelalters als schwacher Abglanz überlebt hatten, im festlichen Leben der italienischen Renaissance mit neuer Wirkmacht hervortraten. Neben Triumphzügen und Prozessionen bot gerade auch das Theater mit seinen authentischen Inszenierungen des mythologischen Stoffs dem höfischen Menschen der damaligen Zeit einen „Übergang aus dem Leben in die Kunst"[18]. So stellt Warburg etwa die Orpheus-Zeichnung Dürers in die unmittelbare Nachfolge des 1472 in Mantua erstaufgeführten Dramas *Fabula di Orpheo* des Dichters Angelo Poliziano (1454–1494).[19] Als „leidenschaftlich und verständnisvoll nachgefühltes Erlebnis aus dem dunkeln [sic] Mysterienspiel der Dionysischen [sic] Sage"[20] beschreibt Warburg das Theaterstück. In kollektiv-kultischer Ekstase, Entgrenzung und Rausch sowie in archaischen Ritualen, wie er sie beispielsweise 1895/96 auf einer New-Mexico-Reise bei den Hopi-Indianern kennenlernt, macht Warburg den Ursprung affektiven Erlebens, den Grund der Kultur überhaupt aus. Bedeutend ist dabei seine Erkenntnis, dass sich der Mensch in symbolischen und rituellen Prozessen einen Raum der Distanzierung von einer universalen Urangst schafft: „Bewußtes Distanzschaffen zwischen sich und der Außenwelt darf man wohl als Grundakt menschlicher Zivilisation bezeichnen"[21], konstatiert er einleitend zu seinem *Bilderatlas Mnemosyne* (1929). Anders ausgedrückt: Das individuell Ereignishafte, das subjektive Erleben starker Erschütterungen, das die ganze Skala des Ergriffenseins von Tod bis Tanz umfasst, wird in der Pathosformel objektiviert. Der Orpheus-Tod wird zum transepochalen Bildthema, das die permanente Gefährdung des abendländischen Zivilisationsprozesses durch das von Nietzsche geprägte dionysische Prinzip symbolisiert. Ob es sich bei der dargestellten Person um Orpheus, Christus am Kreuz oder ein Folteropfer dieser Tage handelt, ist zweitrangig. Warburgs Hauptaugenmerk liegt auf der bildhaften Darstellung eines leidenschaftlich gesteigerten Ausdrucks, in diesem Fall der Abwehrhaltung angesichts von Schmerz und Tod, die zur kopierbaren Formel wird. „Der Tod d. Orpheus. Die Rückkehr der ewig gleichen Bestie, gen. homo sapiens"[22], so notiert Warburg zu einem Ausschnitt aus der *Frankfurter Zeitung*, den er seinem Manuskript über *Dürer und die italienische Antike* beifügt. Der Bericht beschreibt eine Gräueltat, die sich kurze Zeit nach Warburgs Vortrag 1905 in Russland zugetragen hat: Eine freiheitsliebende junge Lehrerin wurde im Kaukasus von zarentreuen Kosaken mit Hämmern zu Tode geprügelt. Warburgs ahnungsvoll-warnende Bemerkung hat angesichts des Zeitgeschehens nichts von ihrer Aktualität verloren. Ebenso wenig die Bedeutung der Pathosformel im Sinne einer ihr von Warburg zugesprochenen „Entgiftungsfunktion"[23]. Der Kunsthistoriker Horst Bredekamp, Träger des Aby-M.-Warburg-Preises, resümiert schlüssig: „Die Pathosformel begründet im Verständnis von Warburg die Möglichkeit, nicht zu bewältigende, zerstörerische Energien des Psychischen und Sozialen durch visuelle Formen zu entäußern und damit beherrschbar zu machen."[24]

1 Aby Warburg in einem Text aus dem Jahre 1898, zit. nach Claudia Wedepohl, „Von der ‚Pathosformel' zum ‚Gebärdensprachatlas'. Dürers *Tod des Orpheus* und Warburgs Arbeit an einer ausdruckstheoretisch begründeten Kulturgeschichte", in: Thomas Ketelsen/Andreas Stolzenburg (Hg.), *Die entfesselte Antike. Aby Warburg und die Geburt der Pathosformel*, Köln 2012, S. 35.
2 Aby Warburg, Dissertationsschrift 1893, zit. nach Georges Didi-Huberman, „Feld und Vehikel der Bewegungen des Nachlebens: Die Pathosformel", in: ders., *Das Nachleben der Bilder. Kunstgeschichte und Phantomzeit nach Aby M. Warburg*, Berlin 2010, S. 213.
3 Aby Warburg, „Dürer und die italienische Antike", in: Ketelsen/Stolzenburg 2012, wie Anm. 1, S. 88.
4 Vgl. Horst Bredekamp, „Die Pathosformel als Distanzmacht", in: ders., *Theorie des Bildakts*, Berlin 2010, S. 300.
5 Sigmund Freud, „Der Moses des Michelangelo (1914)", in: ders., *Bildende Kunst und Literatur* (Studienausgabe, Bd. X), Frankfurt am Main 1969, S. 207.
6 Erwin Panofsky, „A. Warburg (Nachruf)", in: ders., *Deutschsprachige Aufsätze*, Bd. 2, hg. v. Karen Michels/Martin Warnke, Berlin 1998, S. 1111. Der Nachruf erschien erstmals im *Hamburger Fremdenblatt*, 28. 10. 1929.
7 Aby Warburg, zit. nach Perdita Rösch, *Aby Warburg*, Paderborn 2010, S. 26.
8 René Descartes (1596–1650) spricht in seiner Abhandlung über *Die Leidenschaften der Seele* (1646) von sechs Grundaffekten: Staunen, Liebe, Hass, Begehren, Freude, Traurigkeit. Der renommierte amerikanische Emotionsforscher Carroll E. Izard (* 1924) geht in seinem Buch *Die Emotionen des Menschen* von zehn „fundamentalen Emotionen" aus: Interesse/Erregung, Freude/Vergnügen, Überraschung/Schreck, Kummer/Schmerz, Zorn/Wut, Ekel/Abscheu, Geringschätzung/Verachtung, Furcht/Entsetzen, Scham/Schüchternheit, Schuldgefühl. Der Schweizer Psychologe Klaus R. Scherer (* 1943) nimmt sieben Gefühle an, von denen sich alle anderen ableiten ließen: Freude, Ekel, Angst, Ärger, Trauer, Scham, Schuld. Die Klassifizierung dieser Basisemotionen variiert je nach Wissensdisziplin geringfügig.
9 Ausführlich hierzu siehe Klaus R. Scherer, „Gefrorene Gefühle: Zur Emotionsdarstellung in der bildenden Kunst", in: Gottfried Boehm/Birgit Mersmann/Christian Spies (Hg.), *Movens Bild. Zwischen Evidenz und Affekt*, München 2008, S. 249 ff.
10 Ebd., S. 268.
11 Ebd., S. 265.
12 Warburg 2012, wie Anm. 3, S. 91.
13 Wedepohl 2012, wie Anm. 1, S. 42.
14 Warburg 2012, wie Anm. 3, S. 92.
15 Vgl. Wedepohl 2012, wie Anm. 1, S. 44–46.
16 Ernst H. Gombrich, in: ders./Julian Hochberg/Max Black (Hg.), *Kunst, Wahrnehmung, Wirklichkeit*, Frankfurt am Main 1977, S. 48.
17 Aby Warburg, *Bilderreihen und Ausstellungen* (Gesammelte Schriften, Bd. 2,2), hg. v. Uwe Fleckner/Isabella Woldt, Berlin 2012, S. 307.
18 Jacob Christoph Burckhardt, zit. nach Bernd Villhauer, *Aby Warburgs Theorie der Kultur*, Berlin 2002, S. 37.
19 Vgl. Marcus Andrew Hurttig, „Aby Warburgs Vortrag ‚Dürer und die italienische Antike'", in: Ketelsen/Stolzenburg 2012, wie Anm. 1, S. 24–26.
20 Warburg 2012, wie Anm. 3.
21 Aby Warburg, *Der Bilderatlas Mnemosyne* (Gesammelte Schriften, Bd. 2,1), hg. v. Martin Warnke, Berlin 2008, S. 3.
22 Aby Warburg, zit. nach Hurttig 2012, wie Anm. 19, S. 30.
23 Aby Warburg, zit. nach John M. Krois, „Die Universalität der Pathosformeln. Der Leib als Symbolmedium", in: ders., *Körperbilder und Bildschemata*, hg. v. Horst Bredekamp/Marion Lauschke, Berlin 2011, S. 81.
24 „Im Königsbett der Kunstgeschichte. Ein Gespräch mit Horst Bredekamp", www.zeit.de/2005/15/Interv_Bredekamp/komplettansicht.

Große Gefühle aus der Energiekonserve Pathosformel[1]

Brigitte Borchhardt-Birbaumer

Im Zusammenhang mit unseren stets gemischten Gefühlen, die von den Spielarten der Liebe, von Trauer, Leid, Melancholie, Gewalt und (Macht-)Repräsentation ausgelöst werden, sind in der Kunsthalle Krems im Unterschied zu allen vorherigen Ausstellungen zum Themenumkreis Affekte den Originalen des Wiener Kunsthistorischen Museums von der altägyptischen Zeit bis etwa 1880 erstrangige Werke der Gegenwartskunst der Turiner Fondazione Sandretto Re Rebaudengo gegenübergestellt.[2]

Der Auftakt der Schau verhandelt apokalyptische Selbstmordtaten und bringt den vieldeutigen Begriff „Pathosformel" durch das Sujet dreier Kunstwerke aus Barock und Gegenwart ins Spiel. Pathos bedeutet in seiner griechischen Wurzel zweierlei Leid: die leidenschaftlich bewegte, positive Ergriffenheit und einen negativen Gefühlsüberschwang. Dieser Ambivalenz der Leidenschaften fügte Aby Warburg 1905 erstmals das Wort „Formel" an, „Pathosformel" wurde zu einem vieldeutigen Erfolgsbegriff.[3]

Leiden durch die Zeiten

Das erste Gemälde erzählt von Simson, einem Herakles der biblischen Zeit. Als Tugendheld präfiguriert er Christus, seine Heilstat als Richter eines Stammes in Israel war die Befreiung von der Herrschaft der Philister. Sein Haar war geheimer Hort seiner Kraft, ein Engel gab der Mutter den Auftrag, es nie zu schneiden. Nachdem Simson Wundertaten im Krieg gegen die Philister vollbracht hatte, schnitt ihm Delila im Schlaf das Haar ab und lieferte ihn den Feinden aus. Mit ausgestochenen Augen saß er im Kerker von Gaza, bis die Philister ihn anlässlich ihres Triumphs im Tempel verhöhnten. Mit einer letzten Machtdemonstration, für die er Gott um Stärke anflehte, stürzte er die tragenden Säulen und damit den ganzen Tempel um, auf dessen Dach allein 3000 Menschen saßen.[4] Johann Heinrich Schönfeld malte in *Simsons Rache an den Philistern* von 1633/34 das Trauma nach der Selbstmordtat. Die

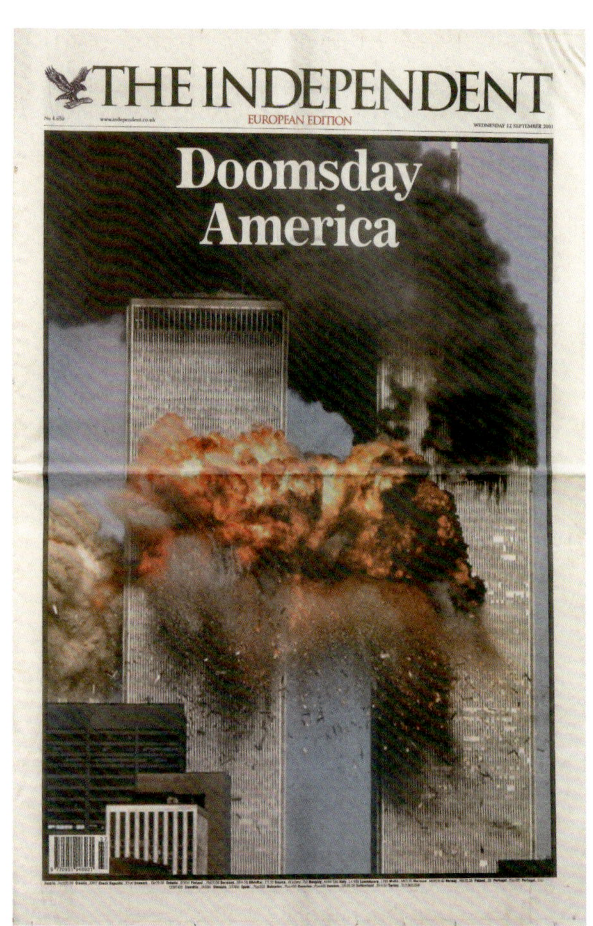

Hans-Peter Feldmann
9/12 Frontpage, 2001 (Detail)
S. 44/45

Tempelruine erinnert an damals neue barocke Kirchenfassaden in Rom.

Dem Gemälde ist Hans-Peter Feldmanns künstlerische Kollektion von Hunderten Zeitungsausschnitten zur Katastrophe „9/11" im Jahr 2001 in New York angeschlossen. Mit Valerio Castellos *Bethlehemitischem Kindermord* (um 1650/55) schließt sich der Kreis zu Warburg und seinem lebenslangen Sammeln von Bildmotiven, die über Jahrtausende hinweg in Einzelheiten von figuralen Gesten, Mimik und Gebärden, Haar und Draperie korrespondieren. Der Hamburger Gelehrte befestigte von 1924 bis 1929 echte Fotografien, Stiche und ihre Reproduktionen, Bücher,

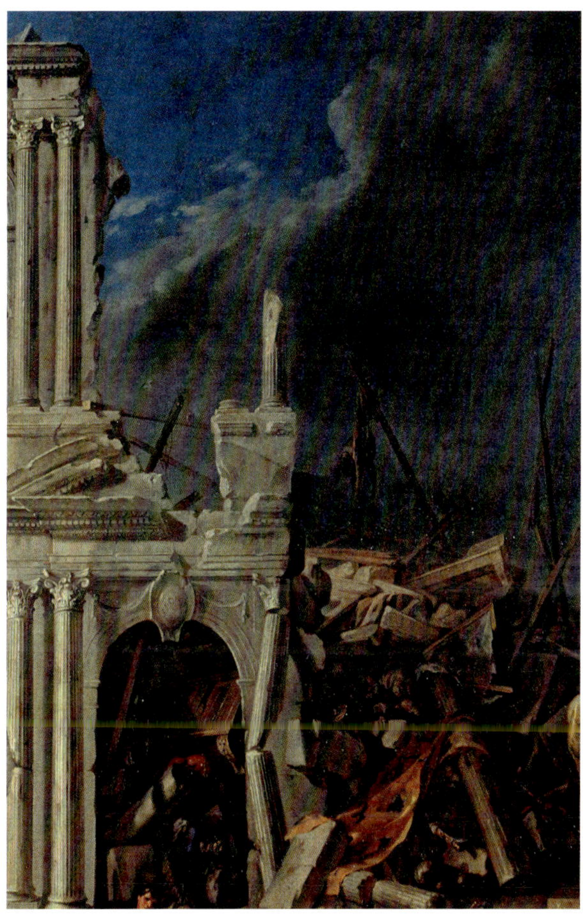

Johann Heinrich Schönfeld
Simsons Rache an den Philistern, um 1633 / 34 (?) (Detail)
S. 42

Zeitungsausschnitte und Landkarten analog zur künstlerischen Methode der Montage im Surrealismus auf stoffbespannten Tafeln, die in den fünf Jahren mindestens vier Umgruppierungen erfuhren.[5] Seine „Dynamogramme" menschlicher Affekte sind Nomaden in wechselnden Bildmedien eines disparaten Bilderlabors. Warburgs kulturwissenschaftliche Experimente reichten bis in die Vorzeit zurück und waren mit Altägypten und Orient so breit angelegt, dass sie ihn mit dem Schock über den Ersten Weltkrieg zum seelischen Zusammenbruch führten, den er wissenschaftlich wie ironisch analysierte: „Die Menschheit ist ewig und zu allen Zeiten schizophren."[6]

Gerade im Thema des Kindermordes von Bethlehem sind die Mütter für ihn Nachfahren der rasenden Mänaden dionysischer Prägung, die den Sänger Orpheus erschlagen, aber auch nahe der vor dem Gott Apoll fliehenden Daphne, und sie führen mit den Häschern des Herodes einen Tanz zwischen Triumph und Verzweiflung auf. Doch solche physiognomischen Grenzwertigkeiten lassen auf den Augenblick höchster Erregung (Pathos) der Betrachtung tiefe Versenkung in das Nachdenken über das Leid (Ethos) folgen.[7] Warburgs Nachdenkprozess hat nach der Antike den moralischen Vorläufer in der gegenreformatorischen Praxis, in der ein Gemälde das Gefühl des Mitleids (Empathie) auslösen und den Glauben befördern soll.[8]

Die extremen Leidgesten der Mütter in Castellos *Bethlehemitischem Kindermord* haben ihre theoretische Entsprechung in Baruch de Spinozas Affekttheorie aus der gleichen Zeit und den künstlerischen Anleitungen von Charles Le Brun, Domenichino oder John Bulwer.[9] Eine andere energetische Werkmischung der Ausstellung, die an Warburgs antike Niobe-Gruppen auf Tafel 5 denken lässt, schließt sich im Raum mit dem Märtyrer Sebastian an. Paolo Veronese hat ihn um 1565 in Venedig in sinnlicher Maltechnik als elegante, labil an eine Säule gebundene Figur mit Abwehrgeste gestaltet. Die Pfeile, die ihn nicht töteten, haben die Kinder der Niobe gleich denen in Bethlehem auf Castellos Bild in allen Variationen des Falls in Agonie versetzt. Fiona Tans Videoprojektion *Saint Sebastian* von 2002 zeigt die aggressive Anspannung der Angreifer als asiatische Bogenschützinnen vor dem Abschuss der Pfeile nahe Albrecht Dürers Apoll nach dem antiken Idealbild des Apoll vom Belvedere bei Warburg.[10]

Folgende Doppelseite:

Aby M. Warburg
Mnemosyne-Atlas, vorletzte Fassung, Tafel 42, 1928 (links)
Mnemosyne-Atlas, letzte Fassung, Tafel 5, 1929 (rechts)
Warburg Institute, London

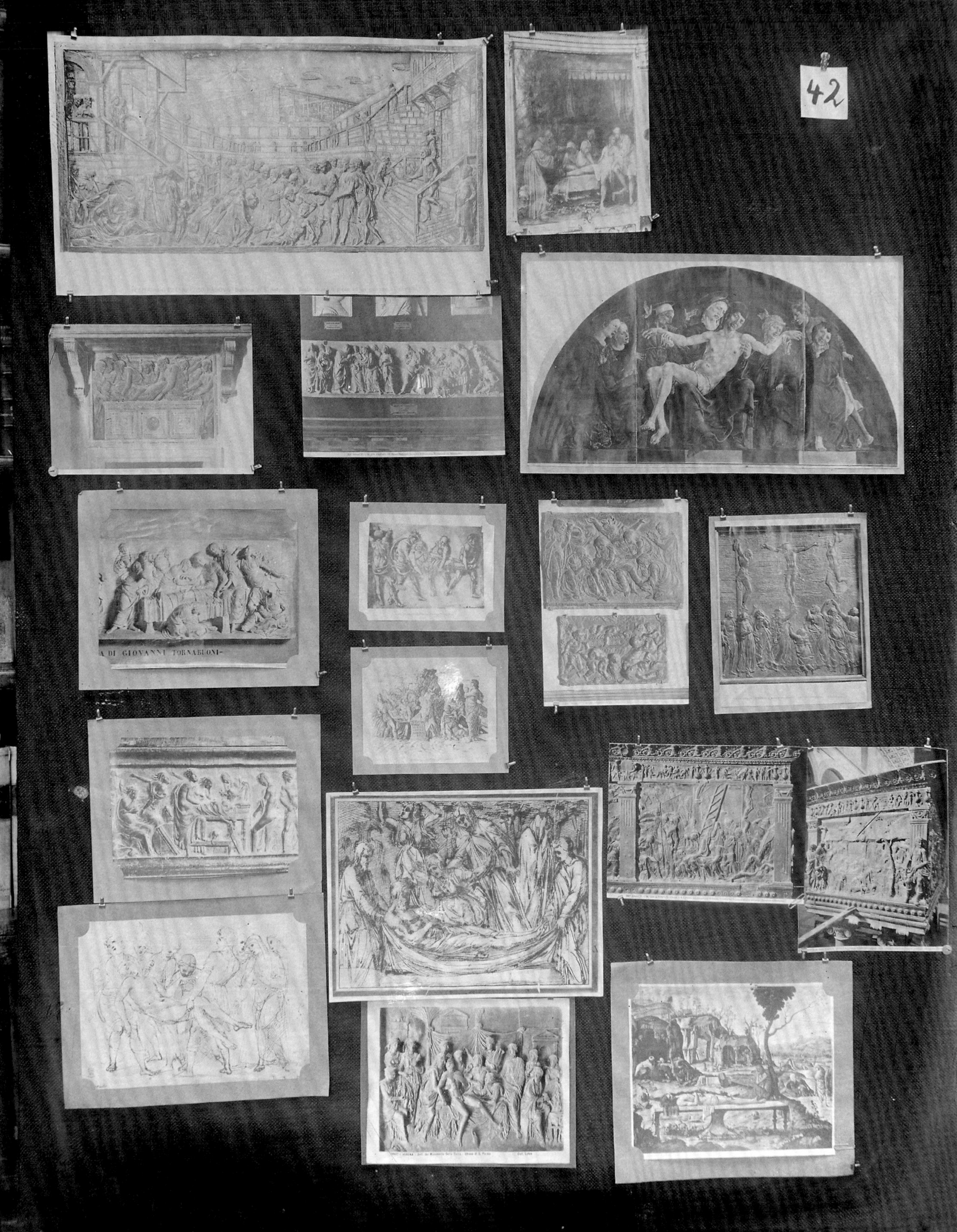

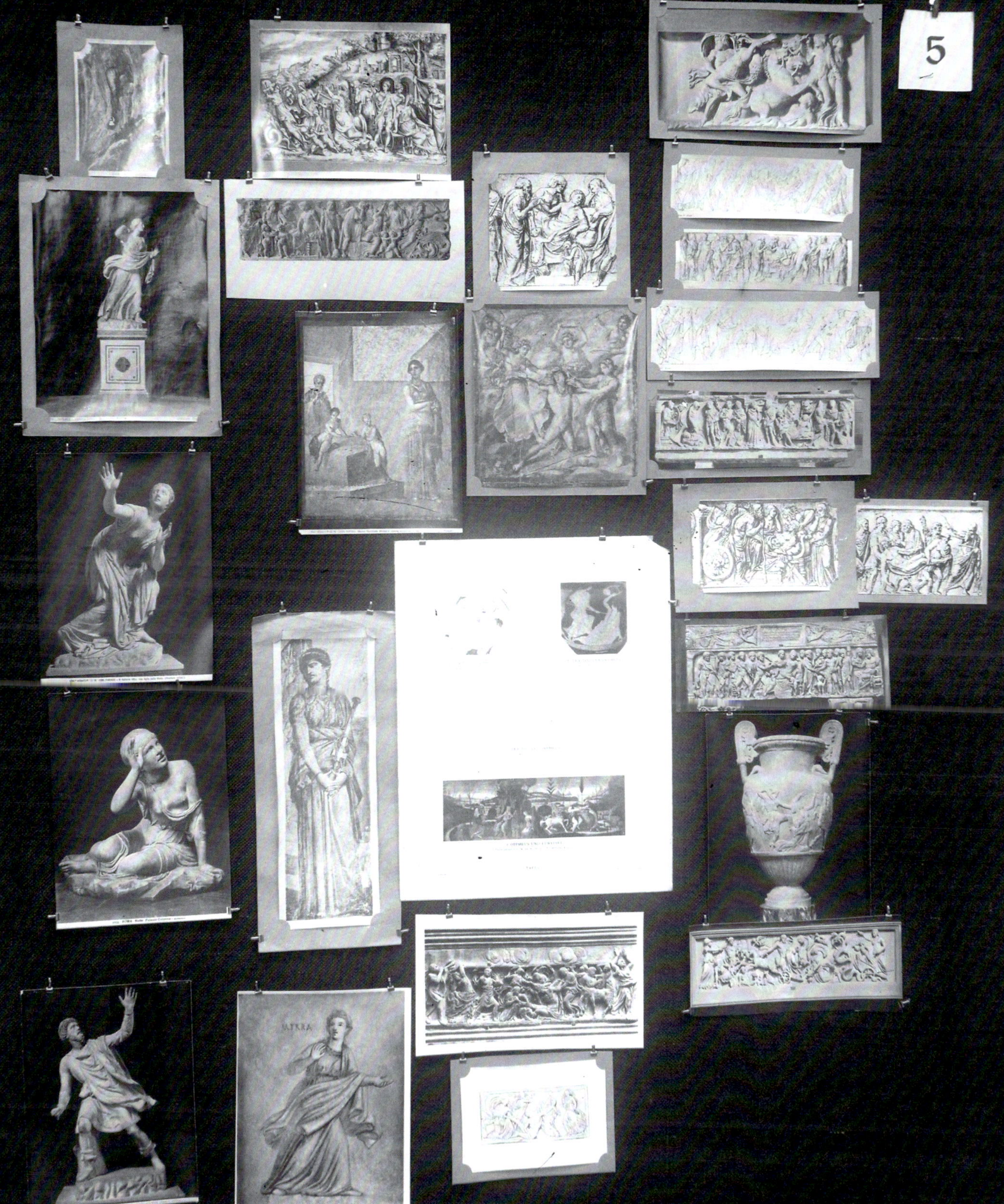

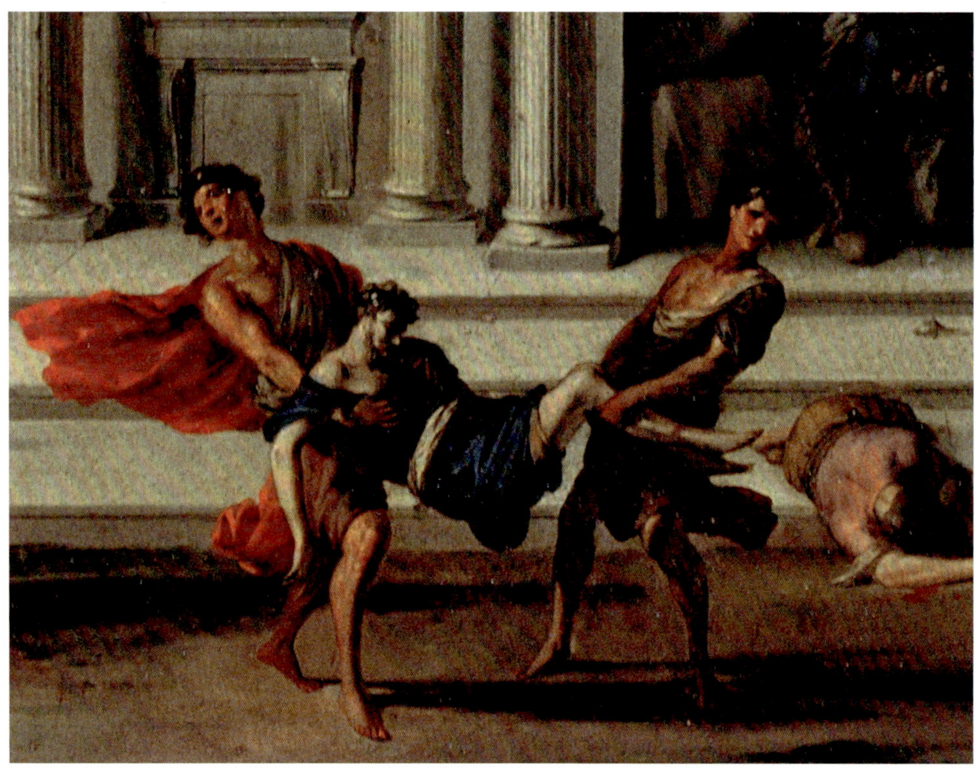

Johann Heinrich Schönfeld
Simsons Rache an den Philistern, um 1633/34 (?) (Detail)
S. 42

Auch in Schönfelds Katastrophenbild ist zu beachten, dass
im Vordergrund zwei Szenen klassische Pathosformeln
zitieren: Das Tragen eines Toten durch zwei Männer und
das Aufladen eines Leichnams auf einen Wagen sind
wiederkehrende Meleagermotive von antiken Sarkophagen,
die auf Warburgs Tafeln 5 und 42 wandernd Epochen-
grenzen sprengen.[11]

Die Spielarten der Liebe

Als innige Liebe gilt schon in der altägyptischen Kunst die
Beziehung einer Mutter zu ihrem Kind – im Fall von *Isis
mit Harpokrates*[12] eine göttliche Mutter, von der sich eine
Linie zur stillenden Gottesmutter ziehen lässt.[13] Denn
Pathosformeln bilden keineswegs eine starre Grammatik
des Ausdrucks, der Gegensinn der Urworte ist bei Warburg
wie bei Goethe oder Freud inkludiert.[14] Innigkeit des
„Liebesmotivs" kommt als Warburgs soziales Gedächtnis
in Carlo Dolcis Gemälde *Maria mit Kind* um 1660/70 durch
die Gestik der von rechts agierenden Mutter. Das Christuskind ist aktiv durch die vorwärtsstrebende Schritthaltung
und den Siegesgestus mit erhobenem Arm.[15] Dolcis kühle
Süße und glatte Oberfläche waren im Barock Trend und

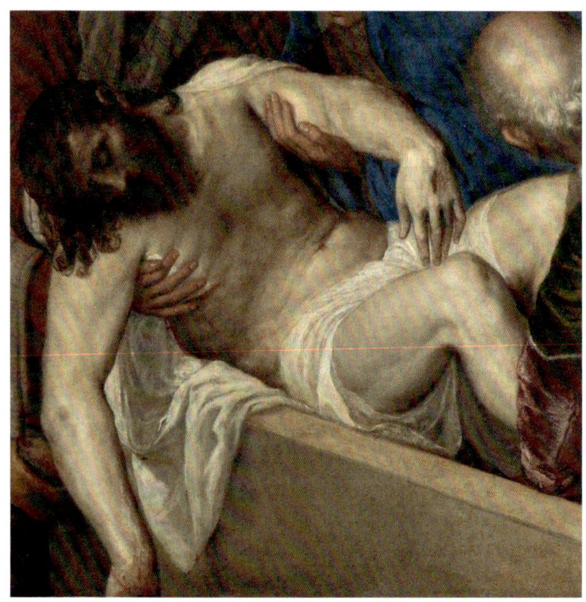

Tiziano Vecellio, gen. Tizian
Grablegung Christi, nach 1557 (Detail)
S. 50

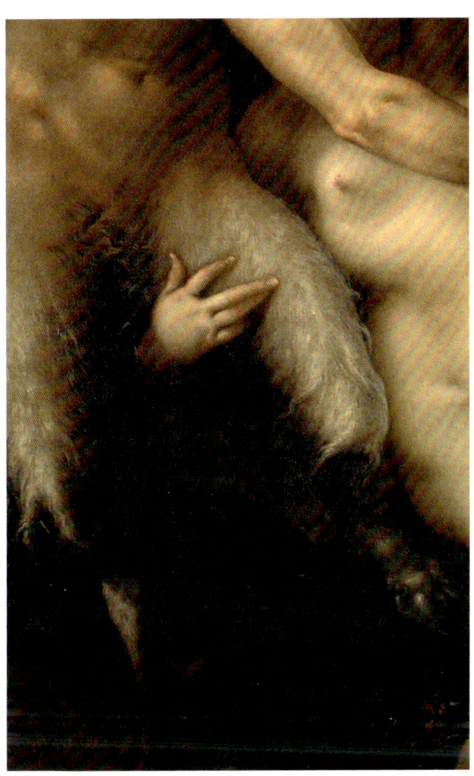

Bartholomäus Spranger
Jupiter und Antiope, um 1596 (Detail)
S. 80

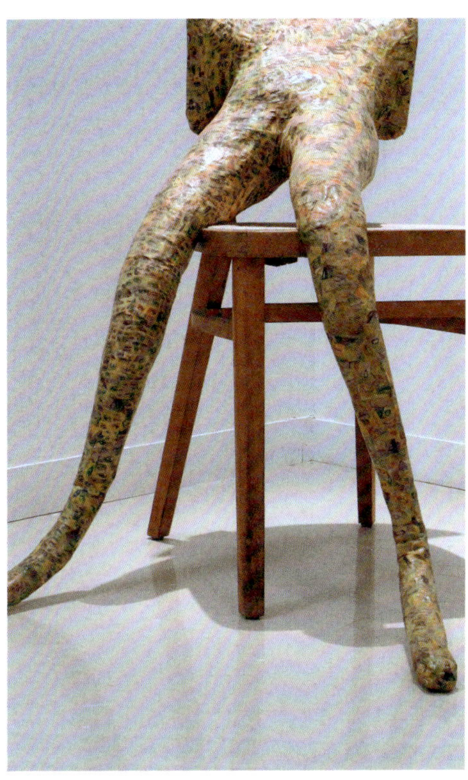

Sarah Lucas
Love Me, 1998 (Detail)
S. 81

lagen an seinem uns heute unangenehmen „doktrinären Realismus", den Theologen wie Gabriele Paleotti von Künstlern für die Erneuerung der religiösen Malerei forderten.[16]

Eros/Amor stachelt die Liebe zwischen den Geschlechtern an: aktiv zwischen seinen Eltern in Tiziano Vecellios Werk *Mars, Venus und Amor* (um 1550) aus der Serie *Poesie* für König Philipp II. von Spanien. Im Unterschied zu Dolcis Kühle ist Tizians „sense of naturalism" für Sylvia Ferino-Pagden mit der Wärmeatmosphäre „Sfumato" um die Figuren aufgeladen.[17] Aber auch göttliche Liebespaare wie *Jupiter und Antiope* von Bartholomäus Spranger (um 1596) für Kaiser Rudolf II. sind in erotischer Verschlingung der Körper in- und umeinander Vorwand, hinter Mythologie irdisches Begehren zu verbergen. Pathosformeln treffen auch hier auf eine delikate, sinnliche Malweise. Tizians expressiv offener Pinselstrich vibriert und lenkt geschickt die rationale Wahrnehmung der heftigen Bewegungen des wegfliegenden Cupido und eines „Untergriffs" von Mars in die von einer warmen Farbskala unterstützte Gefühlsebene.[18]

Die Bocksfüße eines bacchantischen Satyrs erlauben Jupiter in Sprangers Gemälde, irdische Lust zu zeigen, und kehren, gespiegelt in einem unvollkommenen Mischwesen der manieristisch gekünstelten Pathosformel der „Serpentinata", in Sarah Lucas' auf den Stuhl gedrehter Skulptur *Love Me* (1998) ironisch wieder.[19]

Vollkommene, paradiesische Liebe mit Paaren und Tänzern in Paolo Fiammingos *Goldenem Zeitalter* nach Agostino Carraccis Stichserie der *Amori* erweist sich als Bühneneffekt, den Warburg als „leeres Pathos" ohne Atempause beschreiben würde.[20] Das erste in einem Zyklus von vier auch Amors Kehrseite vorführenden Gemälden illustriert zwischen 1585 und 1589 nicht nur Francesco Petrarcas *Trionfi* keuscher Besinnung über die Exzesse der Liebe, sondern auch die Befangenheit gegenüber Erotik bei höfischen Aufträgen. Das Gemälde folgt einer Zeichnung Giorgio Vasaris, die das harmonische Anstandwahren politisch mit der guten Regierung der Medici in Florenz verbindet.[21] Damit entlarvt sich Erotik unter gesellschaftlicher Aufsicht als kontrollierte „Grammatik des Willens"[22].

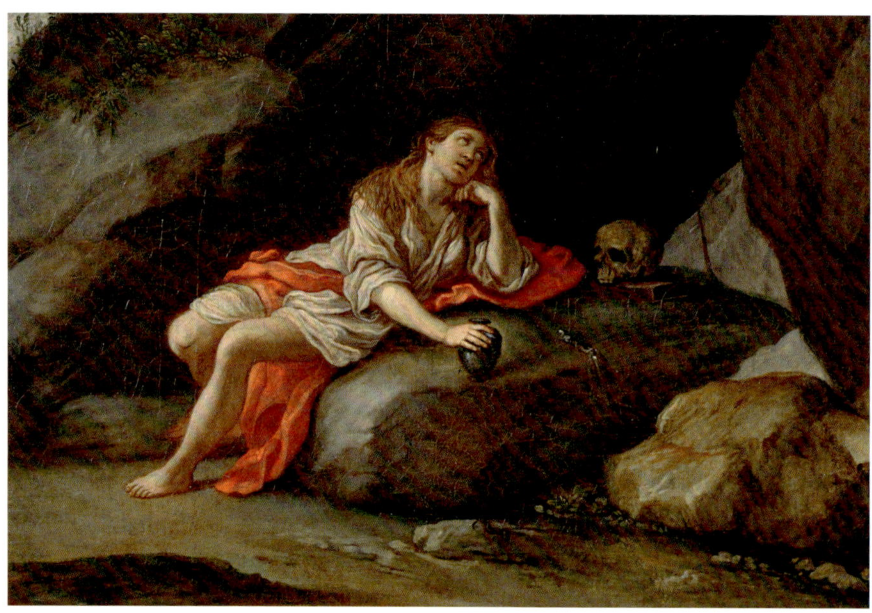

Zugeschrieben: **Francesco Albani**
Büßende Maria Magdalena, um 1640 (?) (Detail)
S. 147

Gewalt, gefolgt von Melancholie

Die Krise unerfüllter Liebe zeigt die von Warburg als neuzeitliche „Kopfjägerin" bezeichnete Salome in Andrea Solarios Gemälde von 1520/24. Der Siegesgeste des machtvollen Packens des Feindeskopfs folgt die Inversion der Mörderin als Erkenntnis der Aussichtslosigkeit der Liebe zum toten heiligen Johannes mit passiver Empfangshaltung. Grausamkeit und Melancholie sind hier als gegensätzliche Affekte verbunden. Christlich steht Salomes Frevel der Trost der Veronika gegenüber, das Haupt auf der Schüssel und das Schattenbild auf dem Tuch zeigen beide Schmerzensantlitze. Dazu kann uns das abgeschlagene Haupt der Medusa auf dem Prunkschild für Kaiser Karl V. von etwa 1541 nur mehr durch Schönheit bannen, doch verweist es auch auf Warburgs Idee der Wanderung der Formen und seine Affinität zu dem am Himmel auftauchenden Heros Perseus.[23]

Die religiöse Superheldin Maria Magdalena ist die Paradefigur für die Pathosformel der Melancholie. In der Nachfolge ausruhender Bacchantinnen im Gefolge des Dionysos zeigt sie Reste einer dämonisch-lasziven Sinnlichkeit. Im Gemälde Francesco Furinis wird ihr statt „himmelndem Blick" oder rasendem Schmerz über den Tod Christi die dunkle Einkehr mit der melancholischen Geste des Kopfaufstützens zugewiesen.[24] Ihr Büßen ist dialektisch durch erotische Nacktheit und offenes Haar wie ein oszillierender Funke, der auf die nahe gerückten Betrachter überspringt.[25]

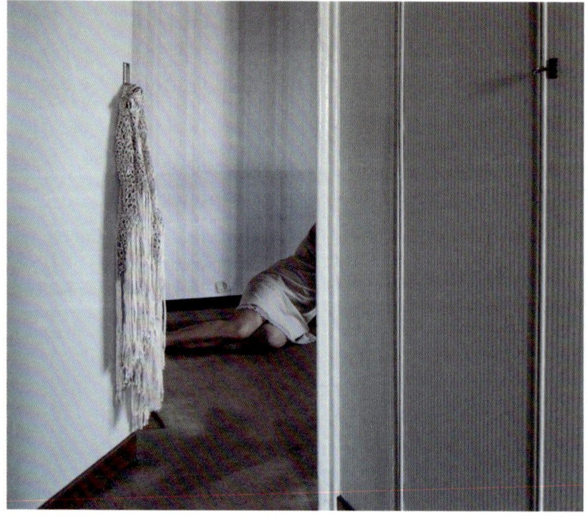

Maria Luisa Calosso
Via Trieste #1, 2009 (Detail)
S. 149

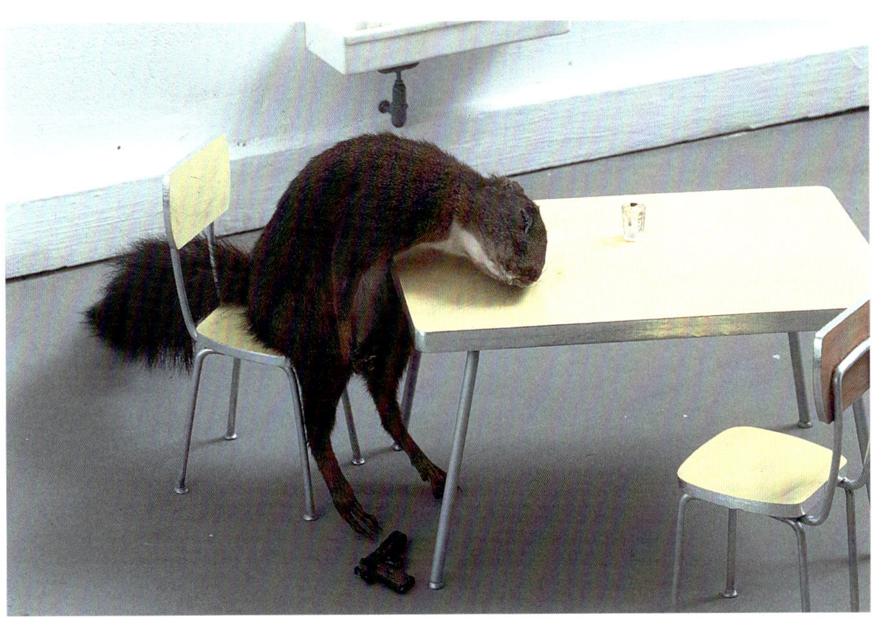

Maurizio Cattelan, *Bidibidobidiboo*, 1996 (Detail)
S. 59

Maria Magdalena tritt im Gemälde *Grablegung Christi*, von Tizian nach 1557 gemalt, als händeringende Beobachterin auf, vom Ausdruck her passend zum geöffneten Schmerzensmund des Toten und dem Schrei der Gottesmutter, während die Handlungen der Begleiter ruhig sind. Höhle oder Grab als Orte der Dunkelheit werden in der Gegenwart zu unbestimmten Zellen selbst gewählter Einsamkeit im Zwielicht, der auch die Agonie der *Büßenden Maria Magdalena* in einer Steinwüste mit Wasserfall von Francesco Albani (um 1640) ein Vorbild sein kann – denn hier ist der melancholische Gestus mit dem visionären Blick nach oben um Engel bereichert, die auf die Himmelfahrt vorausweisen. Die Landschaft und der Griff nach dem Salbgefäß erinnern an das Grab Christi, wo Maria Magdalena Jesu Auferstehung als Erste entdeckt hat. Zur verzweifelten Einsamkeit passt Jacob van Ruisdaels *Berglandschaft mit Wasserfall*, die um 1670/80 bereits die Erhabenheit des Gebirges mit der Gefahr wackeliger Brücken über tosende Wasser schildert. „Ausgesetzt auf den Bergen des Herzens", so wird Rainer Maria Rilke die vorrangige Gefühlslage des Menschen infolge der Romantik im 20. Jahrhundert poetisch umschreiben; Jeff Wall verfolgt van Ruisdaels Blick und andere Spuren aus der Kunstgeschichte mit *The Jewish Cemetery* (1980).
Die venezianischen Maler schafften eine Umdeutung der zum Charakteristischen verurteilten Porträtkunst in Sehnsuchtsbilder, wie das Bildnis eines jungen Venezianers

in der Nachfolge Giorgiones um 1510 besonders schön beweist. Der langhaarige Jüngling, mit breitkrempigem Hut und unvollendeten Gewandpartien, steht vor einer Landschaft im Dämmerlicht und seine wässrigen Augen sind unbestimmt in die Ferne gerichtet. Der Mund mit einseitigem Lächeln zitiert Leonardo, das Unvollendete Tizian, die Hand, auf eine Kante am vorderen Abschluss gestützt, Gesten bei Giorgione. Hier scheiterte ein Maler an großen Vorbildern, aber nicht am lyrischen Ausdrucksgehalt.[26]
Liebe, Leid und Einsamkeit verbinden sich bei William Kentridge in *History of the Main Complaint* zu Verzweiflung, und zur Überfrachtung mit Grausamkeit wie in *Cyber Iconic Man* von Jake und Dinos Chapman kommt die komische Wende in Maurizio Cattelans modellhaftem Selbsttötungsobjekt *Bidibidobidiboo*. Alte Gesten des Leidens wirken in Fotoarbeiten von Anna Gaskell und Sam Taylor-Wood im „Affektbild"[27] eingefroren. Neben der großen Leere der Räume dominiert die Fragmentierung wie in *Untitled (Baum)* von Urs Fischer. Assoziationen bei Fischer oder den Chapmans zu Kriegsgrafiken Francisco de Goyas sind kein Zufall, da dessen Suche nach neuen bürgerlichen Gesten infolge der Erstarrung der alten am Ende der Adelsherrschaft in der Revolution eine paradoxe Umkehr bringt. Der Paradigmenwechsel der Moderne zeigt neben sensiblen Männern und herrischen Frauen auch aufdringliches Potenzgehabe und viele bislang unterdrückte

Tiefenzonen seelischer Prozesse. Bei Goya verstärken sich durch seine Taubheit für die Verständigung nötige Affekte, die bis heute als „Vitalgesten" wirken.[28]

Zorn und Repräsentation, Bruch zu Eitelkeit und Peinlichkeit

Ein ägyptisches Ehepaar steht am Anfang einer anderen Reihe von warburgschen „Umverseelungen". Im Gleichschritt gehend zeigt das Paar nicht Liebe, sondern Repräsentation einer Heilslehre als politische Propaganda. Der Kopf des Kaisers Commodus verweist als Philosophentypus mit melancholischen Augen auf den Stoizismus seines Vaters Marc Aurel und gibt nichts von den Eigenschaften eines Wüstlings preis, der durch Mord endete. Adriaen van der Werffs *Bildnis eines Herrn* verbindet strenge Kleidervorschriften und Perücke mit der vom Edelmann geforderten Lässigkeit samt selbstbewusst eingestemmtem Arm. Der Auftraggeber von 1694 weist mit didaktisch ausgestrecktem Zeigefinger auf die Pyramiden vor dem Fenster; im Vordergrund sieht man eine Sphinx. Neben dem Interesse an ägyptischen Altertümern kann die unheimliche Wolkenstimmung Geheimnisse der Freimaurerei andeuten. Den Helm des Kampfesmutes hat dieser gelehrte Adelige schon abgelegt, denn Athena untersteht nach dem kriegerischen Einsatz als Schutzgöttin im Krieg im Frieden die Universität. Der Sport, ehedem ihr zu Ehren als Ritual ausgeübt, lässt heute das Gesicht eines Fußballstars wie Zinédine Zidane in *Zidane. A 21ˢᵗ Century Portrait* von Douglas Gordon und Philippe Parreno eine verwirrende Fülle von Gefühlen zeigen.

Schöne und erotische Frauen in Venedig um 1550 können, wie in Paris Bordones *Bildnis einer Frau im grünen Mantel*, trotz Pudica-Geste nach der *Venus Medici* und eines möglichen Kontextes in der Liebespoesie, als Allegorie der Eitelkeit gesehen werden. Das nach der Mode teilweise geflochtene Haar, die entblößte Brust und auch der perlengeschmückte linke Arm sprechen dafür. Die energische Haltung des rechten Arms und der selbstbewusste Blick zur Seite zeigen aber vor allem einen verrätselten, im 16. Jahrhundert innovativen Porträttyp.[29] Erst im religiösen Halbfigurenbild des Barock wird die mittelalterliche Eitelkeitsallegorie zu dem bis heute aktuellen Vanitasbild.

Der Totenkopf in Pieter Claesz' Stillleben (und in Albanis Gemälde) erinnert wie Stundenglas, eben erloschene Öllampe, Uhr oder Feder an die Endlichkeit unseres Lebens. „1656" und seine Initialen schreibt der Künstler neben aufflackernde Lichter als selbstbewusste Geste in das Nichts aus Holz und Farbe, das ein Bild bei aller Nachahmung im Vergleich zur Realität darstellt. Für Giorgio Agamben ist das Bild in Weiterführung der Gedanken Warburgs selbst die Affektation, Pathos der Empfindung und des Denkens, Stillstand dazwischen und damit eine Art Medusenhaupt.[30] Zur Trauer steht ganz in Warburgs Sinn der Erweiterung von Kunstmedien, losgelöst von den Affekten der Person, die *Große Trauerrobe der Kaiserin Elisabeth* (nach 1877) als repräsentatives Teilstück brüchiger Todesrituale aktuellen Bildern von Versehrtheit und Verfall bei Shirin Neshat, Margherita Manzelli oder Zoe Leonard gegenüber.

Bleibt das Lachen am Ende als Umkehr von zu viel Leid oder auch Eitelkeit, das bei Hans von Aachens um 1596 gemaltem *Scherzendem Paar* durch das Wissen bereichert ist, den Künstler selbst mit seiner Frau Regina di Lasso, der Tochter des berühmten Komponisten Orlando di Lasso, vor sich zu haben.[31] Mit der Börse in der Hand des Mannes und der Anschreibetafel hinter der Frau kommt der moralische Unterton einer Allegorie nach dem biblischen Gleichnis vom verlorenen Sohn ins Spiel, in der ausgelassenes Lachen und erotische Spannung ins Freudenhaus verlegt werden.[32]

Aktuell wird das Mitleid zur Peinlichkeit (und damit kommt die Ironie hinzu) im Weinwettbewerb, den Donghee Koo für *Tragedy Competition* (2004) filmte.[33] Die Angst vor Selbstverlust begleitet den Wunsch nach Erkenntnis und tiefem Verständnis von Gefühlen wie schon in Warburgs Sicht auf Auswüchse der Pathosformel, lange vor dem „affective turn", den Marie-Luise Angerer heute in Kunst, Wissenschaft und Politik als Epidemie empfindet.[34] In der neuen interdisziplinären Sprache zwischen Kunst und Hirnforschung sind die Pathosformeln breit kommunizierende „Tools" geworden.[35]

1 *Große Gefühle* war der Titel des 126. Bandes von *Kunstforum international* im Juni 1994. „Energiekonserve" ist ein anderes Wort Warburgs für „Pathosformel"; vgl. Ernst Gombrich, *Aby Warburg. Eine intellektuelle Biographie*, Frankfurt am Main 1984 (London 1981), S. 327, und Aby Warburg, *Werke*, hg. v. Martin Treml u. a., Berlin 2010, S. 31 ff. und 306 ff.

2 In diesem Zusammenhang danke ich Sylvia Ferino-Pagden, Hans-Peter Wipplinger und Kolleg(inn)en für die anregende Zusammenarbeit.

3 Warburg verwendet eigenwillige Begriffe zu Pathosformel und Mnemosyne-Atlas, spricht von Eindruckserbmasse und Entwicklungstafel, automobilen Bildfahrzeugen, Engramm und Dynamogramm. Sein Spitzname für die antike Nymphe („Ninfa"), die als Dienerin im Fresko *Die Geburt des Hl. Johannes des Täufers* von Domenico Ghirlandaio in S. Maria Novella in Florenz wiederkehrt, war „Eilsiegbringitte"; vgl. Warburg 2010, wie Anm. 1, S. 15 und 155.

4 Vgl. Altes Testament, Richter 16,13–31.

5 Die Anregung zu den Tafeln als Atlas bekam Warburg von dem Wiener Kunsthistoriker Fritz Saxl, der vom Wiener Kreis, besonders Otto Neurath und seinen „Denkfiguren" auf Tafeln und Atlanten, beeinflusst war; vgl. Christopher Burke, „Die ,Wiener Methode der Bildstatistik'", in: Maria Christine Holter/Barbara Höller (Hg.), *Zeit(lose) Zeichen. Gegenwartskunst in Referenz zu Otto Neurath,* Ausst.-Kat. Künstlerhaus, Wien, Bielefeld 2012, S. 25.

6 Gombrich 1984, wie Anm. 1, S. 301. Der Satz stand für die Hoffnung auf Erlösung durch den Akt der Vergeistigung, nach dem antiken Begriff „Sophrosyne". Zur Pathosformel als Dynamogramm vgl. Gombrich 1984, S. 232, 330, 383 und 412.

7 Vgl. Gombrich 1984, wie Anm. 1, S. 230. In Warburgs Aufstellungsvariante der Tafeln von 1927 sind die Gruppen *Opfertod, Griff nach dem Kopf, Abwehrgeste des Niedergeschlagenen* und *Verfolgen und Fliehen* zu beachten; vgl. Ilsebill Barta-Fliedl u. a. (Hg.), *Die Beredsamkeit des Leibes. Zur Körpersprache in der Kunst*, Ausst.-Kat. Albertina, Wien, Salzburg 1992, S. 156–173.

8 Zur Sophrosyne der Antike als mäßigender Kontrolle der Ekstase siehe Gombrich 1984, wie Anm. 1, S. 316 und Gabriele Paleotti, *De imaginibus sacris et profanis*, Ingolstadt 1594.

9 Vgl. Baruch de Spinoza, *Die Ethik*, Stuttgart 2010, S. 110 ff.; Charles Le Brun, *Méthode pour apprendre à dessiner les passions*, Hildesheim/Zürich/New York 1982; John Bulwer, *Chirologia*, London 1644. Weiterführend zu Physiognomik, Handgesten und Blicken siehe Andreas Henning/Gregor J. M. Weber, *„Der himmelnde Blick"*, Emsdetten/Dresden 1998.

10 Vgl. Ilsebill Barta-Fliedl u. a. (Hg.), *Rhetorik der Leidenschaft. Zur Bildsprache der Kunst im Abendland*, Ausst.-Kat. National Museum of Western Art, Tokio, Hamburg/München 1999, S. 38 und 164–170.

11 Vgl. Barta-Fliedl u. a. 1999, wie Anm. 10, S. 190 und 202. Als psychologische und nicht stilistische Wanderung durch Kunstperioden als „Kraftfelder" ist die Pathosformel zum Begriff der „Kraftfelder" siehe Gombrich 1984, wie Anm. 1, S. 426, und Sigrid Weigel, „Zur Archäologie von Aby Warburg", in: Knut Ebeling u. a. (Hg.), *Die Aktualität des Archäologischen*, Frankfurt am Main 2004, S. 185 ff.

12 Harpokrates ist eine der Erscheinungsformen des Horusknaben in der späten altägyptischen Zeit.

13 Zur „Milchspende" siehe Christoph Geissmar-Brandi u. a. (Hg.), *Glaube, Hoffnung, Liebe, Tod*, Ausst.-Kat. Kunsthalle Wien, Klagenfurt 1995, S. 321. Zur Verbindung von Isis zu Maria siehe auch Harald Haarmann, *Die Madonna und ihre griechischen Töchter*, Hildesheim 1996.

14 Vgl. Gombrich 1984, wie Anm. 1, S. 243.

15 Zuweilen deuten das Liebesmotiv der Mutter, Gesten und Haltung des Kindes schon auf seine Passion hin; vgl. Hans H. Aurenhammer, „Das Christuskind als tragischer Held? Eine antike Pathosformel in Giovanni Bellinis ,Lochis-Madonna'", in: Fritz Blakolmer u. a. (Hg.), *Fremde Zeiten. Festschrift für Jürgen Borchhardt*, Wien 1996, S. 377 ff.

16 Vgl. Günther Heinz, „Carlo Dolci. Studien zur religiösen Malerei im 17. Jahrhundert", in: *Jahrbuch der kunsthistorischen Sammlungen in Wien*, 56 (1960), S. 197 ff.

17 Vgl. Sylvia Ferino-Pagden u. a. (Hg.), *Masters of Venice. Renaissance Painters of Passion and Power*, München/London/New York 2011, S. 72.

18 Vgl. Karin Gludovatz, „Ästhetische Widerständigkeit. Tizians produktive Dissonanzen", in: Agnes Husslein-Arco (Hg.), *Empfindung oder in der Nähe der Fehler liegen die Wirkungen*, Ausst.-Kat. Belvedere, Wien 2009, S. 30 ff.

19 Zur Serpentinata als Extrempose siehe Jacques Bousquet, *Malerei des Manierismus*, München 1963, S. 129.

20 Vgl. Gombrich 1984, wie Anm. 1, S. 318.

21 Vgl. Werner Hofmann (Hg.), *Zauber der Medusa. Europäische Manierismen*, Ausst.-Kat. Künstlerhaus, Wien 1987, S. 184.

22 Barta-Fliedl u. a. 1999, wie Anm. 10, S. 42.

23 Zur Kopfjägerin und zu abgeschlagenen Häuptern siehe Gerhard Wolf, „Salome", in: Barta-Fliedl u. a. 1999, wie Anm. 10, S. 48. Zu Perseus als Einender von Gegensätzen und Identifikationsfigur Warburgs siehe Gombrich 1984, wie Anm. 1, S. 407.

24 Für Warburg folgt diese Ergriffenheit dem Siegesgestus im Greifen der Kopfjäger; vgl. Gombrich 1984, wie Anm. 1. Zum himmelnden Blick siehe Henning/Weber 1998, wie Anm. 9.

25 Vgl. Günther Heinz, „Das Bild der heiligen Maria Magdalena von Luca Cambiaso in der ,Galeria' des Giambattista Marino", in: *Jahrbuch der kunsthistorischen Sammlungen in Wien*, 67 (1971), S. 105 ff.

26 Vgl. Marianne Koos, *Bildnisse des Begehrens. Das lyrische Männerporträt in der venezianischen Malerei des frühen 16. Jahrhunderts. Giorgione, Tizian und ihr Umkreis*, Emsdetten/Berlin 2006.

27 Zu dem Begriff von Gilles Deleuze in seinem Werk *Das Bewegungs-Bild*, Frankfurt am Main 1989, siehe auch Giorgio Agamben, „Noten zur Geste", in: Hemma Schmutz u. a. (Hg.), *Dass die Körper sprechen, auch das wissen wir seit langem*, Ausst.-Kat. Generali Foundation, Wien 2004, S. 39 ff.

28 Vgl. Martin Warnke, „Goyas Gesten", in: Werner Hofmann u. a. (Hg.), *Goya. Alle werden fallen*, Frankfurt am Main 1987, S. 115 ff.

29 Vgl. *Bellini, Giorgione, Titian and the Renaissance of Venetian Painting*, Ausst.-Kat. National Gallery of Art/Kunsthistorisches Museum, Washington/Wien 2006, S. 190 ff.

30 Vgl. Giorgio Agamben, *Nymphae*, Berlin 2005, insb. S. 9 f.

31 Thomas DaCosta Kaufmann beschreibt es zuletzt in: Thomas Fusenig (Hg.), *Hans von Aachen 1552–1615. Hofkünstler in Europa*, Ausst.-Kat. Suermondt-Ludwig-Museum, Aachen/Císařská konírna, Prag/Gemäldegalerie des Kunsthistorischen Museums Wien, Berlin 2010, S. 213, und in: Thomas DaCosta Kaufmann, *The School of Prague. Painting at the Court of Rudolf II*, Chicago/London 1988. Die Musik als das Gefühl direkt ansprechende Kunst nahe dem Vanitasgedanken bleibt hier nur Anspielung.

32 Vgl. *Prag um 1600. Kunst und Kultur am Hofe Rudolfs II.*, Ausst.-Kat. Kulturstiftung Ruhr, Villa Hügel, Essen, Freren 1988, und Henri Bergson, *Das Lachen. Ein Essay über die Bedeutung des Komischen*, Zürich 1972.

33 Vgl. Tanja Widmann, „Im Affekt sind wir nie allein. Peinlichkeit als Chance", in: Sabeth Buchmann u. a. (Hg.), *Film, Avantgarde, Biopolitik*, Wien 2009, S. 392 ff., und dies./Hemma Schmutz, *Dass die Körper sprechen, auch das wissen wir seit langem*, in: Schmutz u. a. 2004, wie Anm. 27, S. 17 ff.

34 Vgl. Marie-Luise Angerer, *Vom Begehren nach dem Affekt*, Berlin/Zürich 2007.

35 Vgl. Kathi Hofer, „Gesichtsverlust im Close-up. Zwei philosophische ,Selbstporträts'", in: Husslein-Arco 2009, wie Anm. 18, S. 6 ff.

Vermittelte Gefühle

Irene Calderoni

Die Ausstellung nimmt ihren Anfang beim Ende, begleitet
vom Getöse der Explosion und den Blitzen der Apokalypse.
Eine zeitgenössische Erzählung über das Thema Gefühle
scheint also am äußersten Rand des menschlichen Gefühls-
spektrums, bei Terror, Entsetzen und Schrecken angesichts
der drohenden totalen Vernichtung, einsetzen zu müssen.
Im Zentrum dieser bedrohlichen Ouvertüre steht das Werk
9/12 Frontpage von Hans-Peter Feldmann, ein monumen-
tales Archiv von Titelseiten von am Tag nach dem An-
schlag auf die Zwillingstürme in New York auf der ganzen
Welt erschienenen Zeitungen. Das Werk beschwört nicht
nur in signifikanter Weise eines der aufsehenerregends-
ten und entscheidendsten Ereignisse der Zeitgeschichte
herauf, sondern dessen Darstellung in den Medien unterstreicht auch die Notwendigkeit, sich einer Mischung aus
Gefühl und Spektakel, konkreter aus Gewaltdarstellung
und Unterhaltung, zu bedienen, wenn man die heutige
Gesellschaft erreichen will. Der 11. September ist das iko-
nische Ereignis schlechthin, eine reale und schreckener-
regende Tat, die sich in Echtzeit in eine Fernsehshow, in
eine Fotoreportage, in ein Spektakel mit Publikum auf der
ganzen Welt verwandelt. Eine Verwandlung, die durch
den Umstand erleichtert wird, dass unsere Vorstellungs-
kraft bereits gründlich auf Katastrophen vorbereitet und
das kollektive Bewusstsein von der Unterhaltungsindustrie
assimiliert worden ist. Die Struktur von Feldmanns Werk,
die auf der Anhäufung, Ordnung und museumsartigen
Aneinanderreihung der Fundstücke basiert, reflektiert
den Mechanismus hinter dem Pathos der Gewalt in diesen
Bildern, unzählige Male reproduziert und gesehen, um
ein zweideutiges Gefühl zu nähren, in dem Entsetzen und
Vergnügen ununterscheidbar sind. In diesem Sinne wird
das Werk zu einem Spiegel, der unser voyeuristisches Bild

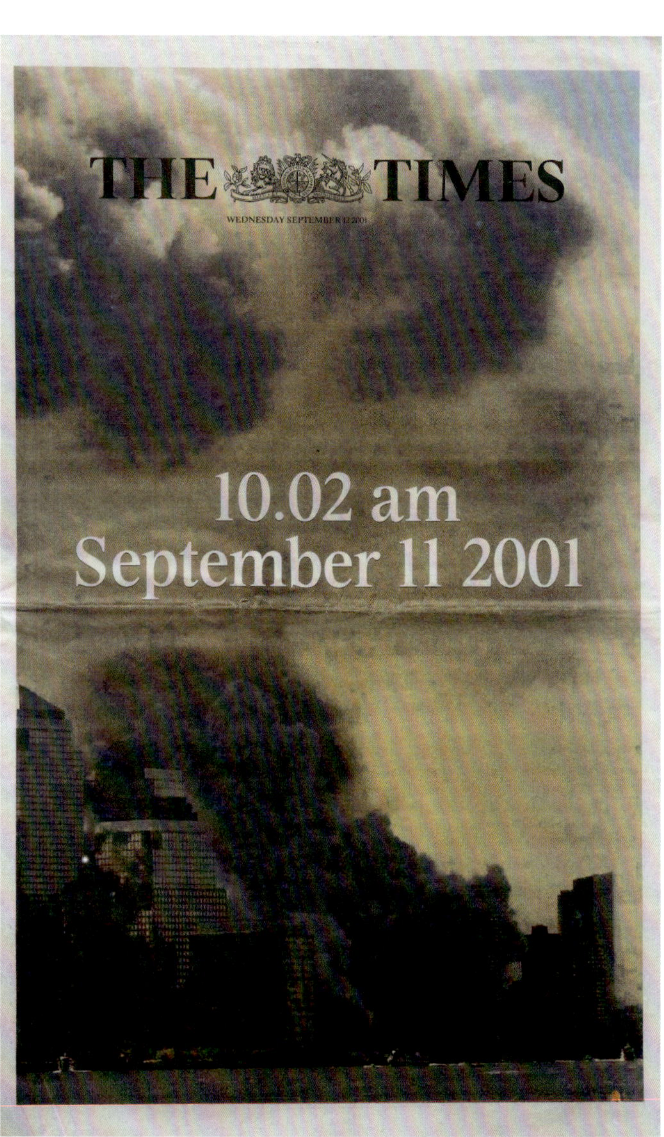

Hans-Peter Feldmann, *9/12 Frontpage*, 2001 (Detail)
S. 44/45

zurückwirft, verzaubert von den Bildern der Zerstörung.
Die Installation bietet dem Betrachter einen Raum zur
Selbstbesinnung, zur Auseinandersetzung mit der eigenen
und kollektiven Erinnerung und der Komplexität der
eigenen Gefühle angesichts dieser Bilder, was zu einem
Nachdenken über die Verantwortung des Blickes führt.

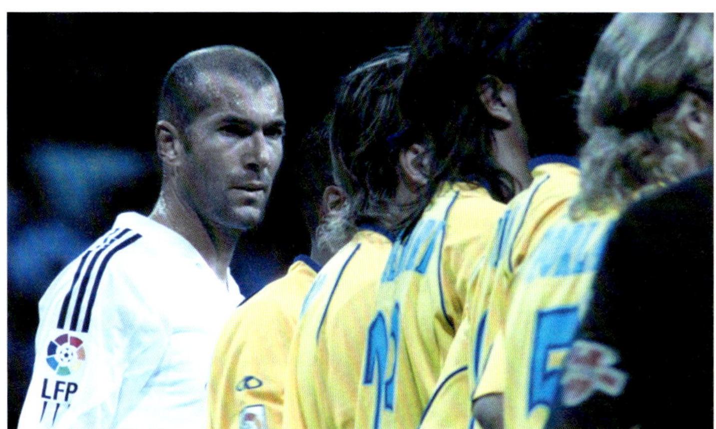

Douglas Gordon und Philippe Parreno, *Zidane. A 21st Century Portrait*, 2005 (Videostill)
S. 162

Der Ausstellungsrundgang endet spiegelbildlich mit einem anderen Werk, das die Frage des Blickes aufwirft, indem es das Thema der Gefühle mit der zeitgenössischen Medienkultur in Verbindung bringt. *Zidane. A 21st Century Portrait* von Douglas Gordon und Philippe Parreno ist eine Videoinstallation, die den internationalen Fußballstar Zinédine Zidane für die Dauer eines ganzen Fußballspiels zeigt. Anders als bei einem gewöhnlichen Fernsehbericht, bei dem die Kameras dem Spielverlauf folgen, konzentriert sich der Blick hier ausschließlich auf einen Spieler, er fängt alle seine Stimmungen, Gesten und Bewegungen ein, nicht nur in den intensivsten, sondern auch in den leersten, unbedeutendsten Augenblicken des Spiels, in Momenten der Müdigkeit oder gar Langeweile. Es ist eine anscheinend unspektakuläre und unheroische Geschichte, weil sie die Epik des Kampfes und den Mythos des Champions bis zum Äußersten verdünnt, und trotzdem ist sie komplett in die zeitgenössische Logik einer Realityshow eingebunden, in der das Fehlen einer klassischen Handlung Platz lässt für das rein voyeuristische Vergnügen und den vorgeblichen Einblick in die echten Gefühle der Protagonisten. Es handelt sich offensichtlich um eine Inszenierung der Realität, in der das Vorhandensein eines Aufnahme- und Übertragungsapparats bereits selbst ein wichtiges Element des Fiktionalen in sich birgt. Der Umstand des Sichaussetzens, das Bewusstsein, beobachtet zu werden, macht jedoch nicht nur Authentizität unmöglich, sondern die Ausdrucksfähigkeit selbst, die Fähigkeit des Menschen, etwas jenseits des Sich-zur-Schau-Stellens auszudrücken. So hielt Giorgio Agamben in *Elogio della profanazione* fest: „Aber vielleicht findet der Mechanismus des Ausstellungswerts seinen eigenen Ort nur in der Sphäre des menschlichen Angesichts. Es ist eine allgemein bekannte Erfahrung, dass das Gesicht einer Frau ausdruckslos wird, sobald sie merkt, dass sie angeschaut wird. Das Bewusstsein, einem Blick ausgesetzt zu sein, schafft also eine Leere und wirkt als gewaltiger Auflöser der Prozesse des Ausdrucks, die sonst das Gesicht beleben. Es ist die dreiste Gleichgültigkeit, die Models und Pornostars und die anderen Profis der Ausstellung vor allem anderen erlernen müssen: nichts anderes vorzeigen als das Vorzeigen (das heißt ihre absolute Medienintegriertheit). Auf diese Weise belädt sich das Gesicht bis zum Platzen mit Ausstellungswert."[1]

Unter diesem Gesichtspunkt führt uns ein Werk wie *Zidane. A 21st Century Portrait* das Paradoxon unserer Zeit vor: Die Möglichkeit, die menschliche Seele in all ihren Facetten zu zeigen, in jeder Veränderung, mit der Unmittelbarkeit immer schnellerer Instrumente, mit der Aufdringlichkeit immer näher rückender Großaufnahmen, führt zu einer Verringerung der Ausdrucksfähigkeit des dargestellten Subjekts.

Dieses Thema ist eines von vielen, die sich durch die Ausstellung *Große Gefühle* ziehen. Die Schau zeigt die Komplexität der Beziehung zwischen der Gefühlswelt und der Festschreibung durch Bilder im Lauf der Kunstgeschichte. Auf der anderen Seite ist es sehr bedeutungsvoll, dass im Zentrum der Erzählung, mit Spiegelungen am Anfang und am Ende, die Probleme des gegenwärtigen Systems stehen, aber auch der engagierte und kritische Geist, der in der Kunst immer herrschte.

---

1 Giorgio Agamben, „Lob der Profanierung", in: ders., *Profanierungen*, Frankfurt am Main 2005, S. 70–91.

Emotion als Aufregung

Francesco Bonami

Wir erleben täglich Grausamkeit, Traurigkeit, Brutalität und sogar Freude. Jede Art von Gefühlen ist zum Werkzeug der Kommunikation geworden. Der Horror ist nichts anderes mehr als eine Marketingstrategie, um ein größeres, breiteres und immer abgestumpfteres Publikum zu erreichen. Wir konsumieren das Pathos stundenweise und rauben dadurch der Kunst ihre Existenzgrundlage. Provokationen und Spektakel haben sie ersetzt. Obwohl das Bild von Maurizio Cattelans gehängten Kindern als Kunstwerk schlecht war, ging es um die Welt. Als er aber 1996 das mit Pathos aufgeladene Werk *Bidibidobidiboo* präsentierte, wurde es weitgehend ignoriert.

Es ist das Schicksal der zeitgenössischen Kunst, dass sie von der Sprache der Werbung herausgefordert wird. Man könnte sagen, dass die bildende Kunst vom „Toscani-Syndrom" verseucht wurde, dass sie die Strategie des Modefotografen Oliviero Toscani nachahmt. Es war diese Strategie, die ihn von den frühen 1970er- bis weit in die 1990er-Jahre zu einem der brillantesten Werbefachmänner machte. Seine Werke sind keine richtige Kunst, und doch haben sie die Art, wie sich zeitgenössische Kunst in den letzten zwei Jahrzehnten entwickelt hat, stark beeinflusst. Die Krise des Pathos in der Kunst wurde durch die Unmittelbarkeit einer Welt verstärkt, die auf Knopfdruck ergreifende Bilder produzieren kann. Als Théodore Géricault *Das Floß der Medusa* (1819) malte, agierte er als Reporter und schilderte einen der größten Skandale seiner Zeit. Doch seine Verfahrensweise wurde durch die Technik, die Malerei, verlangsamt. Heutzutage können Maler, wenn sie sich mit aktuellen Problemen unserer Gesellschaft befassen wollen, kein Kunstwerk von diesem Format produzieren. Gerhard Richter brauchte zehn Jahre, bis er sich in seinen Arbeiten mit dem Thema Terrorismus auseinandersetzen konnte. Seine Serie *18. Oktober 1977* (1988), die sich mit dem Tod einiger Mitglieder der Baader-Meinhof-Gruppe beschäftigt, ist voller Pathos, weil sie sich von der Unmittelbarkeit

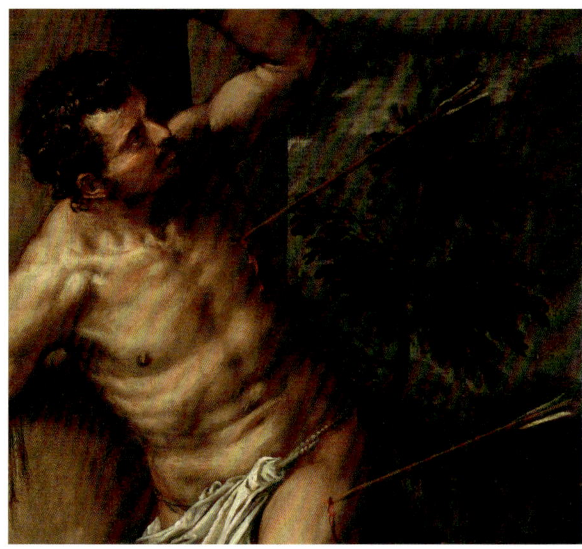

Zugeschrieben: **Paolo Caliari, gen. Veronese**
Hl. Sebastian, um 1565 (Detail)
S. 132

der Medien gelöst hat. Keine Malerin und kein Maler hat es jemals geschafft, sich mit der Tragödie von 9/11 auseinanderzusetzen. Aber Hans-Peter Feldmann hat es erfolgreich getan, indem er die Titelblätter verschiedener Tageszeitungen verwendet hat. In diesem Fall wird das Pathos durch die Zufälligkeit des Themas erzeugt, das in verschiedenen Sprachen behandelt wird. Das Pathos, das ein Bild produziert, verwandelt dieses augenblicklich in ein Symbol, das in der Lage ist, die Sprachen zu vereinen und sie damit überholt aussehen zu lassen. Das Resultat dieses Kunstwerks ist der Gemütszustand, in den uns Feldmanns Raum versetzt. Es weckt somit unsere gemeinsame Erinnerung und löst unsere gemeinsame, wenn auch entfernte, Trauer aus.

Kunst hat die Fähigkeit, Gefühle hervorzurufen, verloren - oder diese Fähigkeit hat sich verändert. Der Ansatz, Emotion und Pathos durch Fingerzeige zu vermitteln, wie er sich in Gemälden alter Meister zeigt, ist heute dem Bewusstsein von Künstlern gewichen, dass der schiere Hinweis auf eine Botschaft nicht funktioniert, wenn eine Wirkung auf den Betrachter erzielt werden soll. Ein Gefühl

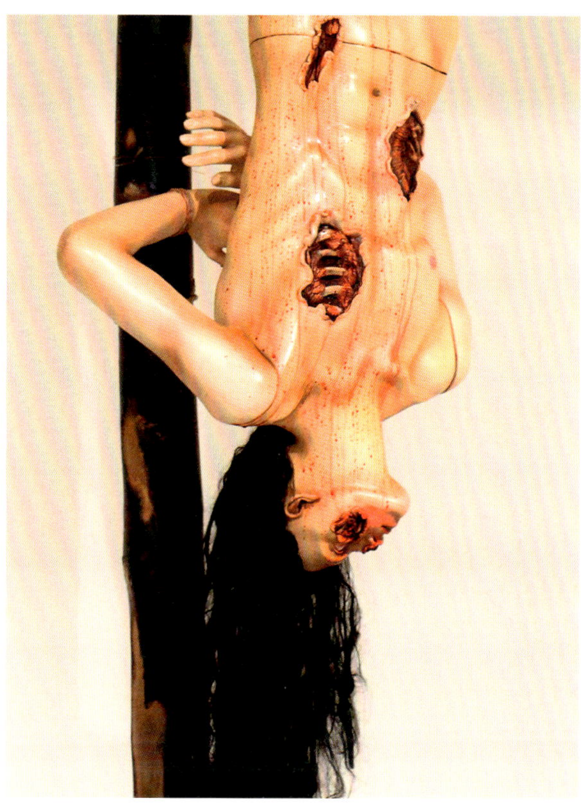

Jake und Dinos Chapman
Cyber Iconic Man, 1996 (Detail)
S. 133

ist eine Aufregung im Sinne einer gemeinsamen Regung. Zusammen können wir es empfinden, aber allein fehlt es uns. Die Kunst ist schon seit langer Zeit eine Bühne. Die Rollen der Schauspieler und des Publikums sind genau verteilt. Heutzutage ist die Kunst ein Fenster in beide Welten, die des Künstlers und die des Betrachters, die beide die gleiche Information haben.

In alten Zeiten haben die Künstler den Märtyrertod des heiligen Sebastian nicht tatsächlich gesehen. Der Künstler konnte sich den Schmerz des Heiligen nur vorstellen, und selbst das war nicht notwendig. Das Resultat seiner Erfindung war die Emotion. Heutzutage haben wir alle den Gefangenen mit Kapuze von Abu Ghraib gesehen und der Schöpfer dieses schrecklichen Bildes hat das Geschehen live miterlebt. Wie kann dieses Erlebnis in Kunst umgewandelt werden? Das ist fast unmöglich.

Die Realität hat die gleiche Macht gewonnen, wie sie die künstlerische Leistung besitzt. Die Wege von Pathos und Gefühl haben sich getrennt. Einerseits schlittert die Kunst immer weiter in das Dokumentarische und berichtet eher über Gefühle und Pathos, als sie zu interpretieren. Anderer-

seits bewegt sie sich mehr und mehr im Bereich des Fiktiven, Fantastischen, Grotesken. Damit überlässt sie die Realität ihrem Schicksal. Diese beiden Seiten wieder zusammenzuführen, ist eine Art Fitzcarraldo-Aufgabe, wie die gigantische Leistung von Douglas Gordon und Philippe Parreno, die ein Porträt des Fußballstars Zinédine Zidane geschaffen haben. Die doppelte Videoproduktion ist vielleicht eines der erfolgreichsten Beispiele dafür, dass die Dokumentation in der Lage ist, wie ein großartiges und heroisches Gemälde Pathos und Gefühl zu erzeugen. Diese Herausforderung ist für Videokünstler sehr schwierig. Wie ist es möglich, die Peinlichkeit eines Bill Viola zu vermeiden, im Versuch, ein zeitgenössischer Pontormo mit der neuesten digitalen Ausstattung zu sein, und trotzdem etwas zu schaffen, was durchaus dem Vergleich mit der großen Kunst der Vergangenheit standhalten kann? Eine Möglichkeit ist Gordons und Parrenos Begeisterung für zeitgenössische Mythen und Heldentum. Eine andere Möglichkeit ist Fiona Tans Suche nach uralten, heute noch stattfindenden Initiationsriten, von denen sie sich inspirieren lässt. In ihrem Werk *Saint Sebastian* werden junge japanische Bogenschützinnen zu den Henkerinnen eines unsichtbaren Opfers. Donghee Koo hat in ihrer Arbeit *Tragedy Competition* das Medium Kunst zum radikalen Extrem, nämlich dem der Realityshow, werden lassen. In dieser Arbeit wird, was eine langweilige Übung im Realitätsfernsehen sein könnte, zu einem richtigen Drama und vereinnahmt den Betrachter. Durch die Einfachheit und die Verwendungsweise des Mediums erweckt Koo echtes Pathos und Gefühl wieder zum Leben. Sie beweist, dass Kunst, wenn es eine einfache Bühne gibt, uns wieder die Möglichkeit bietet, in uns selbst hineinzublicken und die Welt der Medien mit ihren künstlichen und digitalen Gefühlen draußen zu lassen, egal wie viel von unserer Fähigkeit, wahre Gefühle zu empfinden oder mitzuteilen, der Medienrummel zerstört hat.

„Glaube, Liebe, Hoffnung" – Verzweiflung, Trauer, Depression Zur Frage nach den großen Gefühlen als Stoff der Kunst

Burghart Schmidt

Über Kunst überhaupt kann man sich nicht einig werden. Aber bestimmte Züge dessen, wozu Menschen Kunst hervorbrachten, vermag keiner zu leugnen. Dass sie hervorhebende Funktion in ihrem Darstellen ausübt, gehört zu diesen Zügen. Des Weiteren bezieht das künstlerische Darstellen seine Hervorhebungen auf die Rahmen, in denen die Hervorhebungen ihre Hervorhebbarkeit begründen oder motivieren, auch das lässt sich nicht abweisen. Hierbei handelt es sich in sehr relativem Sinn um eine anthropologische Konstante, die man anerkennen muss, auch wenn man seit Hegel alles, was der Mensch ist, als geschichtlich durch ihn gemacht auffassen will. Das „sehr Relative" meint dabei allerdings trotz der durch den französischen Strukturalismus der 1940er-, 1950er-Jahre in Anthropologie wie Ethnologie (Claude Lévi-Strauss) nicht mehr zu umgehenden Konstanten – Jürgen Habermas zählte etwa die Arbeit für Daseinserhaltung dazu – den Umstand, dass das Aufkommen der Künste erst sehr spät passierte – die aktuelle Forschung geht von 35.000 bis 40.000 Jahren, von heute zurückgedacht, aus. Enorm lange Zeiten kam also der Mensch davor offensichtlich, vielmehr offensichtlich unsichtlich, ohne Kunst aus. Aber nachdem die Künste einmal angefangen hatten, entwickelten sie sich mit der angezeigten Funktion in allen Vergesellschaftungskreisen des Menschen.

Und die andere Seite des „sehr Relativen" mitten im Konstanten findet sich in der ungeheuren Veränderungsgeschichte dessen, was hervorgehoben wird, wie es hervorgehoben wird und in welchem Rahmen der Begründung oder Motivation es hervorgehoben wird. Hervorhebung im Motivationsrahmen, die aber durch alle Veränderungsprozesse hindurchgeht, zeigt an, es gibt im Künstlerischen die rhetorische Komponente des Hervorhebens, vermittelt oder konfrontiert mit der erzählerischen Komponente, in

der ein begründender oder motivierender Rahmen sich bedeutet. Damit ist Kunst eine Weise von Interpretation, sie gehört zu den hermeneutischen Verfahren. Nur dass, wie uns die Hermeneutikkritik Michel Foucaults lehrt, jede Interpretation wiederum eine Interpretation herausfordert, weil Interpretationen zwar aus Oberflächen auf eine dahinter angedeutete Tiefe hin sich bemühen, dabei aber selber eine Oberfläche ausbilden mit Versprechen von Tiefe dahinter, darunter. Solches meint Foucault mit seinem Wortbild „Archäologie des Wissens", die andauernde Situation des Archäologen als die Situation aller Forscher in ihrer Arbeit schlechthin. Tiefenhermeneutik ist damit nicht geleugnet, aber sie wird nur intentional akzeptiert, nicht resultativ, als sei die Tiefe durch irgendeine Interpretation entschieden zugänglich geworden. Wegen des hermeneutisch-interpretativen Charakters der Künste haben ja Philosophen von Friedrich Schelling (frühes 19. Jahrhundert) bis Richard Rorty (spätes 20. Jahrhundert) mit Durchklang von romantischem Geist angenommen, Künste könnten das Organon der Philosophie werden. Was mit der Hervorhebungsfunktion bei Verweis auf den motivierenden Rahmen gemeint sein könnte, möchte ich gerade durch ein davon scheinbar weit entferntes Beispiel erläutern oder näherbringen. Ich wähle aus dem 20. Jahrhundert Euroamerikas die Bewegung der sich selber so genannt habenden konkreten Kunst, die man gewöhnlich als die abstrakte oder gegenstandslose bezeichnet. Sie hebt die Abstraktion an sich hervor, kein Wunder in einer sich verwissenschaftlichenden Gesellschaft von Europa bis Amerika. Aber die Kunst verdeutlicht, dass es gar nicht um das Ideologische der Verwissenschaftlichung geht, sondern um Abstraktion und Rationalisierung des gesellschaftlichen Lebens und damit der individuellen Existenz insgesamt und alle betreffend. Jeder existiert und fühlt und empfindet nur noch in den Abstraktions- oder Rationalisierungsnetzen vom Frühstück bis in den Schlaf und den Traum.

Nun hat das Entstehen von Massengesellschaften immer eine gewisse Rationalität, also Abstraktivität der Kulturphänomene bis in die Künste begleitet, weil Massengesellschaften sich rational organisieren müssen. Wenigstens gilt das für das Abendland auch aus seinen Vorstufen heraus. Das war in der griechischen Klassik so, in der römischen Klassik, von Altägypten mit dem geometrischen Stil ganz zu schweigen. Wenn dann ein Überbordendes folgte mit Hellenismus und der spätrömischen Kunst, so blieben ja die klassischen rationalen Grundstrukturen darin erhalten. Das Abstraktive hat sich nur selber ins Komplexe vorangetrieben mit den imperialen Vergrößerungsschüben. Das Abstraktive hat das so an sich und in sich, in ersten Schritten ungemein vereinfachend zu sein, dann aber sich selbst zu verkomplizieren, wie uns auch die Ornamentgeschichte lehrt. Das Abstraktive ist schlechthin die Tendenz zum Labyrinthischen, aus dem Mäanderband in seiner Übersichtlichkeit wird ein unübersichtliches Labyrinth bei Selbstentfaltung des Einfachen

Genauso verhält sich das ja mit der Herausbildung der neuzeitlichen Massengesellschaft Euroamerikas. Allerdings war das eine andere Massengesellschaft als die der alten Griechen und die der alten Römer. Zunächst entstand in Europa die Massengesellschaft in der Weise des Organisierens und Erkämpftwerdens der Großstaaten mit einheitlichem Rechtssystem hin zum Absolutismus statt des mittelalterlichen Fleckerlteppichs mit den vielen Regionalrechten, Regionalautonomien und Stadtautonomien. Und da standen am Anfang die höchst vereinfachenden Abstraktionen und Rationalisierungen der Renaissance im Denken und Bildermachen. Im Hoch des Absolutismus aber wurde auf der Basis der Abstraktion und Rationalität, wie die Renaissance sie gebracht hatte, mit diesem als Grundstruktur durch deren Komplexifizierung oder differenzierende Verfeinerung eine Fantastik sondergleichen entrollt im Manierismus und Barock, eben mathematisch basierte, mathematikgestützte Fantastik, irgendwie in Entsprechung zu Hellenismus und Spätrom. Die Massengesellschaft absolutistischer Großstaaten in Euroamerika muss allerdings sehr unterschieden werden von der dann im 19. Jahrhundert sich entwickelnden Massengesellschaft der zu Metropolen auswuchernden Städte oder Stadtgründungen für Großindustrien, Großunternehmen, Großmärkte mit dem Bau riesiger Netze von Eisenbahnen und Kanalisierungen, dann Straßen. Und doch war auch diese begleitet von Schüben der vereinfachenden Abstraktion in Klassizismen, welche Klassizismen wiederum ausbordeten durch Ornamentalisierungsräusche zu Barockizismen, wenn nicht ohnehin Neobarock und Neogotik angesagt waren. Die Abstraktionen der konkreten Kunst drücken in ihren Hervorhebungen das Regiment der Rationalisierungen in den modernen Massengesellschaften am ungebrochensten und unverstelltesten aus. Insofern lagen Siegfried Kracauer und Elias Canetti ganz richtig, als sie die konkrete Kunst den Massen zuordneten als deren Ausdruck. Nur, muss man freilich ironisch hinzufügen, die Massen haben ihren eigenen Ausdruck am wenigsten begriffen, und das bis heute. Doch auch die anderen, nichtkonkreten Kunstbewegungen des 20. Jahrhunderts, zum Teil durchaus geladen mit Abbildlichkeiten, Realismen und Realitätsfragmenten, lobten von der Abstraktion im Sinn des Zusammenspiels von Analyse und Montage, das sogar in den Expressionismus hinein. Dieser scheint ja dem Thema der großen Gefühle so viel näherzustehen als die konkrete Kunst. Nur, sind nicht auch Klarheit, Reinheit, Übersichtlichkeit große Gefühle gemäß dem Mathematikerjubel über die schönste Lösungsweise unter manchen anderen, Ästhetikon statt Richtigkeit?

Nun ist erläutert, was in der konkreten Kunst die Hervorhebung ist in Hinblick auf große Gefühle, der rhetorische Faktor, das ist eben die Abstraktion an sich als die Weise der Vergesellschaftung in allem. Wie nimmt sich aber der erzählerische Faktor aus, in dem sich der Rahmen bedeutet, um die Hervorhebung als solche gelten zu lassen? Was erzählt wird, das sind die Abenteuer der Farbwirkungen aufeinander in unserem Sehen und in dem, was es sinnlich assoziiert, das sind die Abenteuer der aufeinander wirkenden mathematischen Figuren in unserem Sehen und in dem, was es assoziiert, die Räumlichkeitseffekte der linearen Konstruktionen und die Räumlichkeitseffekte der Verhältnisse von Farben, sodass es zu einem Neoplastizismus in der Fläche kommen konnte, Vorläufer des Naheverhältnisses von Fotografie und Bildhauerei. Und selbstverständlich haben diese Abenteuer zu tun mit den großen Gefühlen vom ästhetischen Mathematikerjubel bis zur staunen machenden Plastizität der Fläche, die plötzlich Bildwände und Bildmauern aufreißt und in die fernen Tiefen lockt, Sehnsüchte anheizend. Überhaupt, das nun als allgemein herausgekehrte Hervorhebungswesen der Künste verweist sie ja nachhaltig auf den einen ihrer Hauptstoffe, die großen Gefühle, das sollte nur an einer Kunstbewegung besonders geklärt werden, die in ihrer Kälte, Nüchternheit, Abstandshaftigkeit, durch Nähe zum denkenden Konstruieren auch Trockenheit scheinbar am weitesten von den großen Gefühlen entfernt, ja ihnen gegenüber zu sein schien wie Gegensatz von anderem Stoff. Und doch auch hier das große Gefühl.

Nun zum Stoff der großen Gefühle selber, Aby Warburg hat sie schließlich durch seine Rede von den Pathosformeln kunstgeschichtlich verfolgbar gemacht fürs Aufzeigen in den laufenden Veränderungsprozessen der Künste. Zunächst ist wichtig für das darunter Meinbare, sich klarzumachen, dass Gefühl immer über sich hinaus ist. Darin unterscheidet es sich von Empfindung oder vielmehr, man kann diesen Unterschied einführen. Empfindung bleibt auch in ihrer empathischen Dimension bei sich, bei dem präsent Empfundenen, Gefühl hält es nicht bei sich aus. Aber Gefühl ist keineswegs linear eindimensional über sich hinaus, sondern vieldimensional nach allen Seiten, es bildet einen Umhof diffus strahlender Art, sozusagen eine Strahlenkugel, das wäre aber zu glatt, zu rund für das Diffuse, das Diffundierende daran. Solches kann man in der Ausstellung, die das vorliegende Katalogbuch repräsentiert, nachhaltig studieren, unabhängig vom Alter der Kunstwerke, die man zum Studium ins Auge fasst. Damit folgt der nächste Gesichtspunkt zum großen Gefühl. So wie seine Typen hier die Ausstellung gliedern und anordnen geradezu in Kapitelfolge, in dieser Allgemeinheit handelt es sich wieder um relative anthropologische Konstanten. „Glaube, Liebe, Hoffnung", die drei großen Gefühle von Paulus her bei Ödön von Horváth, obwohl er sie, was wichtig ist für große Gefühle, nicht bloß nestroyisch aus der Froschperspektive sehen will, sondern aus finsterem, verlassenem, verlorenem Unten, das müssen sie sich gefallen lassen wie das Nestroyische, sonst sind sie

nichts wert und keineswegs groß – nehmen wir sie einmal als Beispiele zur Klärung relativer anthropologischer Konstanz in Sachen große Gefühle. Wissenschaftlichkeit scheint ja im Namen des Wissens gegen den Glauben sich absetzen zu wollen. Und doch ist in aller Wissenschaftlichkeit ein so großer Glaubensfaktor. Man glaubt an Methoden und Kriterien des Wissenschaftsbetriebs, weil seine Festlegungen sich ja einer weltweiten Abstimmung der zum Betrieb gehörenden Wissenschaftler verdanken gemäß der Wissenschaftsauffassung von Charles Sanders Peirce seit dem 19. Jahrhundert. Und so glaubt man an die Sicherheit der vom Betrieb für gesichert erklärten Daten, mit denen man dann in einem Gewissheitsgefühl arbeitet. Doch der hiermit angezeigte Wissenschaftsglaube, wie sehr unterscheidet er sich vom religiösen Glauben durch die eben ebenso angezeigte Rechtfertigung. Und dann der Glaube an sich selber als Grundlage für Selbsteinschätzung, Selbstsicherheit, aber auch Selbstüberschätzung und Minderwertigkeitskomplex. Viele Varianten des Glaubensfaktors tauchen auf und zeigen die Geschichtlichkeit des Glaubens. Liebe, wie jung ist unsere von der Romantik geprägte erotisch-sexuelle Auffassung von ihr? Man denke allein an die platonische Liebe, sie ist nach unserem heutigen Verständnis ein Produkt des bigotten Christentums. Beim Original Platon, wenn man dem *Symposion* wörtlich trauen darf, geht es sehr wohl um die erotisch-sexuelle Liebe, gar in die voll gleichberechtigt aufgefasste Homosexualität hinein. Auch wenn Platon das in übergipfelnden Ausklängen hinauslaufen lässt auf das, was christliche Interpretation beim Schopfe packte, um die asketisch-keusche entfraut-entmannte Liebe daraus hervorzuziehen und dem unterzujubeln. Bei Platon wird dagegen vielmehr die höhere Stufe der Liebe zu Wahrheit, Schönheit, Güte im Wissenwollen aufgeladen mit den Kräften der erotisch-sexuellen Liebe als Anagogikon, zu Deutsch Einführung, er sieht den Zusammenhang, nicht die Feindschaft. Und dann lese man nach in den Abhandlungen des Michel Foucault über den Institutionenwandel der Liebe als einer geschichtlichen Angelegenheit *(Histoire de la sexualité)*. Hoffnung – es gab einen Übersetzungsstreit, durch den sich deutlich machen lässt, wie sogar in einer Sprache der Genauigkeit die Geschichtlichkeit der Hoffnung sich niedergeschlagen hat. Es ging um die Übersetzung von Ernst Blochs *Das*

Prinzip Hoffnung ins Französische. Gallimard wollte es noch im Geist des französischen Existenzialismus unter dem Titel *Le Principe d'espoir* herausbringen. Die Übersetzung hätte das Werk Theodor W. Adornos Hohn preisgegeben, Hoffnung könne alles sein, nur kein Prinzip. Aber Bloch verfolgte in dem Werk, wie er es selber charakterisierte, die gelehrte Hoffnung, nicht die existenzielle, er durchkämmte die Kulturgeschichte nach Hoffnungsbildern. Daher musste die zutreffende Übersetzung lauten: *Le Principe Espérance*, diese Übersetzung widerlegte Adornos Hohn. Gérard Raulet und ich vermochten die treffende Übersetzung bei Gallimard durchzusetzen. Geschichtlichkeit der Hoffnung also auch, sosehr sie auf Zukunft gerichtet scheint. Und so geht es mit den anderen großen Gefühlen Verzweiflung, Entsetzen, Trauer, Depression, Sehnsucht. Nicht alles kann zu jeder Zeit ersehnt oder gewünscht werden, das wäre wieder so ein Bloch-Spruch, der hierher gehört. Und doch eben laufen nachhaltig Konstanten durchs Menschliche hindurch, also auch durch die großen Gefühle auf einer entsprechenden Allgemeinheitsebene. Die vom Katalogbuch repräsentierte Ausstellung ist geradezu eine starrende Experimentanlage zum Erforschen des historischen Wandels von bloß relativen Konstanten der anthropologischen Evolution in Sachen Welt der großen Gefühle auf dem Produktionsfeld der Künste. Es geht also um Ansätze eines Überprüfens von Geschichtlichkeit, demnach Transformativität der durch Aby Warburg in den Blick gebrachten Pathosformeln künstlerischen Ausdrucks und ihrer Grade zwischen Zitat, Reproduktion und Neuerfindung.

Nun, wenn auch klar vor Augen liegt, dass die großen Gefühle allein schon wegen des Hervorhebungscharakters der Künste diesen einen ganz besonderen, ihnen entsprechenden Stoff ausmachen, so würde eine andere relative Konstante künstlerischer Produktion ausgeschaltet, wollte man den Stoff der großen Gefühle verabsolutieren für die Kunst und sie darauf in Exklusivität festlegen. Gemeint ist mit der anderen relativen Konstante das Sichtbarmachen des Unsichtbaren, und das richtet sich ja auch auf das Nebenbei, das Kleine, die feinen Unterschiede, wie Pierre Bourdieu sich ausdrückte, oder wie Max Bense sagte: Es geht auch um die „präzisen Vergnügen" statt des Lärms der Größe und der Aufregung um große Gefühle. Die Kunst

hat eben viele Aufgaben in Angriff zu nehmen, und auch sehr verschiedene. Das verlangt allein schon der heute unüberholbar eingekehrte Pluralismus. Der wird allerdings gerade im Kunstgelände bejammert als die völlig desorientierende Beliebigkeit. Das stimmt so nicht. Richtig verstanden bedeutet der Pluralismus von heute nur die durchgängige Hypothetisierung unserer Gewissheiten. Ein vielfältig-vielgestaltiger Perspektivismus (vgl. die Philosophie Ortega y Gassets) schließt ja keinesfalls das sich entscheidende Fassen einer Perspektive und ihr Erproben aus. Hypothesen ergreifen nämlich in Gewissheiten beim Aufheben des Gewissheitsmantels einen utopischen Moment, der liegt in allen Hypothesen. Und so hat zeitdiagnostisch fürs Jetzt Oskar Negt mit einem Buchtitel vollkommen recht: *Nur noch Utopien sind realistisch.* Freilich, im rasanten Wertewandel von heute muss man dabei die Utopie im Spannungsbogen von der Dystopie zum Wünschenswerten verstehen. Auch die sogenannte Wirtschaftswissenschaftlerschule von Chicago (Milton Friedman und andere) hat und hatte ihre Utopie, für die Mehrheit eine Dystopie. Im Namen also eines richtig verstandenen Pluralismus, der bei „Anything goes" (Paul Feyerabend) nicht die Hände in den Schoß legt, sondern wirklich Dinge gehen lässt, angehen lässt, darf man der Kunst auch präzise Vergnügen weithin abverlangen. Sie werden von der in diesem Katalogbuch repräsentierten Ausstellung geboten durch die erzählerischen Netze, in denen die Hervorhebungen eingefangen und in ihrer Geltung relativiert, das heißt hypothetisiert werden, statt isoliert im Eigenwert dazustehen. Schließlich ist die ganze Ausstellung eine große Erzählung aus Erzählungen. Doch überhaupt gilt, dass auch eine Kunst, die sich der großen Gefühle enthält, sie unterläuft oder ihnen den Rücken zukehrt und sich dafür ungestört den präzisen Vergnügen widmet aus Anspruch eines Sichtbarmachens von Unsichtbarem, ihre Notwendigkeit aufweist und einholt.

Schock
Melancholie
Liebe
Trauer
Sehnsucht
Leid
Zorn
Einsamkeit
Erregung

Schock

Stephanie Damianitsch

Gefühle sind eine für den Menschen charakteristische Reaktion auf signifikante Veränderungen der persönlichen Situation.[1] Wird die Alltagsroutine durch einschneidende Erlebnisse ins Wanken gebracht, erzeugt dies im ersten Moment einen intensiven Gefühlstaumel, der gemeinhin als Schock (lat. terror) bezeichnet wird. Anschaulich beschrieb schon Lukrez, wie in solchen Situationen „Schweiß ausbricht und Blässe hervortritt am ganzen Leibe, die Zunge stockt und die Stimme vor Schrecken abstirbt dann, Dunkel die Augen erfüllt, die Ohren klingen, die Glieder sinken"[2].

Einen zentralen gesamtgesellschaftlichen Schockmoment stellte in der jüngsten Vergangenheit der terroristische Angriff auf das New Yorker World Trade Center dar. Auf die Bilder, die damals um die Welt gingen und die Hans-Peter Feldmann in seiner Arbeit *9/12 Frontpage* ikonenhaft nebeneinanderstellt, reagierten Menschen auf der ganzen Welt mit Gefühlen, die von Entsetzen bis Faszination reichten. Hans-Peter Feldmanns Werk stellt somit auch die Frage nach der Rolle der Kunst in der Darstellung „großer Gefühle". Gerade das Emotionskonglomerat, das mit dem Gefühl des Schocks einhergeht – als zentrales ästhetisches Mittel bereits von der Avantgarde eingesetzt –, fasziniert Künstler wegen der Möglichkeit, Wahrnehmung im „emphatischen Sinne" zu gewährleisten, bis heute.[3] Nur in diesem Kontext wird verständlich, dass Damien Hirst die einstürzenden Wolkenkratzer als für ihre Schockwirkung entworfene „Kunstwerke für sich" beschrieb, während sie für Karlheinz Stockhausen sogar das „größte Kunstwerk" darstellten, das es je gab.

Abseits dieser Ästhetisierung des Schreckens haben Kunstwerke nach Aby Warburg jedoch auch die Kraft, einst empfundene Reize und Gefühle zu objektivieren. „Darum spricht Warburg von Bildern als ‚Energiekonserven': sie sind Container und Transformatoren gewaltiger Affektschübe, deren Formgeber und Abstandhalter [...]."[4] Emotionen werden in epochenübergreifend wiederkehrenden Formen und Gebärden des Gefühlsausdrucks, den „Pathosformeln", transportiert und zugleich für die Gegenwart aktualisiert. Der Dialog zwischen Hans-Peter Feldmanns *9/12 Frontpage* und mit Angst, Schmerz, Verzweiflung und Leid verbundenen biblischen Katastrophenszenen des 17. Jahrhunderts – Johann Heinrich Schönfelds *Simsons Rache an den Philistern* und Valerio Castellos *Bethlehemitischer Kindermord* – führt diese Dialektik eindrucksvoll vor Augen. Der Moment des Schocks, wie er in all diesen Werken thematisiert wird, löst in der Zusammenschau eine erinnerungsbasierte, Walter Benjamins „Eingedenken" vergleichbare Zwiesprache zwischen Vergangenheit und Gegenwart aus und betont die große Bedeutung des sozialen Gedächtnisses für die Darstellung von Emotionen in der Kunst.

Hans-Peter Feldmann
9/12 Frontpage
2001 (Detail)
S. 44/45

1 Vgl. Aaron Ben-Ze'ev, *Die Logik der Gefühle. Kritik der emotionalen Intelligenz*, Frankfurt am Main 2009, S. 21.
2 Lukrez, *De rerum natura*, zit. nach Carsten Zelle, „Schrecken/Schock", in: Karlheinz Barck u. a. (Hg.), *Ästhetische Grundbegriffe*, Bd. 5, Stuttgart/Weimar 2005, S. 436.
3 Vgl. Zelle 2005, wie Anm. 2.
4 Hartmut Böhme, „Aby M. Warburg (1866–1929)", in: Axel Michaels (Hg.), *Klassiker der Religionswissenschaft. Von Friedrich Schleiermacher bis Mircea Eliade*, München 1997, S. 20.

America

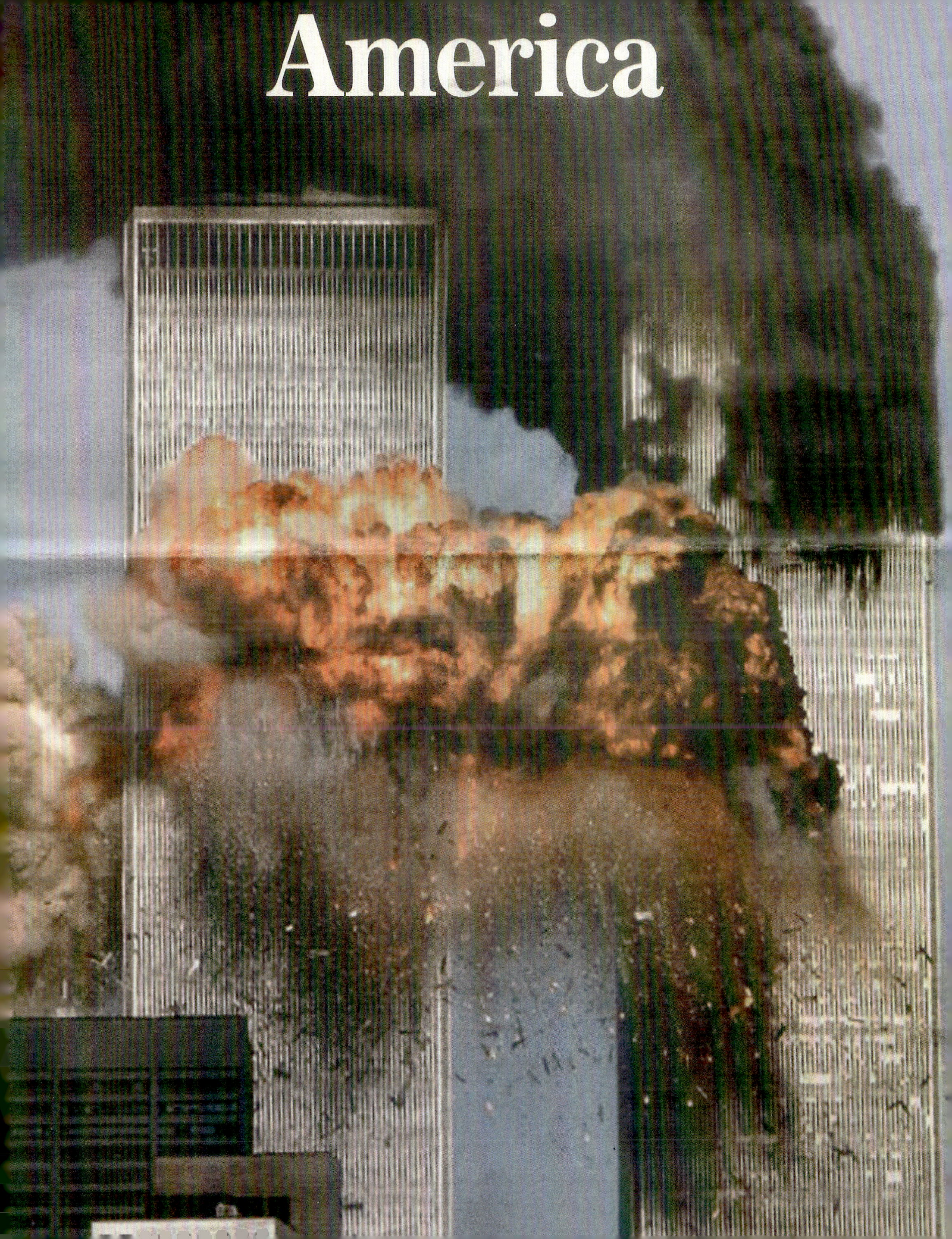

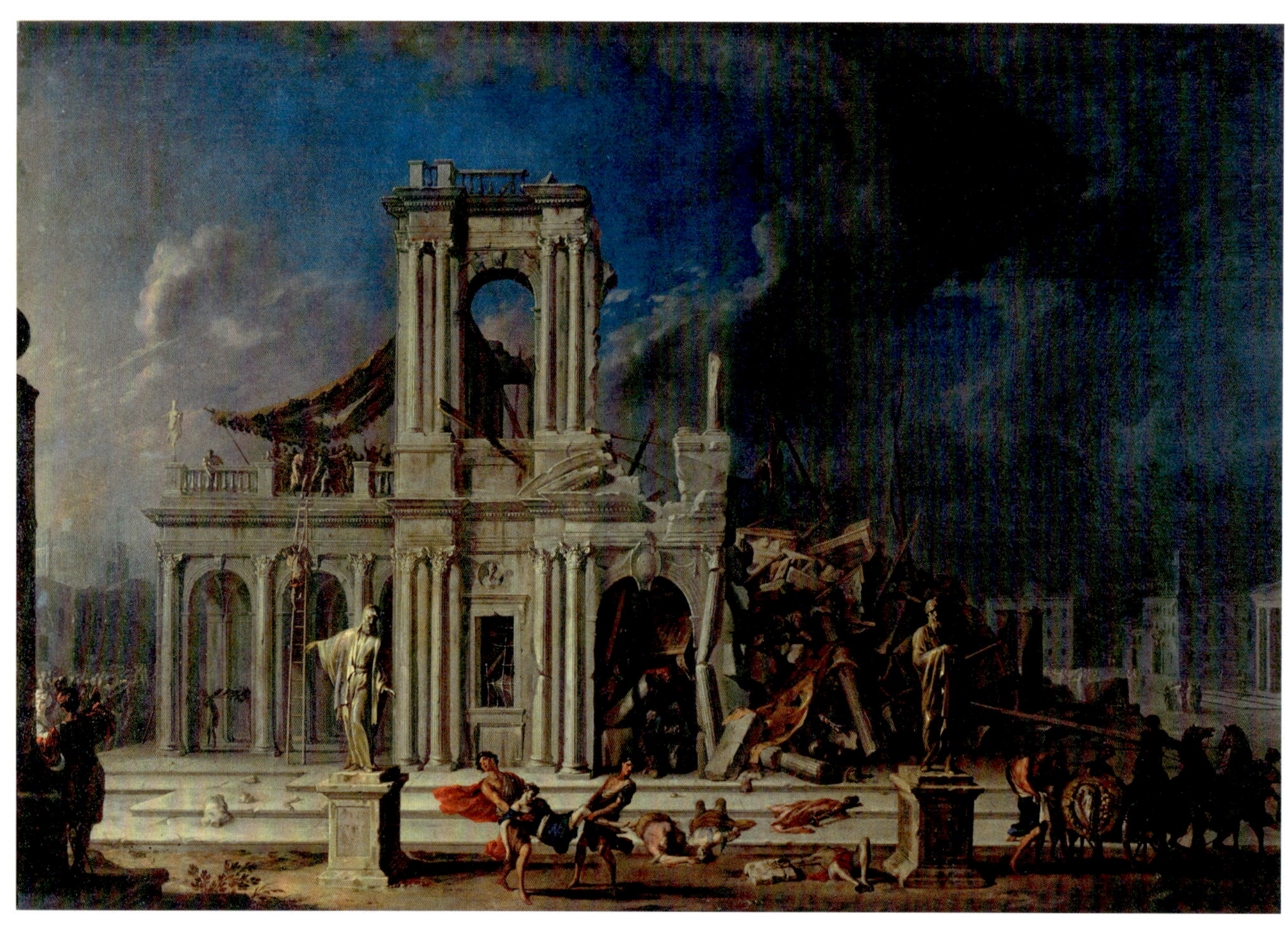

Johann Heinrich Schönfeld
Simsons Rache an den Philistern, um 1633/34 (?)
Kunsthistorisches Museum Wien, Gemäldegalerie

Hans-Peter Feldmann
9/12 Frontpage, 2001 (Detail)
S. 44/45

www.usatoday.com

USA TODAY

AVAILABLE AROUND THE WORLD

Chaos: Smoke covers Pentagon after plane hits military nerve center.
By Tom Wilson, USA TODAY

Terror hits Washington, 4A

New York panic
'Everyone was screaming' as towers collapsed. Story, 3A

Rescue: Victim evacuated from World Trade Center.
By Shannon Stapleton, Reuters

Wednesday, September 12, 2001

U.S. under attack

Hundreds feared dead as passenger jets destroy New York's World Trade towers, slam into Pentagon ■ Hijackers likely piloted planes themselves, experts say ■ Bush vows to punish those responsible

Newsline

■ News ■ Money ■ Sports ■ Life

By Paul J. Richards, AFP

Bush learns of air attacks
White House chief of staff Andrew Card interrupts President Bush during an education event in Florida as news breaks of the terrorist attacks. 4A.

Bin Laden viewed as chief suspect
Terrorism experts say the exiled Saudi dissident has the capability to order coordinated attacks such as Tuesday's assault on U.S. facilities. 4A.

Terrorism coverage blankets TV
Viewers who tuned in to TV coverage of the terrorist attacks in New York and Washington found the grimmest form of reality television. 9B.

Weather: Clouds in London, Tokyo
European cities: London, partly cloudy; Paris, partly cloudy. Asian/Pacific cities: Tokyo, partly cloudy. U.S. cities: New York, sunny. 12A.

■ Money: Wall Street reacts to attacks
Terrorist attacks disrupt communication, travel, and force the closing of the U.S. stock market. 9A.

■ Sports: Games cancelled
Major league baseball games were postponed. 1B.

■ Life: Emmy Awards postponed
The 53rd annual Emmy awards ceremony in Los Angeles was cancelled. No new date was set.

By Douglas Stanglin

Get breaking news updated 24 hours a day, 7 days a week. Visit us on the web at www.usatoday.com

USA TODAY Snapshots®

Learning about others
When asked how frequently they attempted to learn about cultures that were neither their own nor those of their ancestors, respondents said:

Very often	24%
Often	21%
Sometimes	31%
Seldom	15%
Never	

Note: Numbers do not add up to 100 because of rounding.

By Lori Joseph and Marcy E. Mullins, USA TODAY

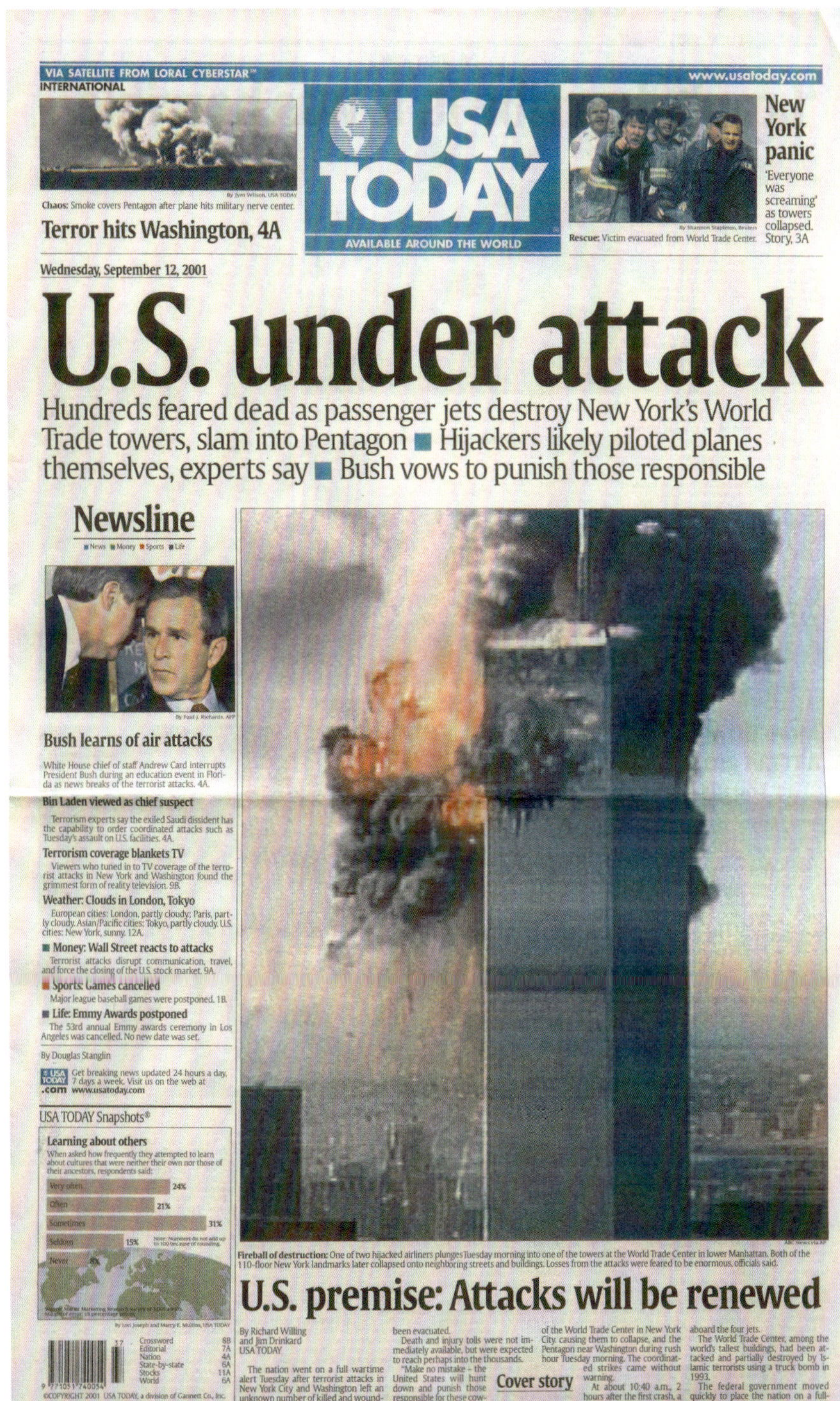

Fireball of destruction: One of two hijacked airliners plunges Tuesday morning into one of the towers at the World Trade Center in lower Manhattan. Both of the 110-floor New York landmarks later collapsed onto neighboring streets and buildings. Losses from the attacks were feared to be enormous, officials said.

U.S. premise: Attacks will be renewed

By Richard Willing
and Jim Drinkard
USA TODAY

The nation went on a full wartime alert Tuesday after terrorist attacks in New York City and Washington left an unknown number of killed and wounded and shook the nation as perhaps nothing had since the Japanese attack on Pearl Harbor nearly 60 years ago.

"Freedom itself was attacked this morning by a faceless coward, and freedom itself will be defended," President Bush said early Tuesday afternoon, from a Louisana air base to which he had been evacuated.

Death and injury tolls were not immediately available, but were expected to reach perhaps into the thousands.

"Make no mistake – the United States will hunt down and punish those responsible for these cowardly acts," Bush said.

Three hours later, CIA sources said they had evidence linking Osama bin Laden, Saudi-born sponsor of Islamic terrorism, to the attacks.

Bush spoke after apparently hijacked commercial airliners loaded with passengers crashed into both twin towers

Cover story

of the World Trade Center in New York City causing them to collapse, and the Pentagon near Washington during rush hour Tuesday morning. The coordinated strikes came without warning.

At about 10:40 a.m., 2 hours after the first crash, a fourth apparently hijacked jet crashed near Somerset County Airport near Johnstown, Pa. Federal officials believe it was en route to Washington to participate in the attack.

Officials of American and United Airlines, which each owned two of the jets, reported that 266 people were aboard the four jets.

The World Trade Center, among the world's tallest buildings, had been attacked and partially destroyed by Islamic terrorists using a truck bomb in 1993.

The federal government moved quickly to place the nation on a full-scale security alert commensurate with an enemy attack.

Intelligence officials said that for at least the past 10 days they had anticipated a possible attack by followers of Osama bin Laden, the Saudi-born fin-

Please see COVER STORY next page ▶

Crossword	8B
Editorial	7A
Nation	4A
State-by-state	6A
Stocks	11A
World	6A

©COPYRIGHT 2001 USA TODAY, a division of Gannett Co., Inc.

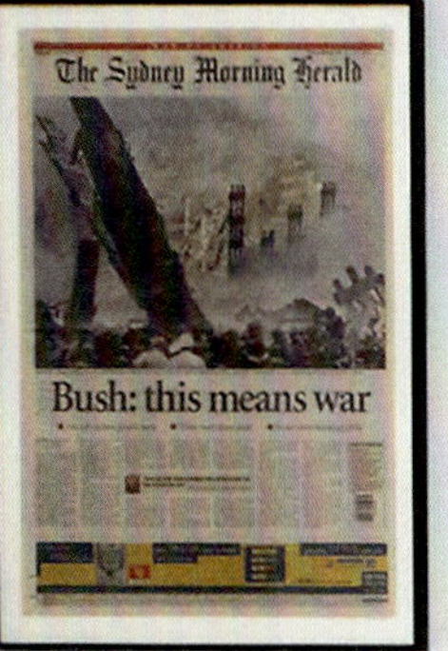
The Sydney Morning Herald
Bush: this means war

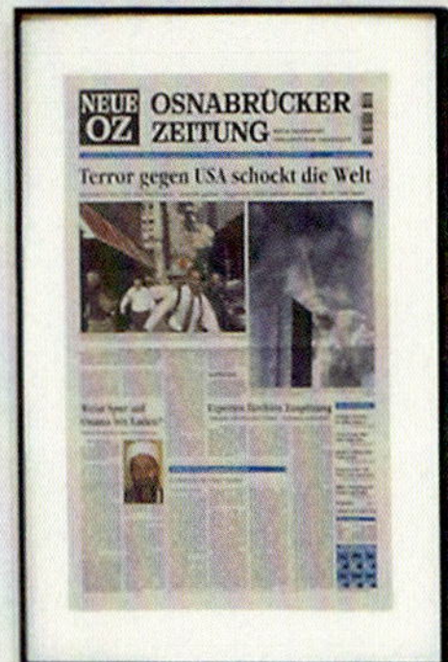
NEUE OZ OSNABRÜCKER ZEITUNG
Terror gegen USA schockt die Welt

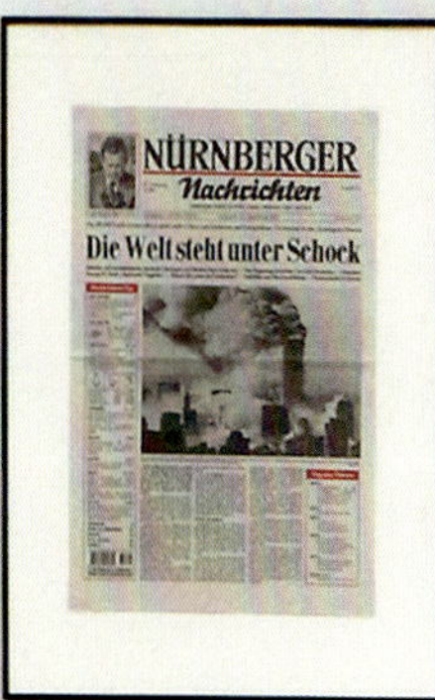
NÜRNBERGER Nachrichten
Die Welt steht unter Schock

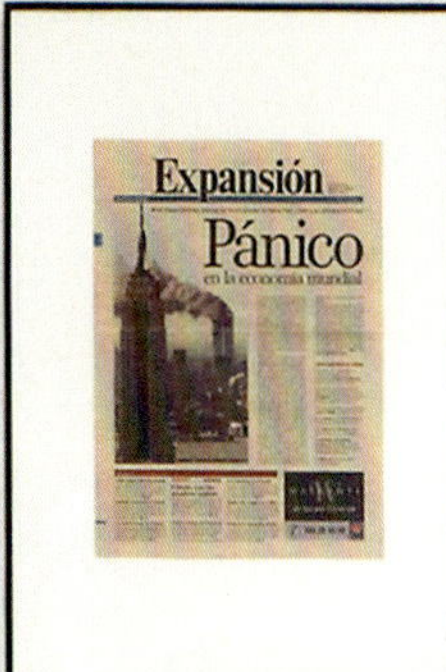
Expansión
Pánico
en la economía mundial

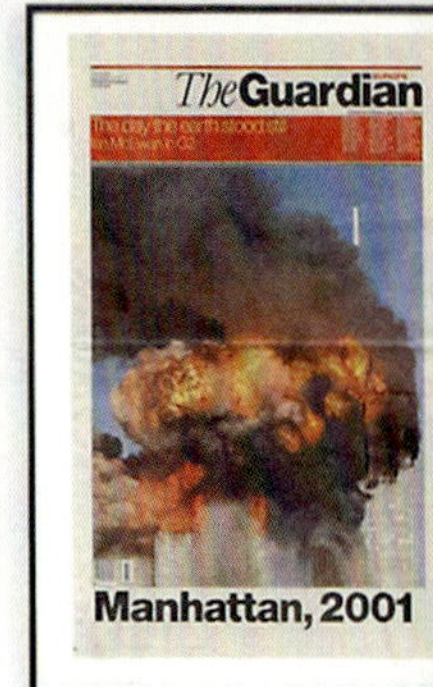
The Guardian
Manhattan, 2001

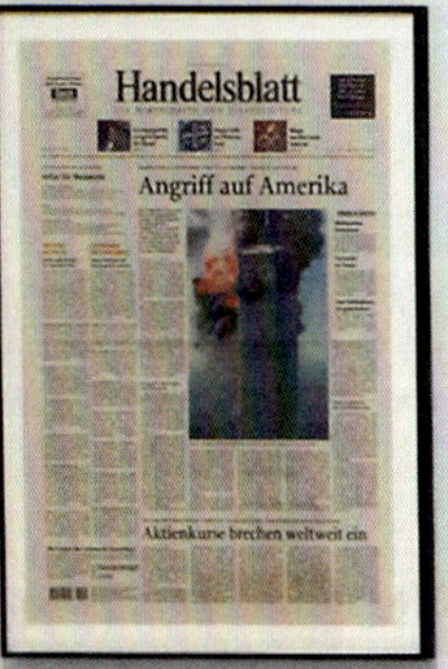
Handelsblatt
Angriff auf Amerika
Aktienkurse brechen weltweit ein

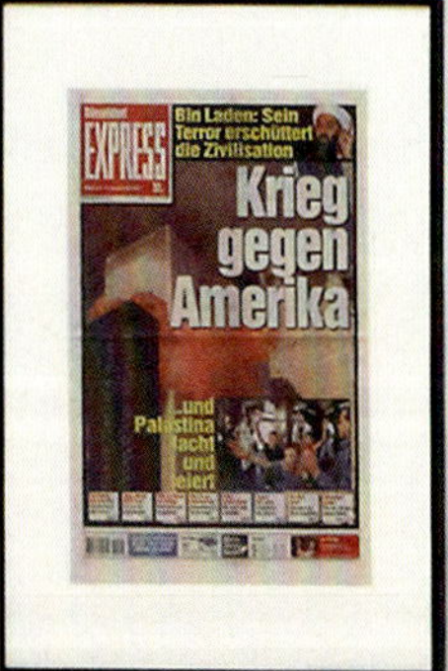
EXPRESS
Bin Laden: Sein Terror erschüttert die Zivilisation
Krieg gegen Amerika
...und Palästina lacht und feiert

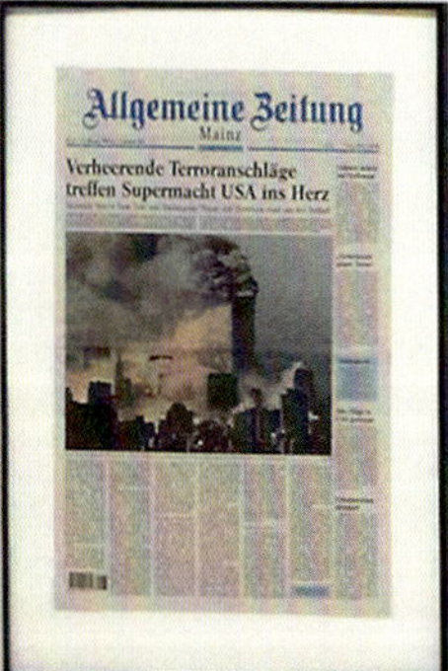
Allgemeine Zeitung
Mainz
Verheerende Terroranschläge treffen Supermacht USA ins Herz

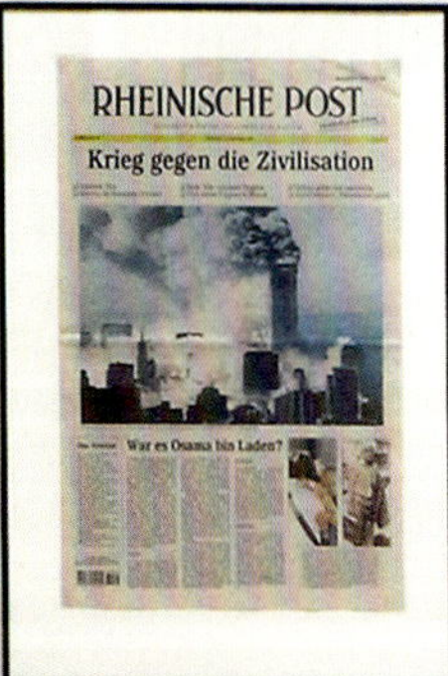
RHEINISCHE POST
Krieg gegen die Zivilisation
War es Osama bin Laden?

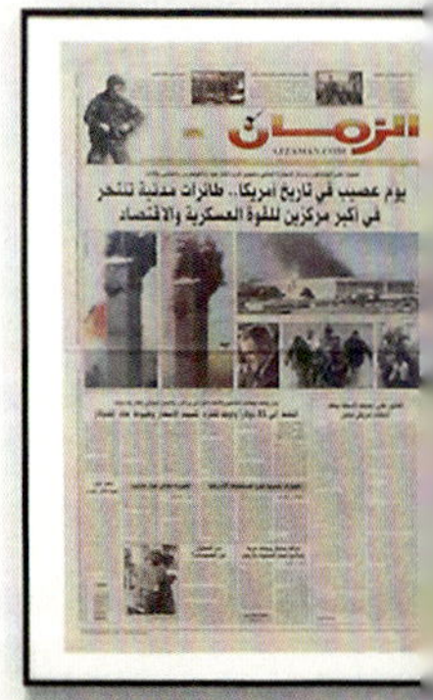

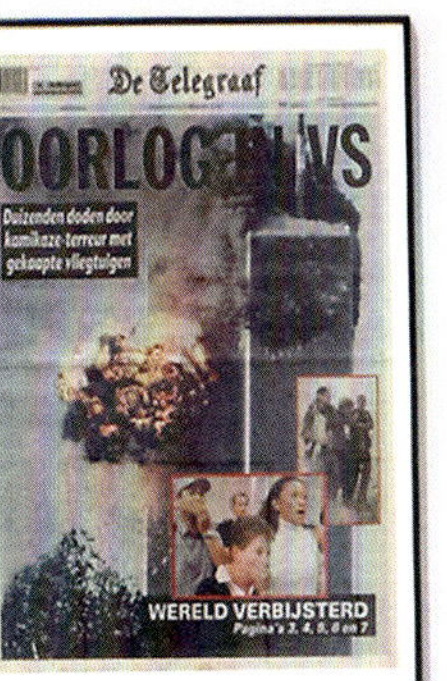
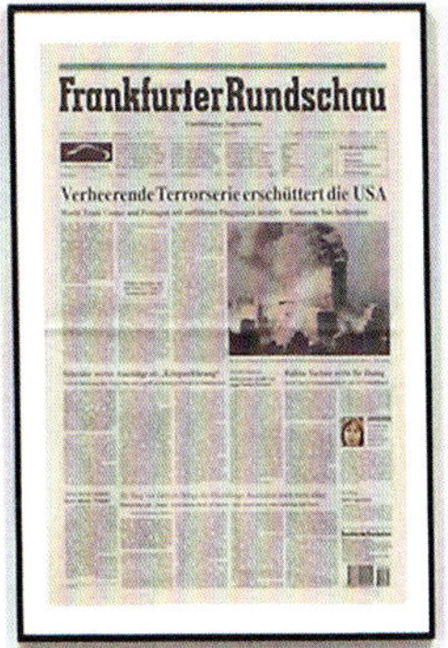
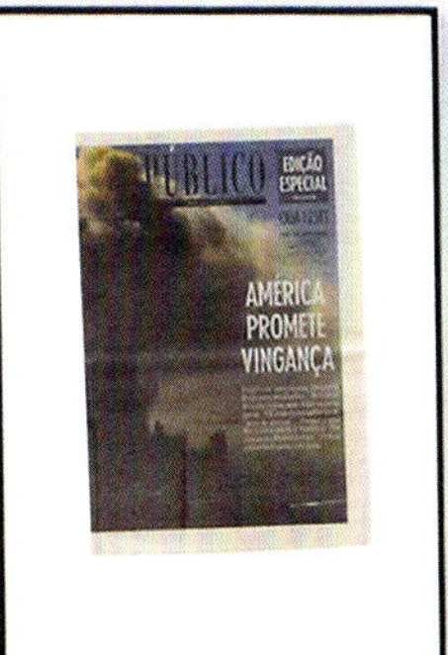
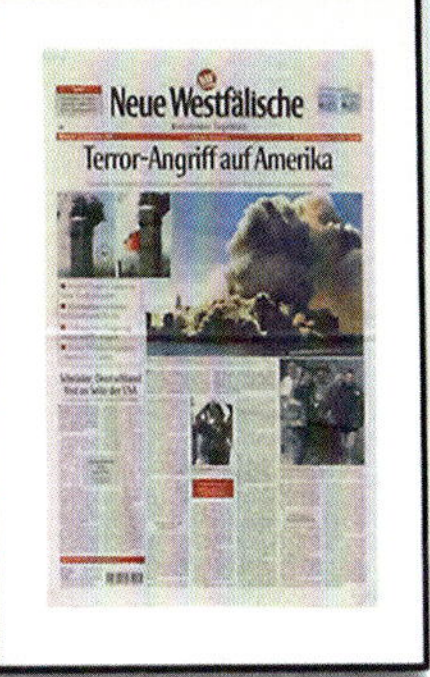
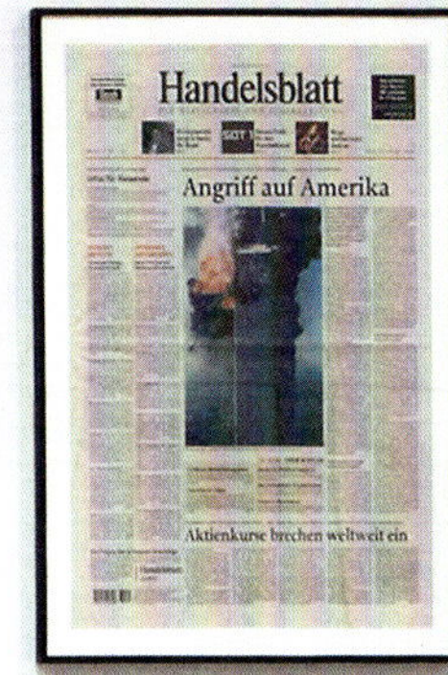
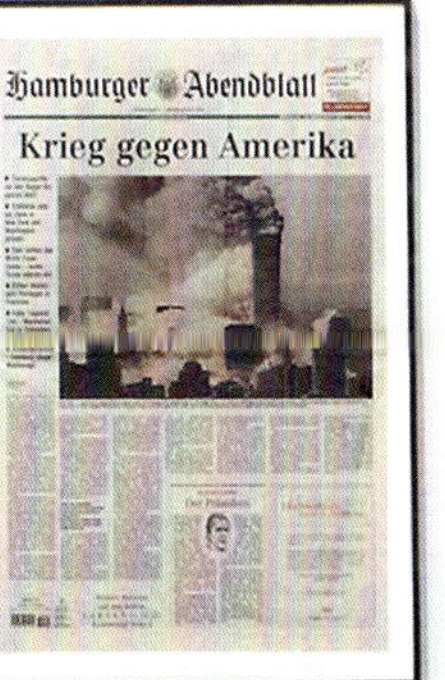
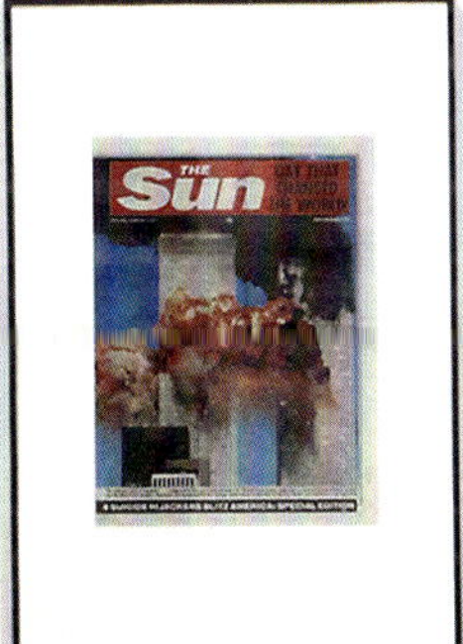
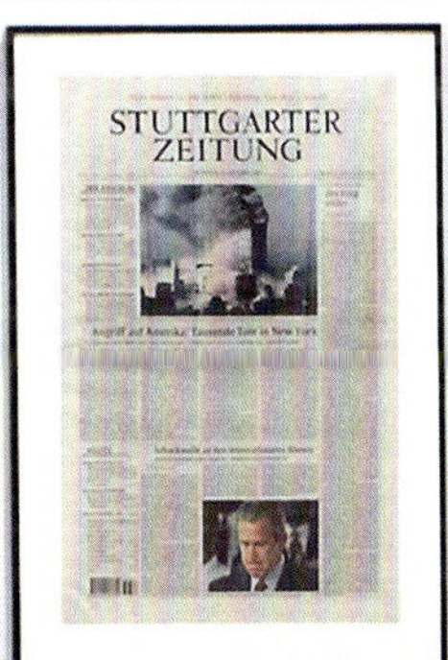
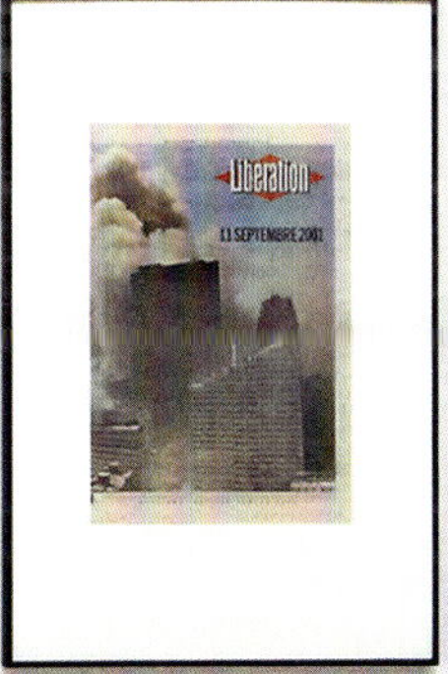
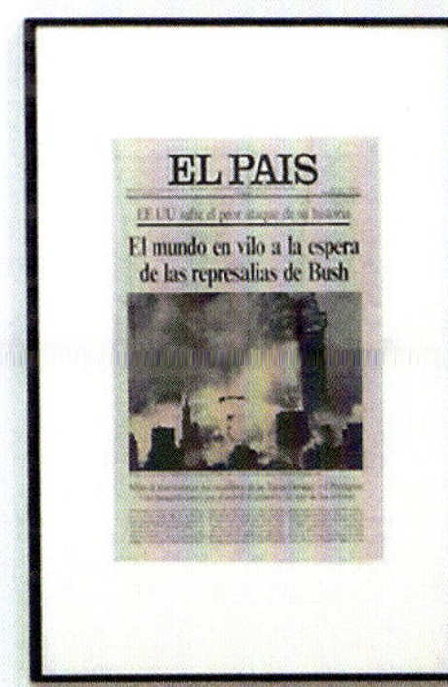

Hans-Peter Feldmann
9 / 12 Frontpage, 2001 (Installationsansicht)
Collezione Sandretto Re Rebaudengo

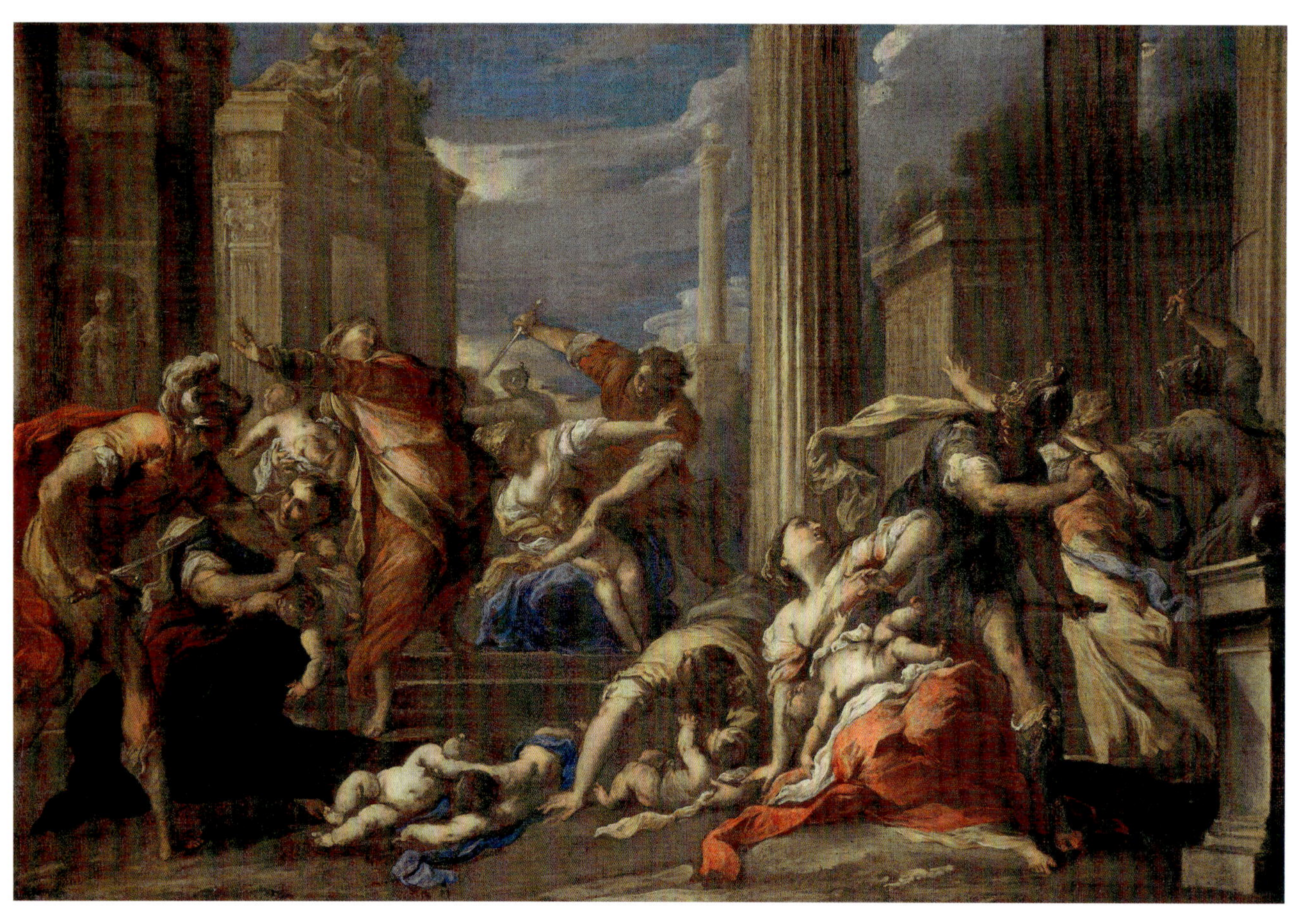

Valerio Castello, *Bethlehemitischer Kindermord*, um 1650/55
Kunsthistorisches Museum Wien, Gemäldegalerie

(rechts: Detail)

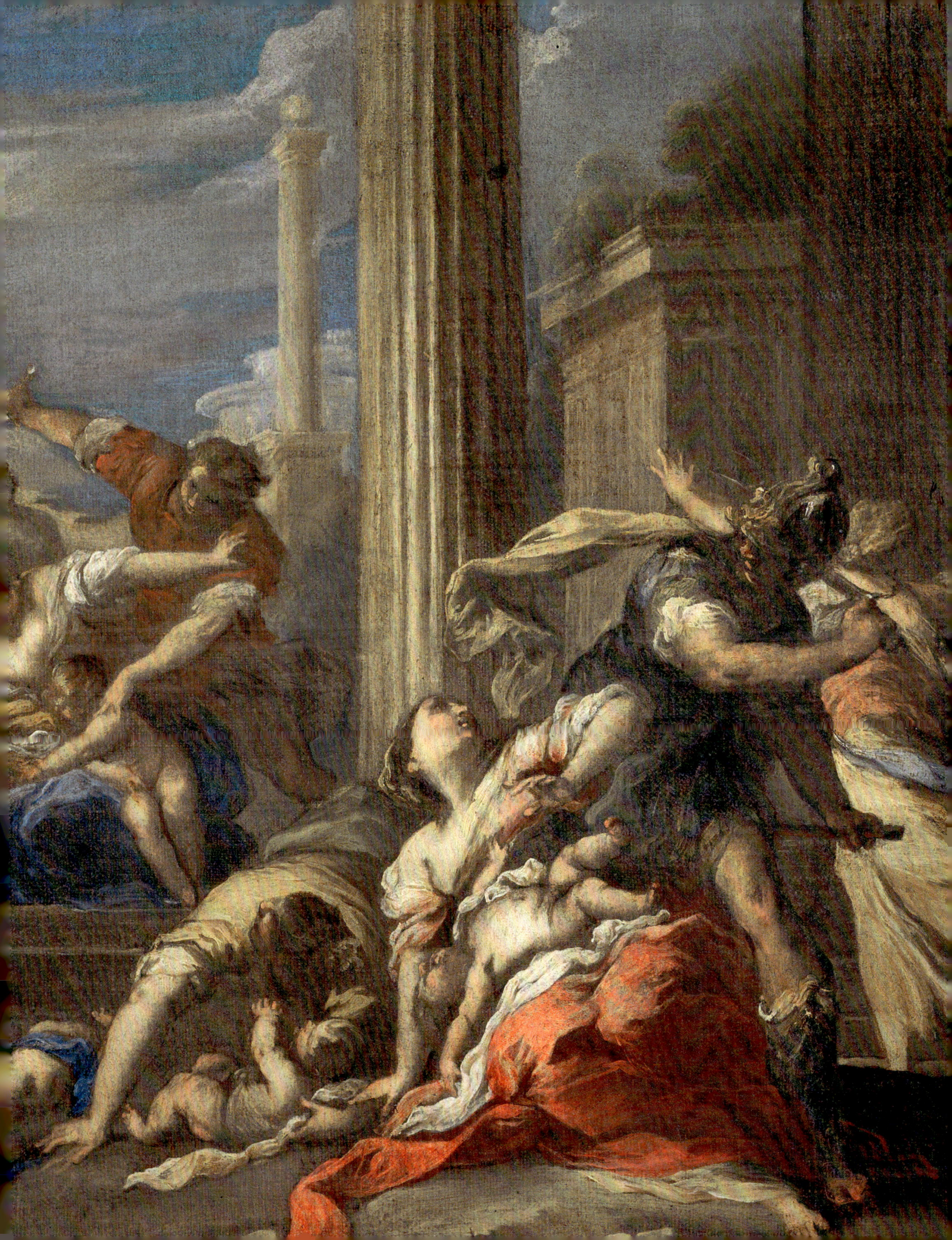

Melancholie

Stephanie Damianitsch

Ängstlichkeit, Schwermut und Erschöpfung galten bereits im 5. Jahrhundert v. Chr. als Symptome der Melancholie (dt. schwarze Galle), die als Krankheit im *Corpus Hippocraticum* erstmals Erwähnung fand. Die christliche Theologie gesellte dem rein medizinischen Terminus das seelische Laster der Acedia (dt. Trägheit des Herzens) bei, verstanden als spirituelle Krise, Zweifel und Trauer über die von Gott geschaffene Welt, die in positiver Wendung jedoch auch der Befreiung vom Schleier irdischer Freuden diente. Melancholie und Reue treten so in ein Naheverhältnis, das Francesco Furinis *Büßende Maria Magdalena* exemplarisch vor Augen führt: Die niedergeschlagen den Kopf in die Hand stützende Heilige bedient eine Pathosformel der Melancholie, wie sie etwa auch Albrecht Dürers Stich *Melencolia I* (1514) auszeichnet, den Aby Warburg als „Panorama heterogener Melancholieeigenschaften"[1] beschrieb.

In der Moderne wird die Melancholie im übertragenen Sinn als ein Gefühl, eine Seelenstimmung verstanden, die Sigmund Freud wie folgt charakterisierte: „Die Melancholie ist seelisch ausgezeichnet durch eine tief schmerzliche Verstimmung, eine Aufhebung des Interesses für die Außenwelt, durch den Verlust der Liebesfähigkeit, durch die Hemmung jeder Leistung und die Herabsetzung des Selbstgefühls [...]."[2] Sie begleitet existenzielle Krisen, die durch den hoffnungslosen Blick auf die Vergangenheit und das „Noch-nicht" einer besseren Zukunft geprägt sind.[3] Tizians *Grablegung Christi*, die den Verlust Jesu beweint, oder Anna Gaskells melancholischer Blick auf die verlorene kindliche Unschuld im Übergang zum Erwachsenwerden behandeln jene Zwischenstadien und weisen in ihrer Ikonografie des Leides trotz der thematischen wie zeitlichen Differenz erstaunliche Parallelen auf.

Als Krankheitsbild wurde die Melancholie im 20. Jahrhundert vom Begriff der Depression abgelöst. Das niederdrückende Gefühl der Hoffnungslosigkeit, das in Margherita Manzellis Darstellung einer abgemagerten, blassen Frau mit starr aus dem Bild gerichtetem Blick eine erschreckend nachfühlbare Präsenz annimmt, kann bis zum Freitod führen, den Maurizio Cattelans Installation vorführt. Die deprimierende Stille, die in diesen Werken die Unmöglichkeit ausdrückt, über melancholische Krisen zu sprechen, steht Donghee Koos Video *Tragedy Competition* gegenüber, in dem mehrere Protagonist(inn)en sich dem unbeherrschten Weinen und Schluchzen hingeben, um ihr Unglück in Laut und Gebärde aufgehen zu lassen. Gemeinsam ist all diesen Werken jedoch die ironische Brechung, die die Melancholie erfährt, sei es durch ein Eichhörnchen als Selbstmörder oder die Tatsache, dass aus dem Wettbewerb, den Donghee Koos Arbeit dokumentiert, jene als Siegerin hervorgeht, deren Weinkrämpfe am längsten währen. Die Werke machen somit, ohne den Weltschmerz der melancholischen Erfahrung zu karikieren, deutlich, dass ein „Strukturzusammenhang zwischen Melancholie und Humor besteht, Weltverachtung immer wieder in Weltverlachung umschlägt [...]."[4]

1 Aby Warburg, zit. nach Eckart Goebel, „Schwermut/Melancholie", in: Karlheinz Barck u. a. (Hg.), *Ästhetische Grundbegriffe*, Bd. 5, Stuttgart/Weimar 2005, S. 461.
2 Sigmund Freud, „Trauer und Melancholie (1917)", in: Thomas Trummer (Hg.), *Trauer*, Wien 2003, S. 61 f.
3 Vgl. Goebel 2005, wie Anm. 1, S. 451.
4 Ebd.

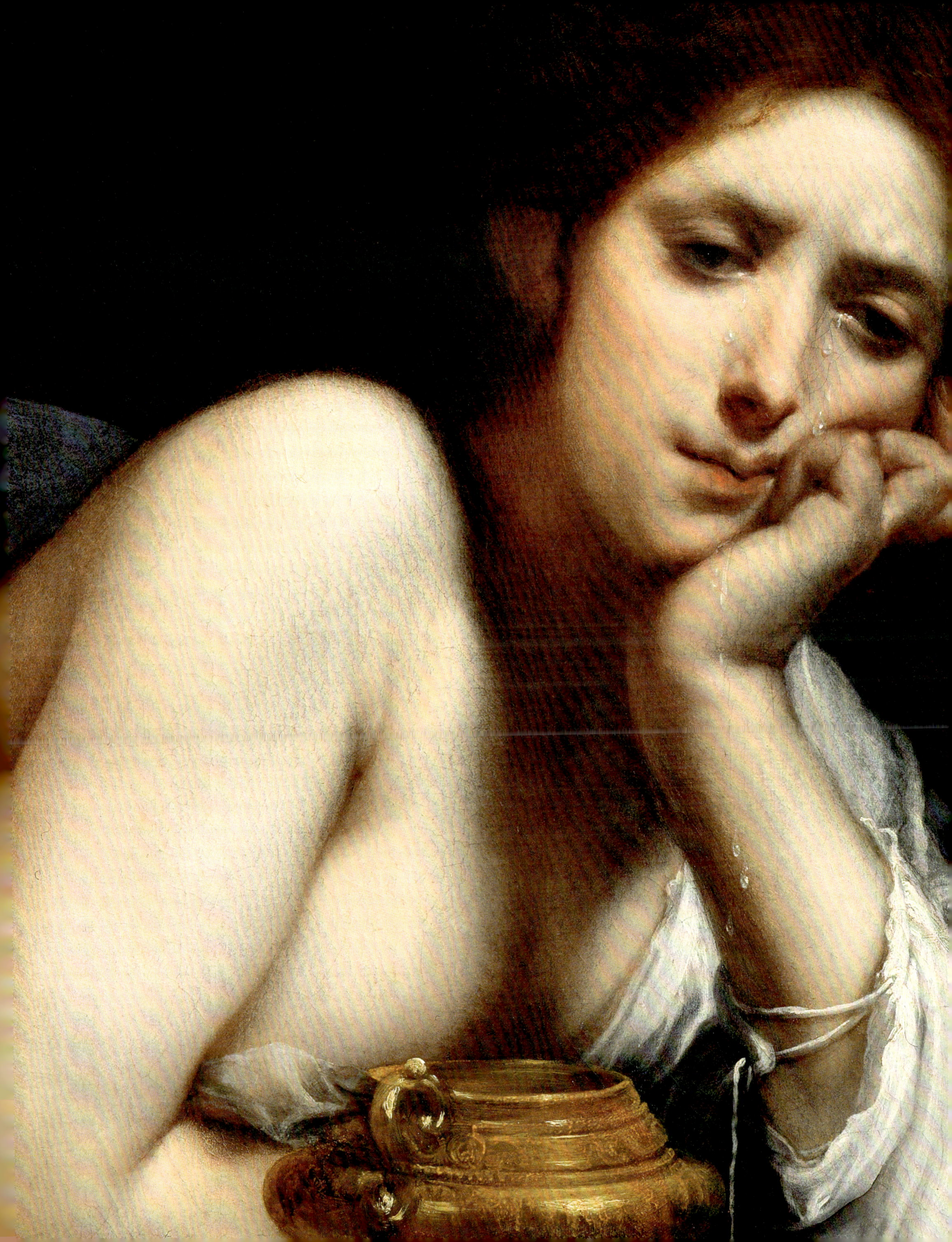

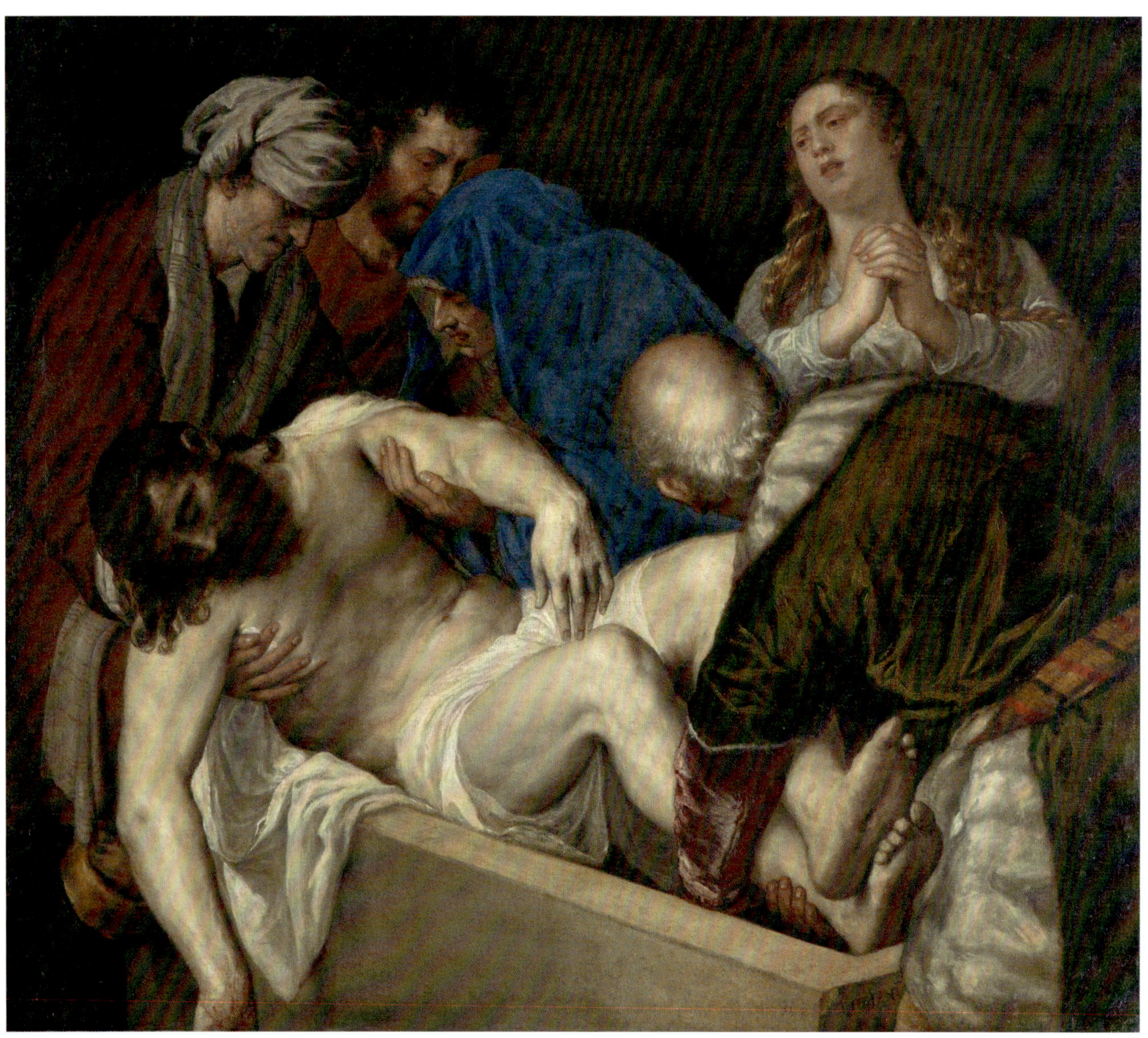

Tiziano Vecellio, gen. Tizian, *Grablegung Christi*, nach 1557
Kunsthistorisches Museum Wien, Gemäldegalerie

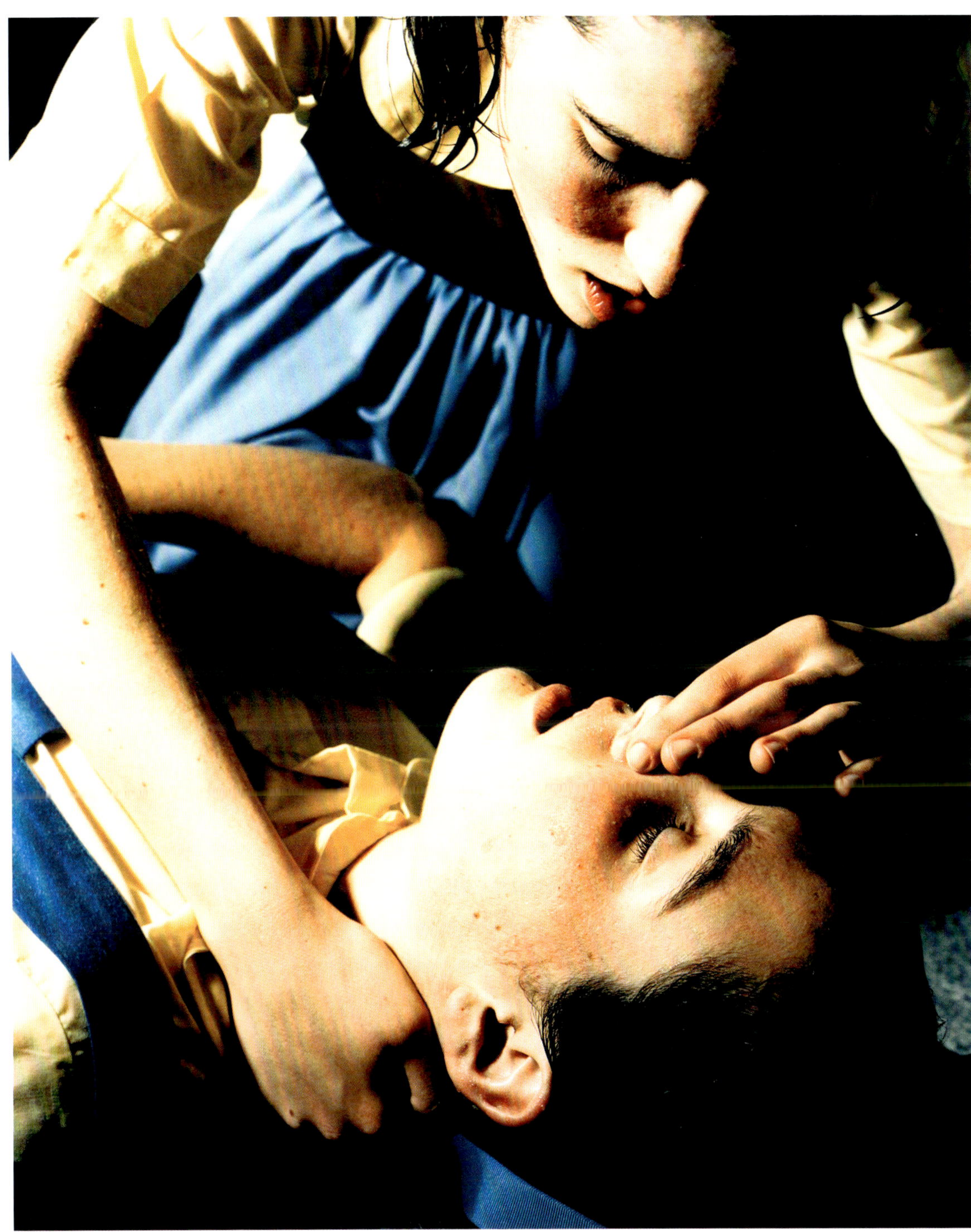

Anna Gaskell, *Untitled #2 (Wonder)*, 1996
Collezione Sandretto Re Rebaudengo

Francesco Furini
Büßende Maria Magdalena (Halbfigur), um 1630/35
Kunsthistorisches Museum Wien, Gemäldegalerie

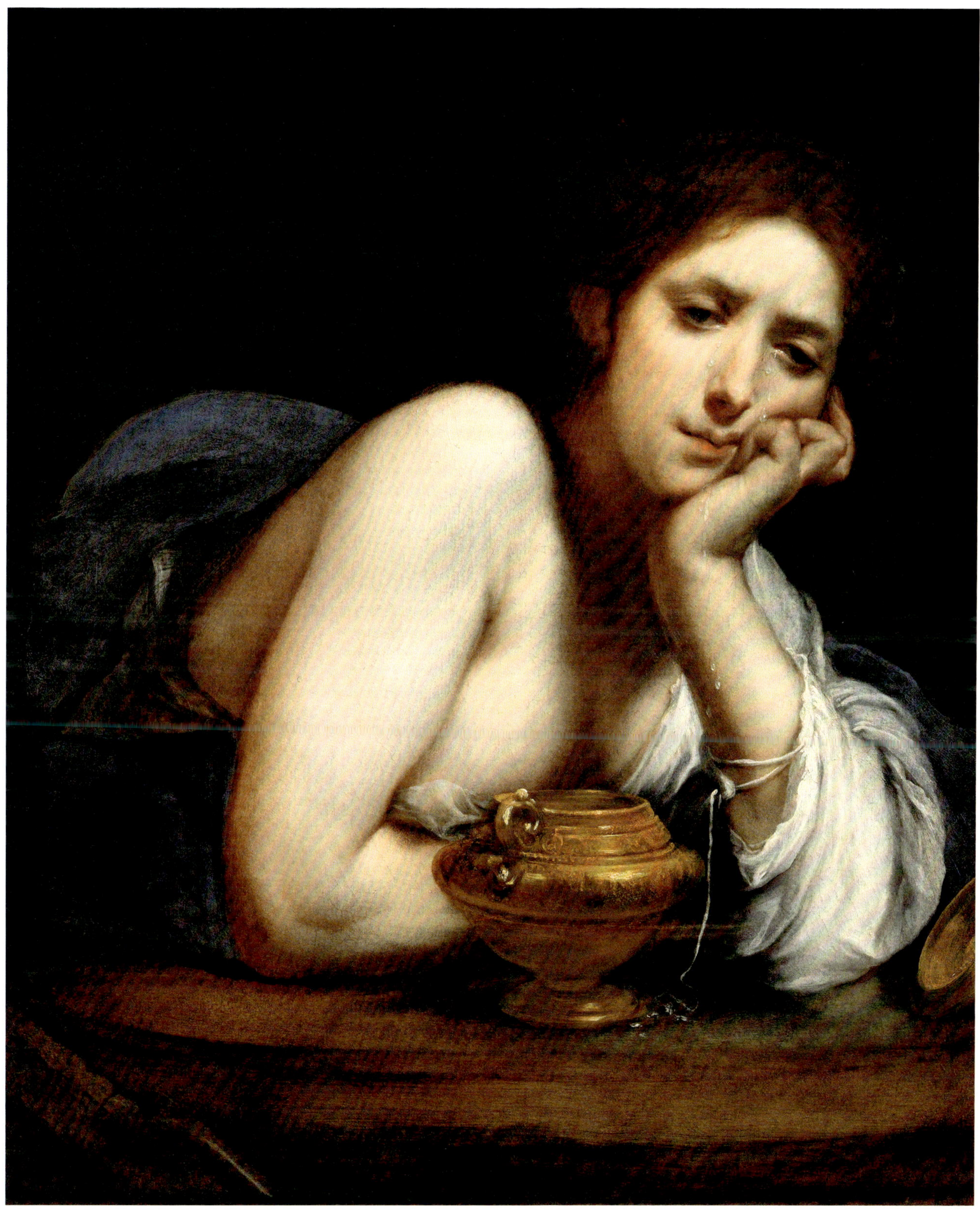

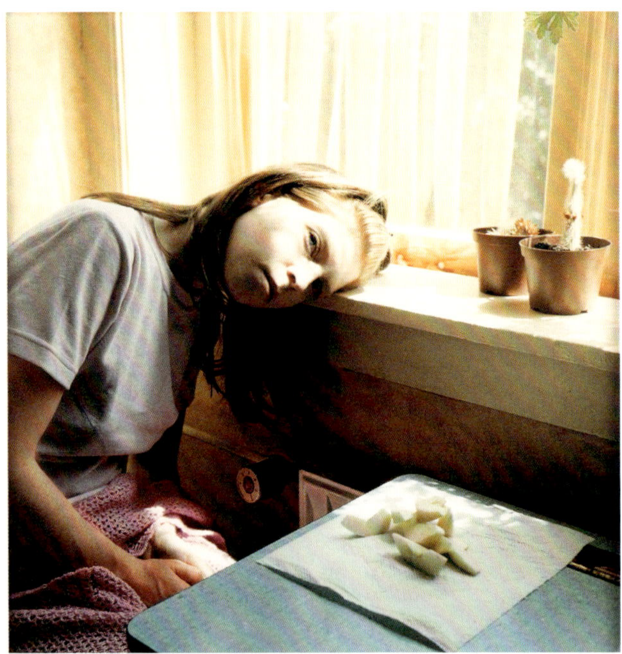

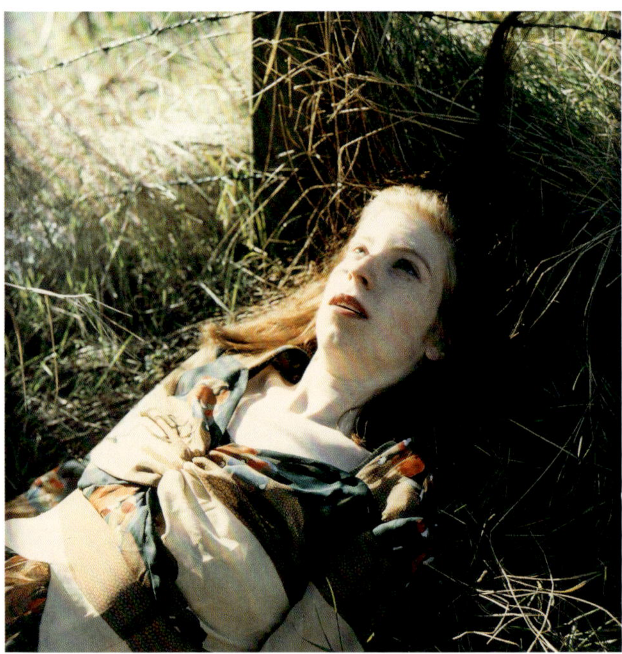

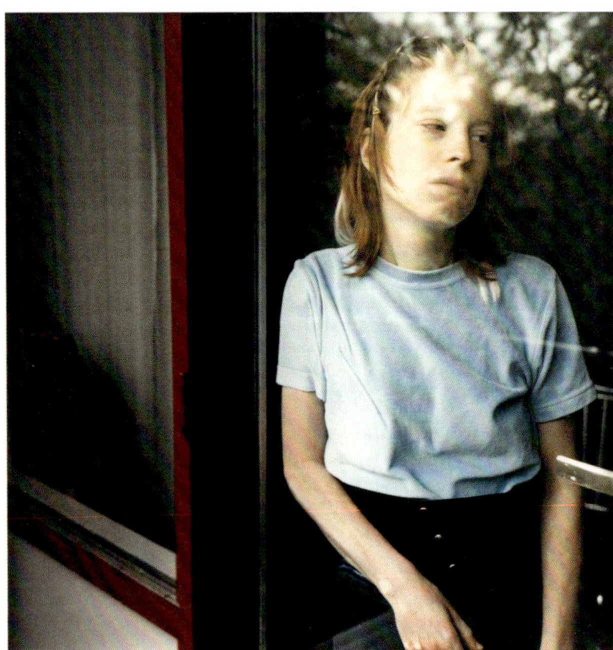

Oben und rechts:
Hellen van Meene, *Untitled*, 1998
Collezione Sandretto Re Rebaudengo

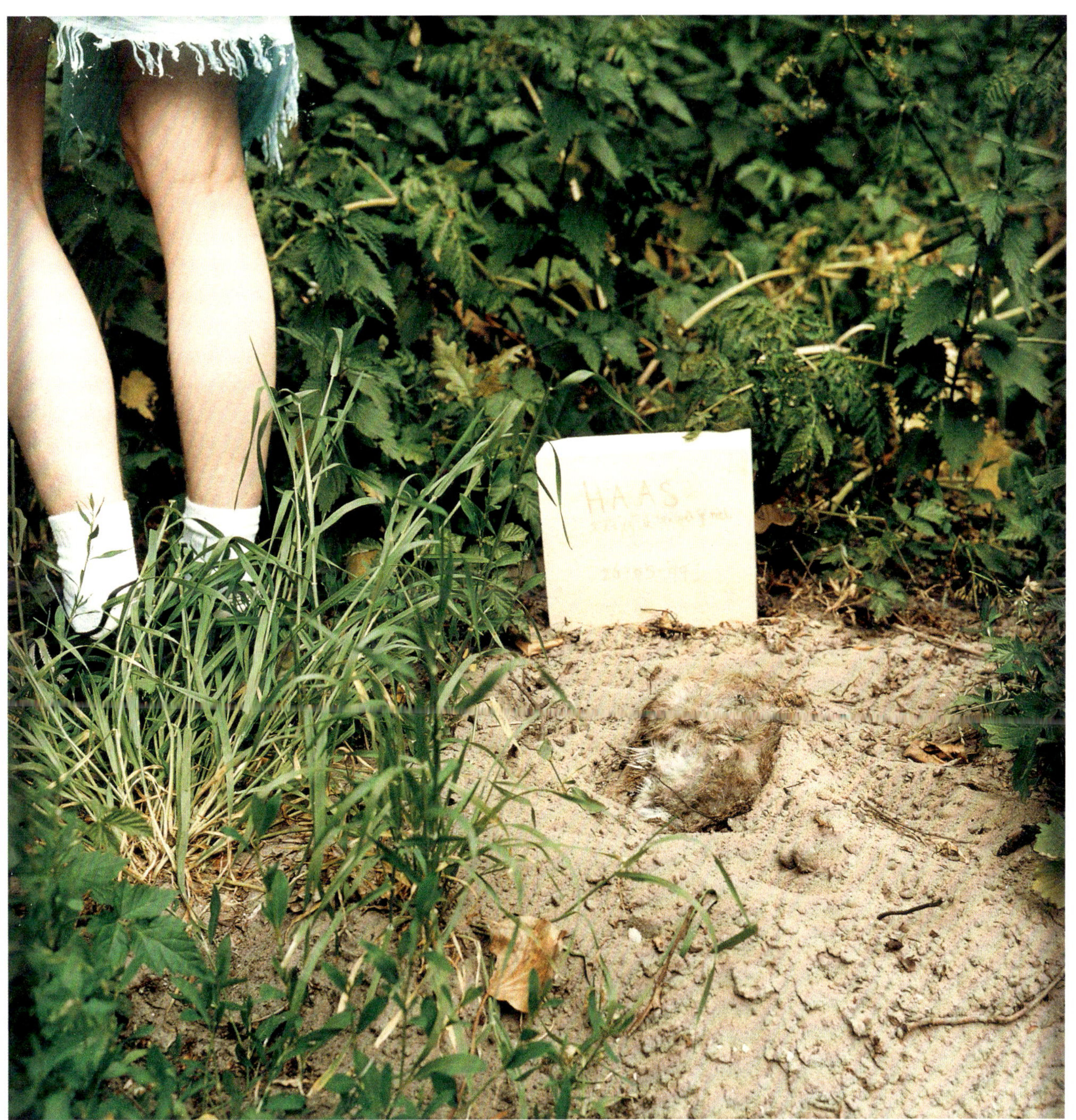
HAAS

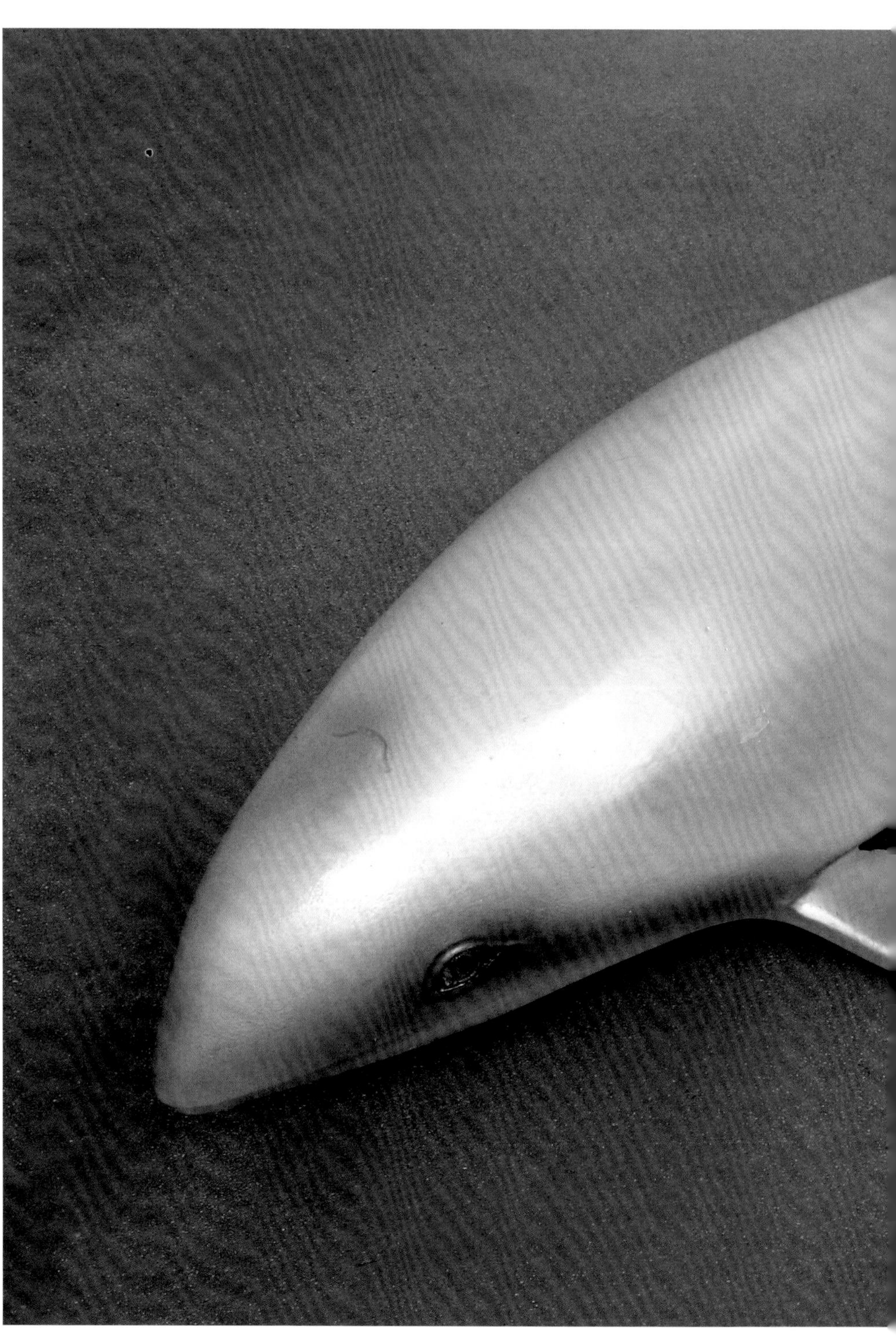

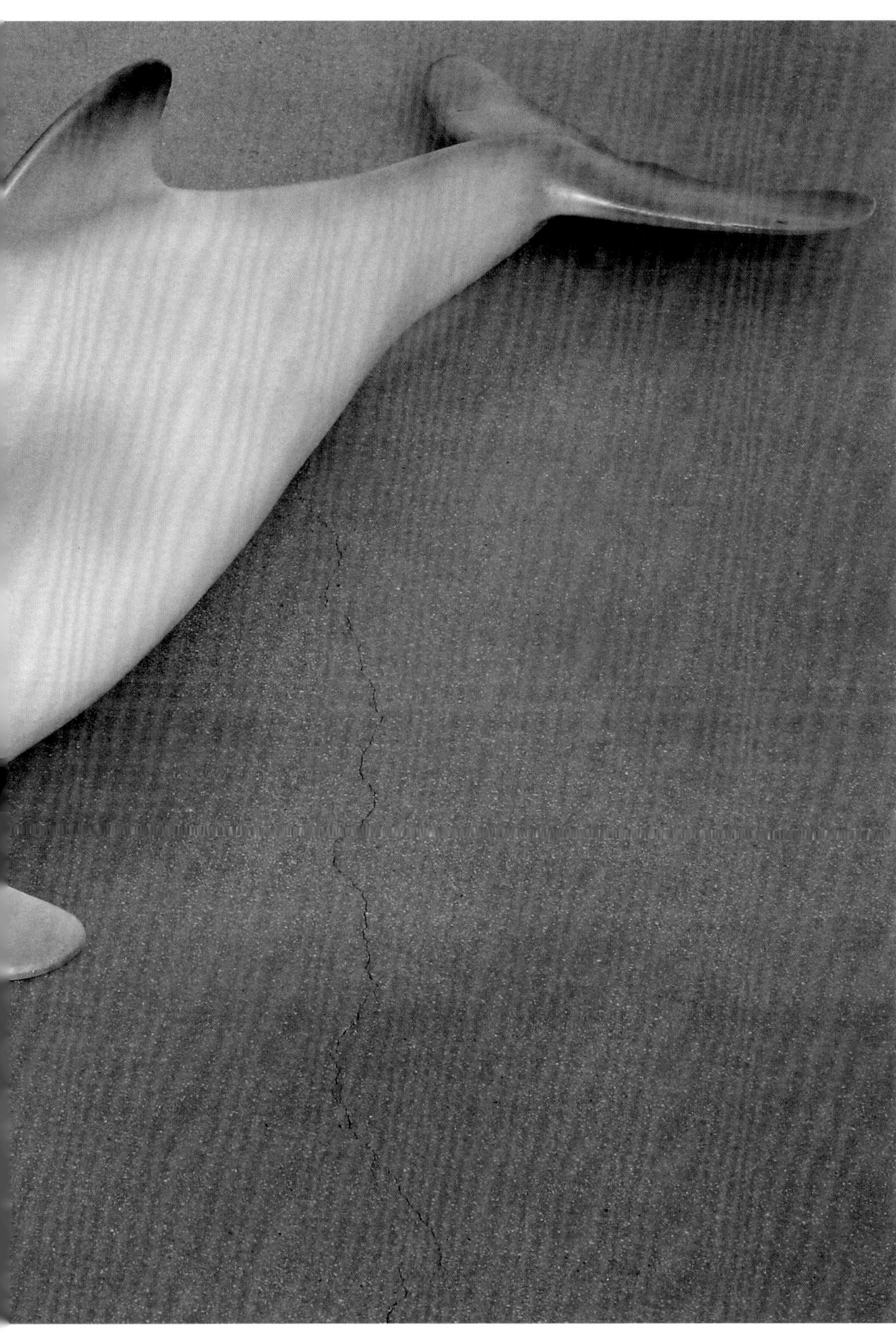

Carsten Höller, *Balena Bianca*, 1995
Collezione Sandretto Re Rebaudengo

Maurizio Cattelan
Bidibidobidiboo, 1996
Collezione Sandretto Re Rebaudengo

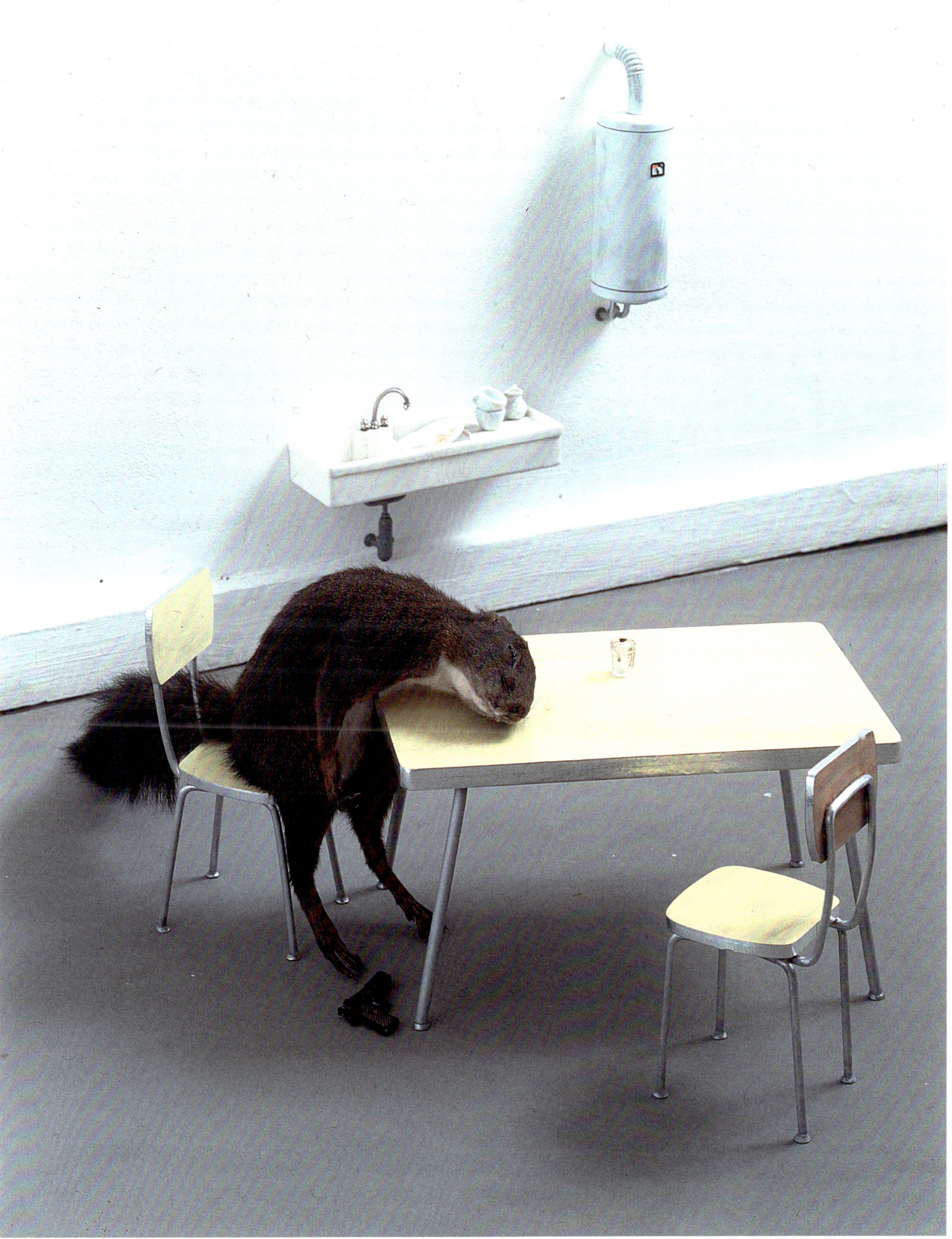

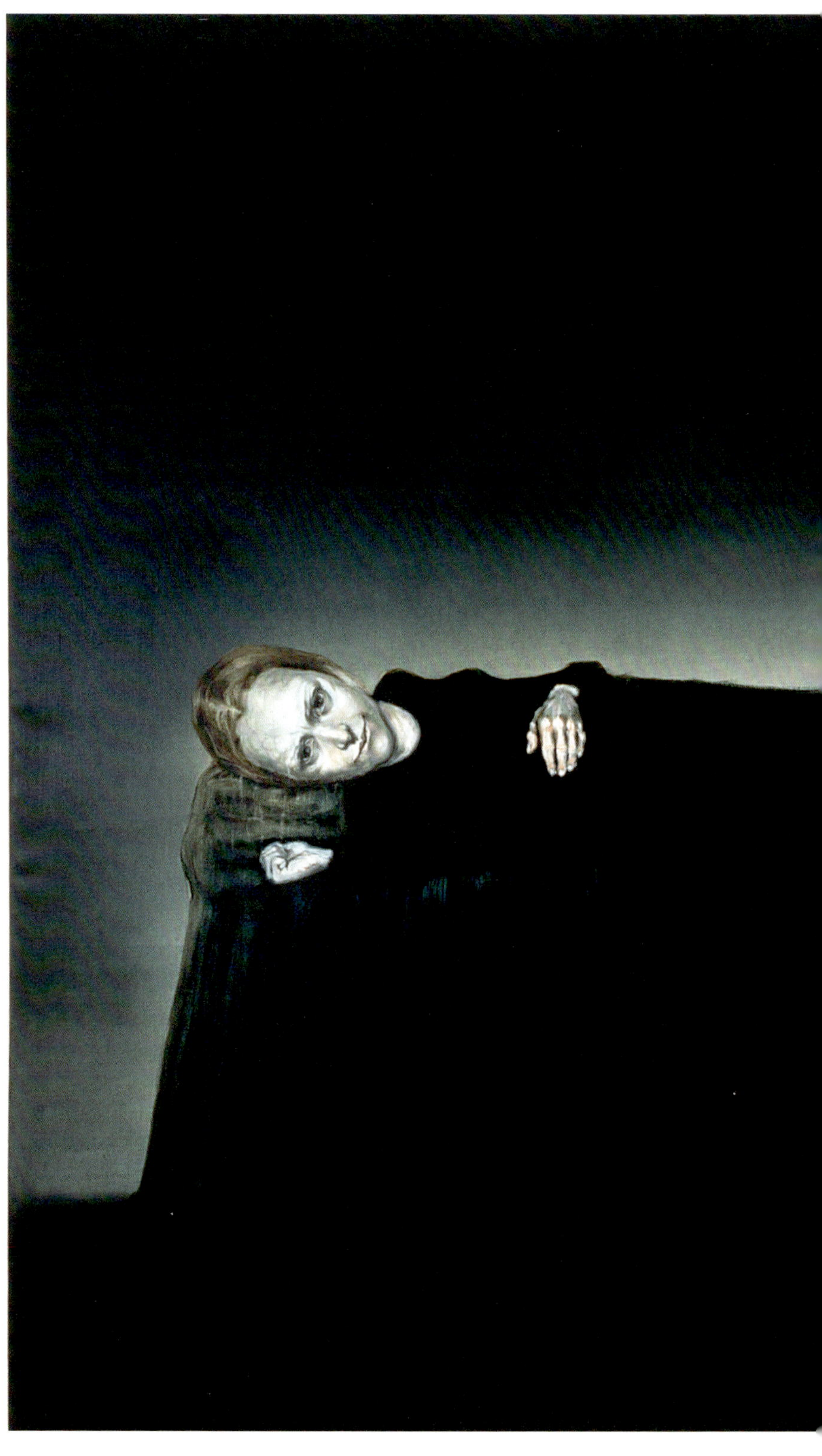

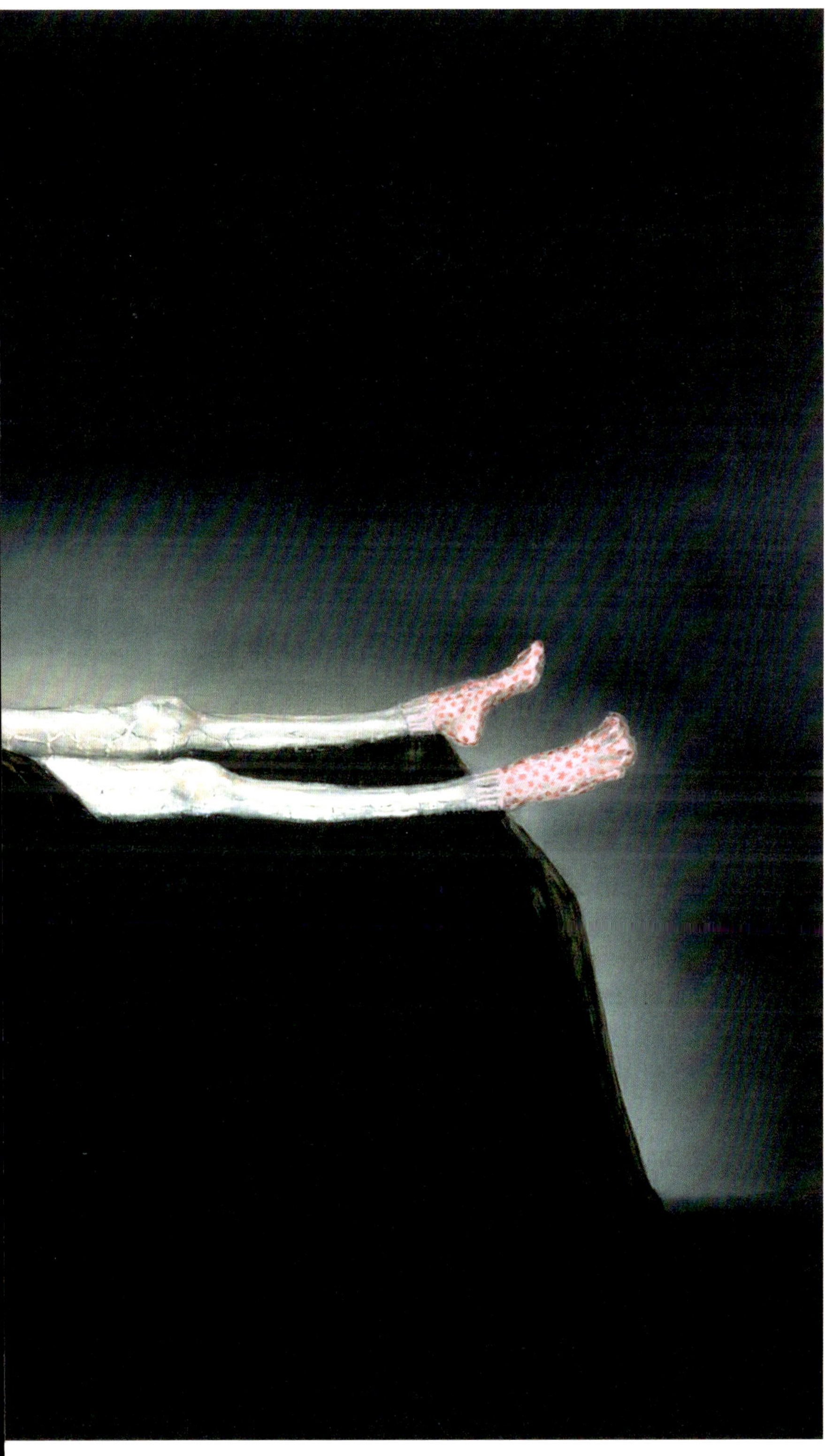

Margherita Manzelli, *Le possibilità sono infinite*, 1996
Collezione Sandretto Re Rebaudengo

Douglas Gordon
A Divided Self (I and II), 1996 (Videostill)
Collezione Sandretto Re Rebaudengo

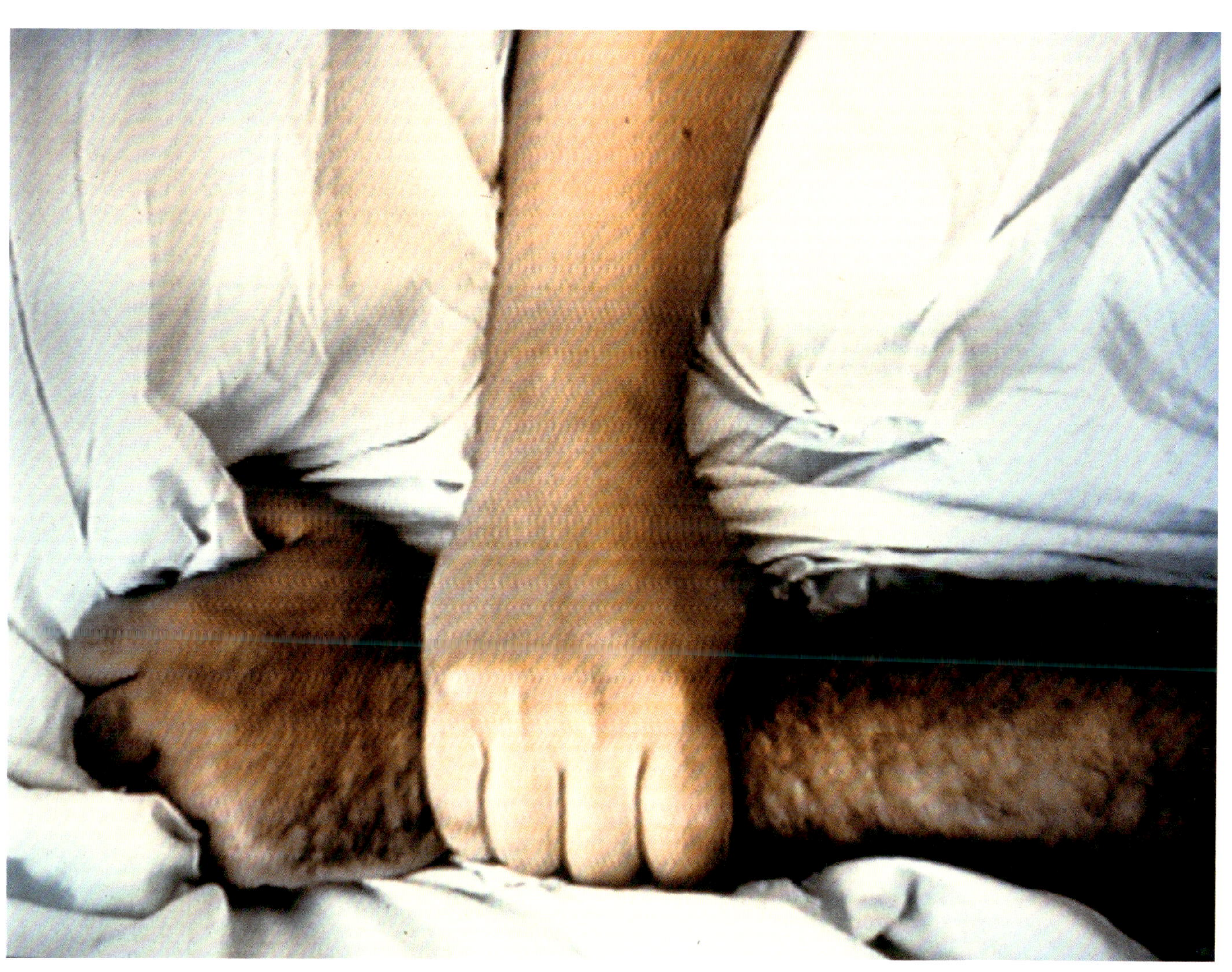

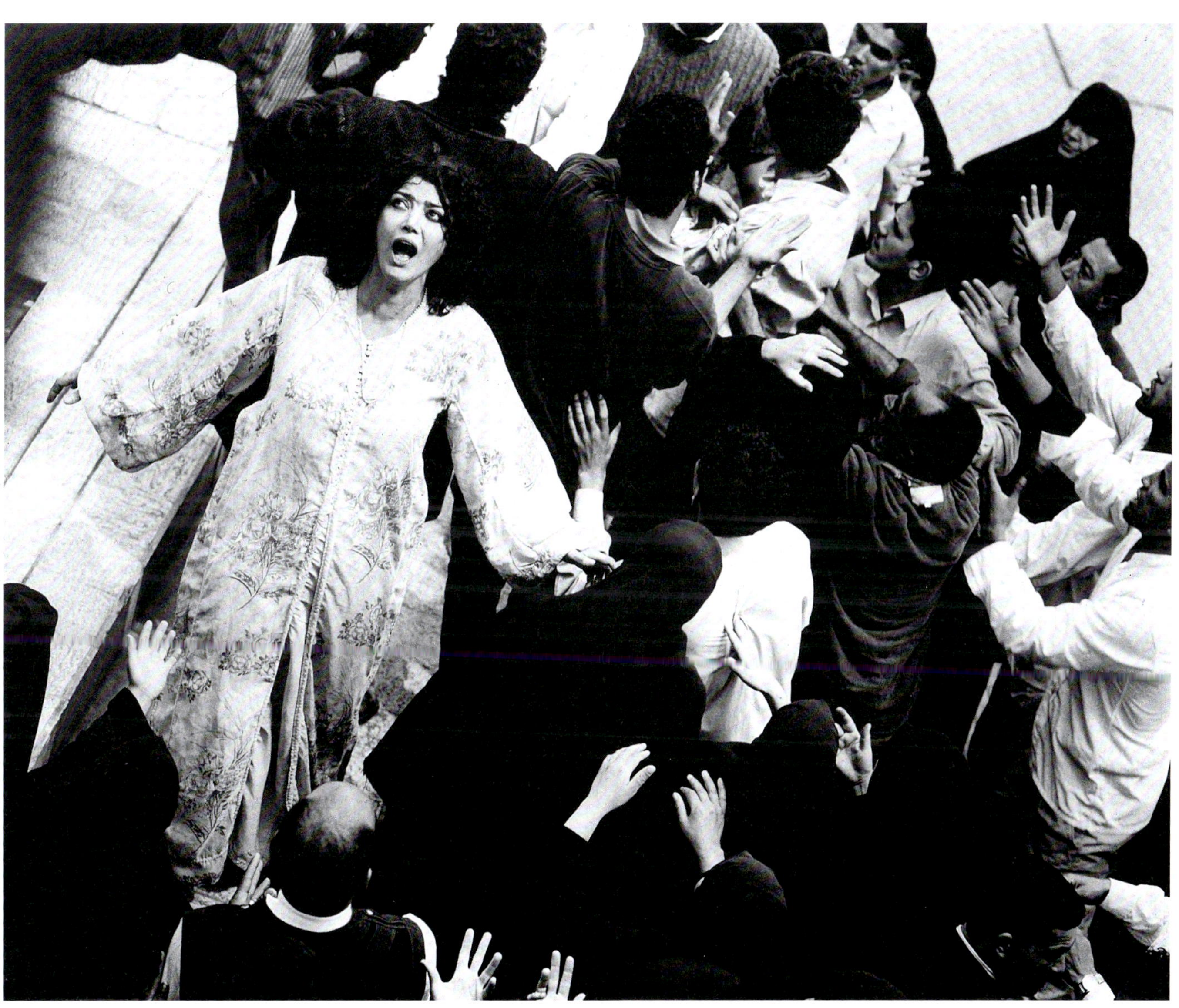

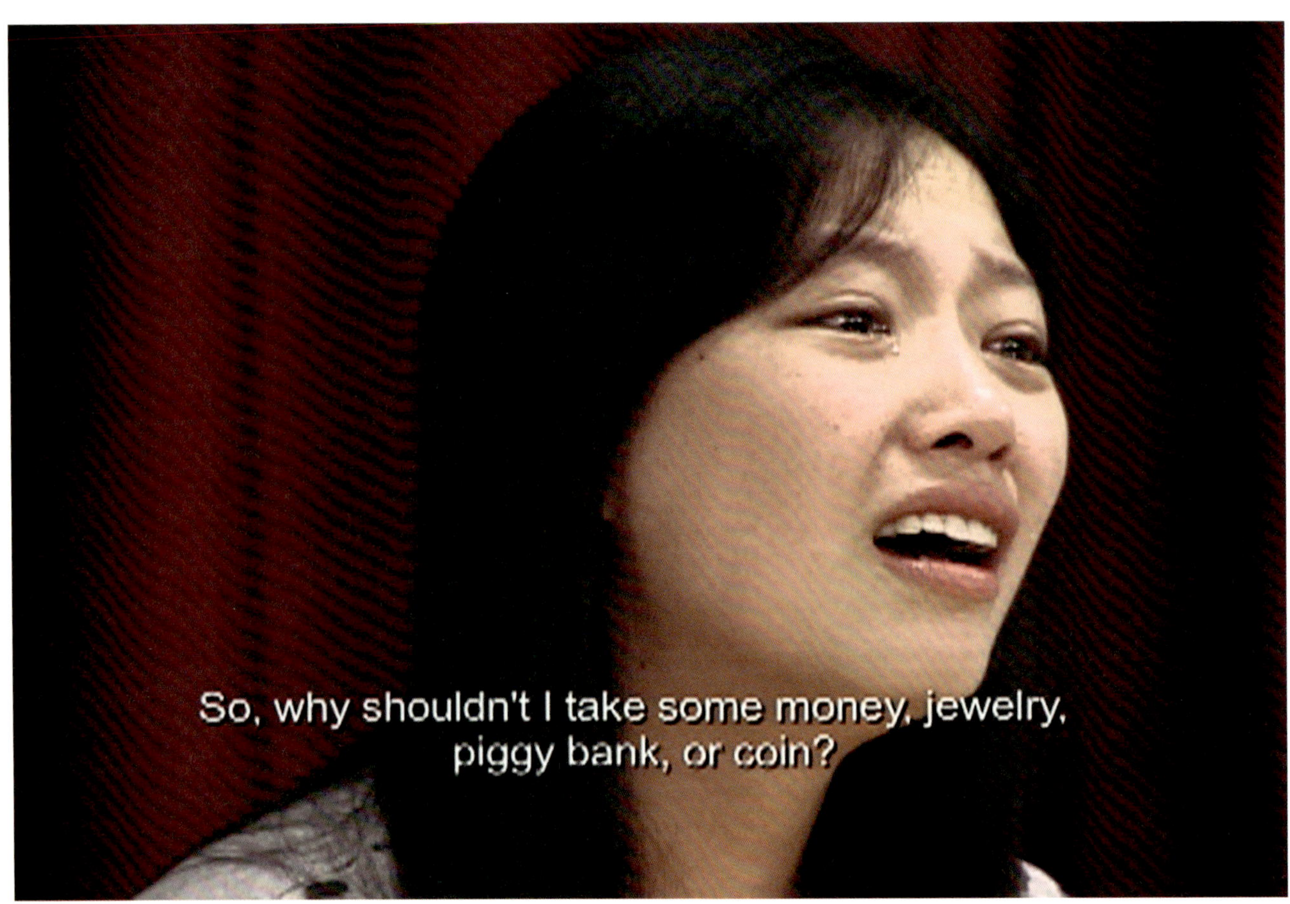

Donghee Koo, *Tragedy Competition*, 2004 (Videostill)
Collezione Sandretto Re Rebaudengo

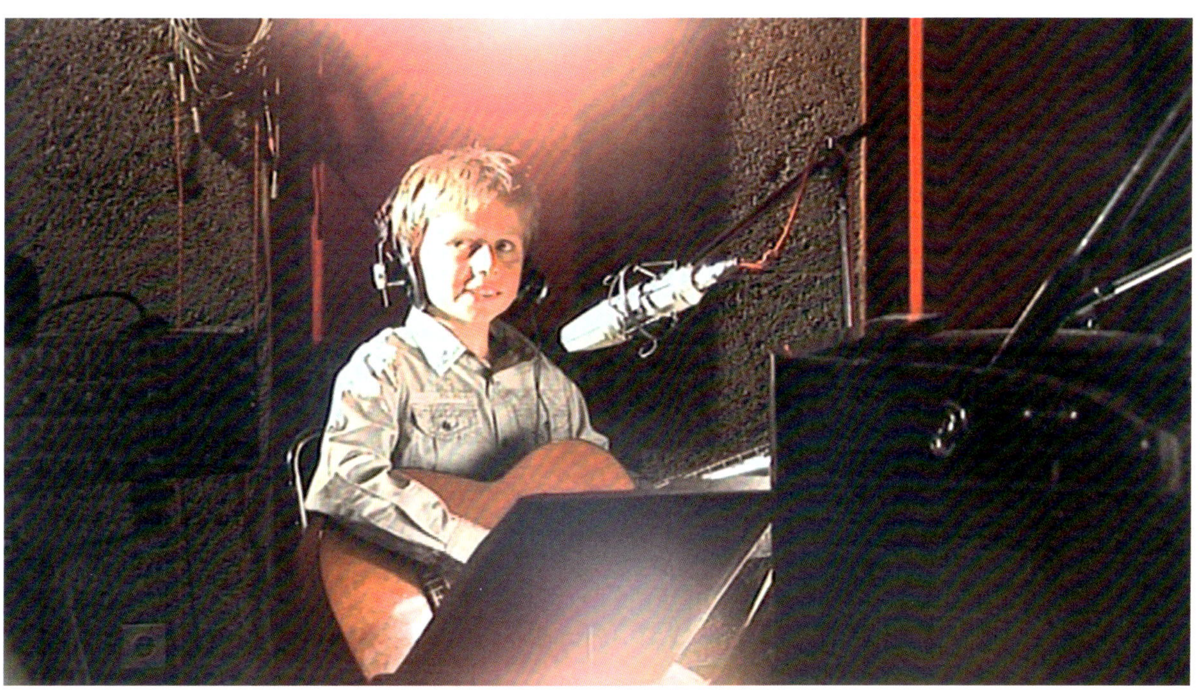

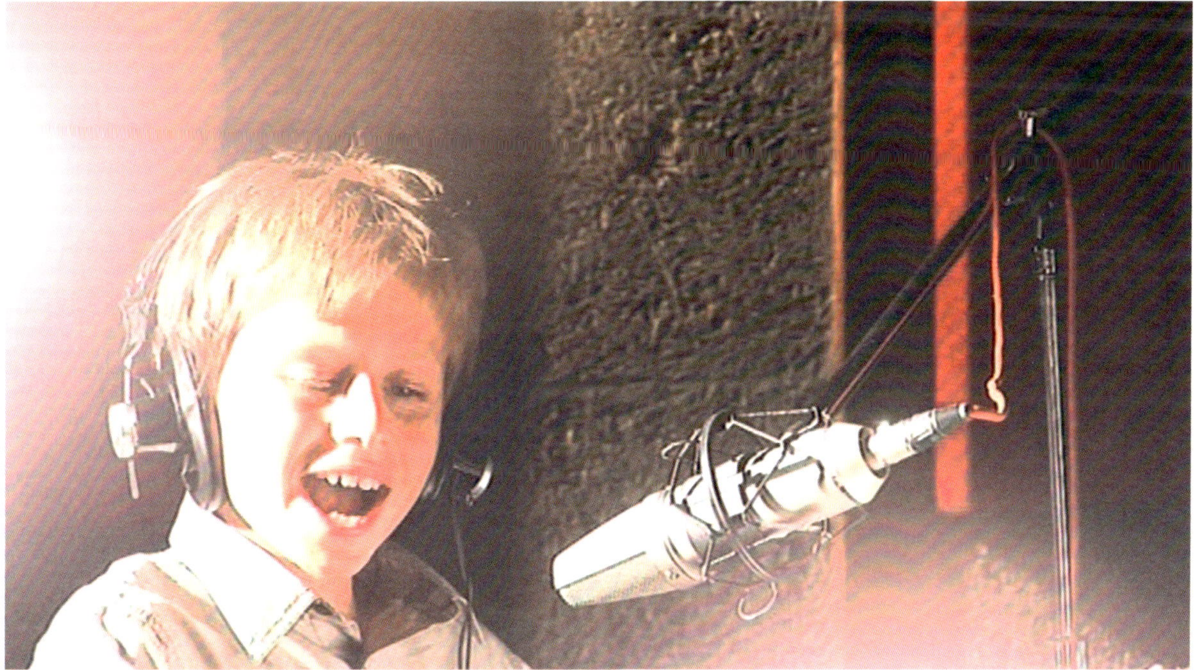

João Onofre, *Untitled Version (I See a Darkness)*, 1994 (Videostills)
Collezione Sandretto Re Rebaudengo

Glenn Brown
Ariane 5, 1997
Collezione Sandretto Re Rebaudengo

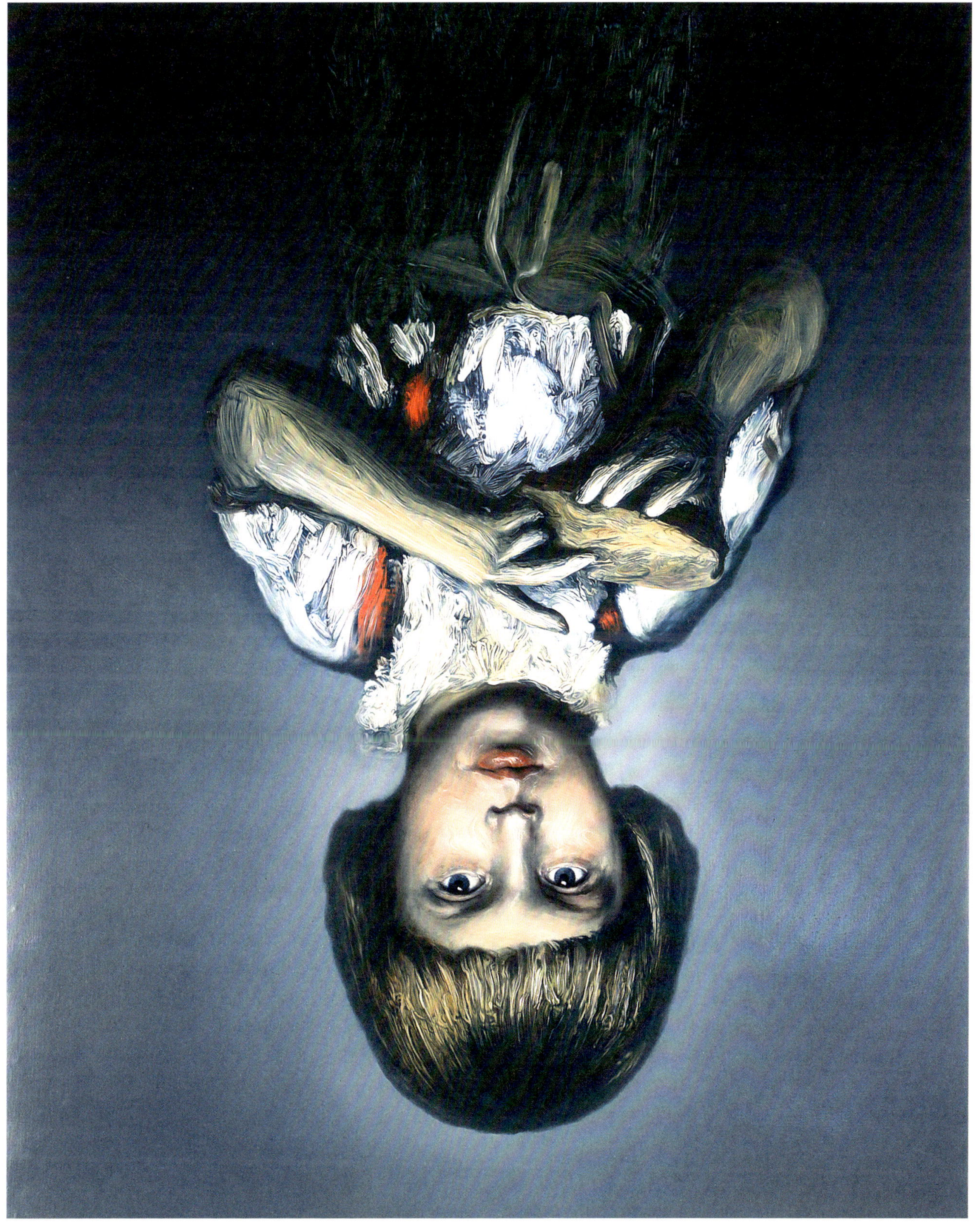

Liebe

Alexandra Hennig

Das Wesen der Liebe ist flüchtig und ambivalent und findet Ausdruck in unterschiedlichsten Ausformungen von der bedingungslosen Mutterliebe über die romantische Liebe und die affektbeladene erotische Liebe – die sich in Begehren und Wollust äußert – bis hin zur eitlen Selbstliebe. Beispielhaft und repräsentativ begegnet uns die Mutterliebe in der ägyptischen Statuette der Göttin Isis, die Harpokrates die Brust reicht, eine Darstellungsform, die sich als vorbildhaft für die christliche Ikonografie der „Maria lactans" – der stillenden Muttergottes – erweisen sollte. Bemerkenswert an diesem Beispiel ist die kombinierte Repräsentation von Macht und Mutterschaft, die sich vom christlich geprägten Bild der aufopfernden, innigen Liebe der jungfräulichen Mutter, wie sie in Carlo Dolcis *Maria mit Kind* gezeigt wird und noch heute die Vorstellung von Mutterschaft bestimmt, deutlich unterscheidet.

Eheliche Liebe und Zusammengehörigkeit versinnbildlicht die ebenfalls ägyptische *Statuengruppe des Nefer-heb und der Dedet-nebu* mit der so simplen Berührung des Sich-an-der-Hand-Haltens. In lebendigem Gegensatz zu dieser statischen, in der Repräsentation verhafteten Paarhaltung der Eheleute stehen die leidenschaftlich bewegten Darstellungen der drei Renaissancegemälde von Tizian, Paolo Fiammingos spielerisch-dionysische Allegorie der Liebe in der blühenden Landschaft und Bartholomäus Sprangers *Jupiter und Antiope*, die allesamt auf antike Gestaltungsmuster und mythologische Bildmotive zurückgreifen.

Im Zentrum der Bildkomposition von *Mars, Venus und Amor* wendet sich Tizians nackte Venus, als Verkörperung der Liebe, in einer lasziven Bewegung dem Kriegsgott Mars zu. Ebenfalls dramatisch gestaltet sich die Liebesszene zwischen Jupiter und Antiope, in der sich der Göttervater der thebanischen Königstochter in faunischer Verwandlung nähert. Spranger erweist sich hier als Meister der kompliziert gewundenen Komposition, die ein explizit erotisches Moment enthält. Im Gegensatz zu Jupiters muskulösem, aktivem Oberkörper korrespondieren seine animalischen Extremitäten in lasziver Haltung in ihrer Passivität mit den Papiermaschee-Beinen in Sarah Lucas' Arbeit *Love Me*. Lucas' metaphorische Repräsentation des dem männlichen Blick ausgesetzten entsubjektivierten weiblichen Körpers versteht sich als scharfe Kritik am nach wie vor gängigen Stereotyp des „gefügigen Weibes".

Auf welch schmalem Grat zwischen Liebe und Hass sich Liebesbeziehungen bewegen und wie krisenanfällig sie daher sind, zeigt das Beispiel von Sam Taylor-Woods Videoinstallation. In *Travesty of a Mockery* gerät der Betrachter buchstäblich ins Kreuzfeuer eines erbitterten Streits. In der stetigen Steigerung der Dramatik des Geschehens offenbart die Künstlerin die faktische Gestörtheit und innere Zerrissenheit der Beziehung.

Nach Erich Fromms *Die Kunst des Liebens* bedingen Selbstliebe und Liebe einander. Anders verhält es sich mit dem Stolz, der leicht in Selbstsucht, Hochmut und Eitelkeit münden kann. Charakteristisch für die gewählten Bildbeispiele zum Thema der Repräsentation und Selbstliebe am Scheideweg zur Eitelkeit ist die Verschiebung des Akzents auf das aufwendige äußerliche Beiwerk, in den Bildnissen Adriaen van der Werffs und Paris Bordones beispielsweise kunstvolle Frisuren und Perücken, prächtige Stoffe und Faltenkaskaden. Einer komplexen Form der Repräsentationskritik mit dem Mittel der Verschiebung wendet sich hingegen Yinka Shonibare zu, wenn er in seinen Werken soziale Zuschreibungen insbesondere über Kleidung als Ausdrucksträger von gesellschaftlicher Zugehörigkeit und Machtmechanismen paraphrasiert.

**Pauwels Franck,
gen. Paolo Fiammingo**
*Amori: Reciproco amore
(Età dell'oro)*
Zwischen 1585
und 1589 (Detail)
S. 79

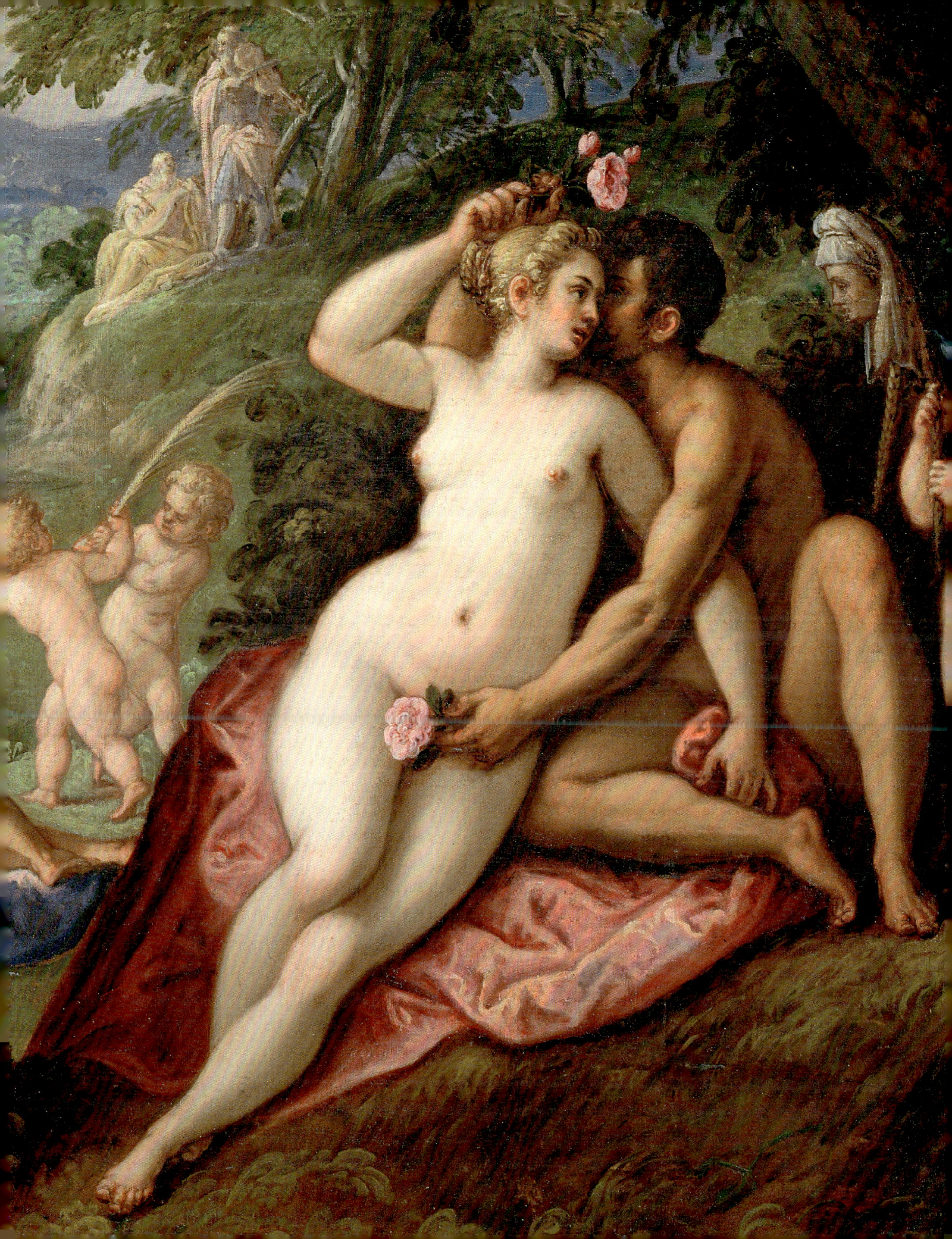

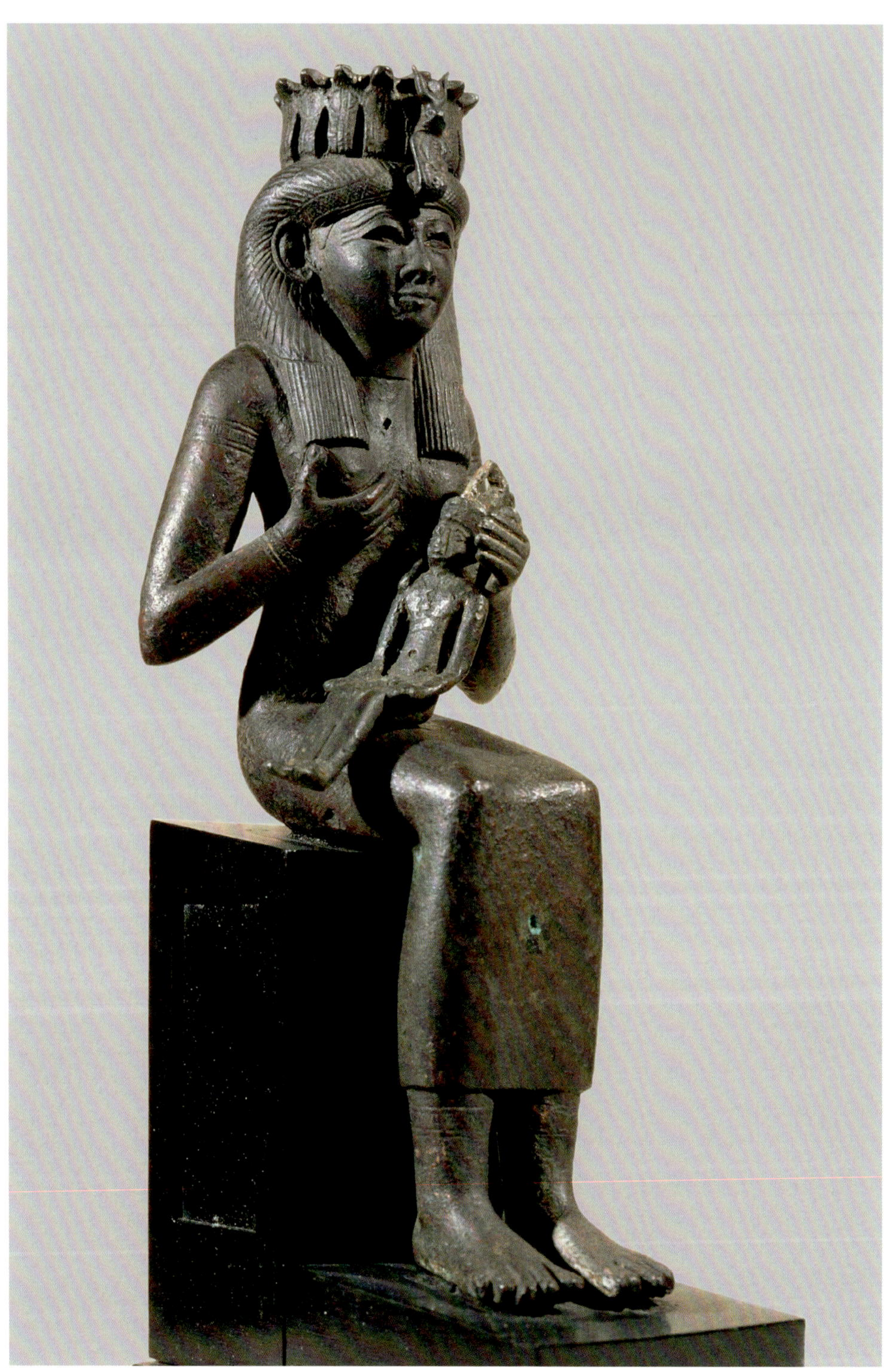

Anonym, Statuette: *Göttin Isis mit Harpokrates*, 6. Jh. v. Chr.
Kunsthistorisches Museum Wien, Ägyptisch-Orientalische Sammlung

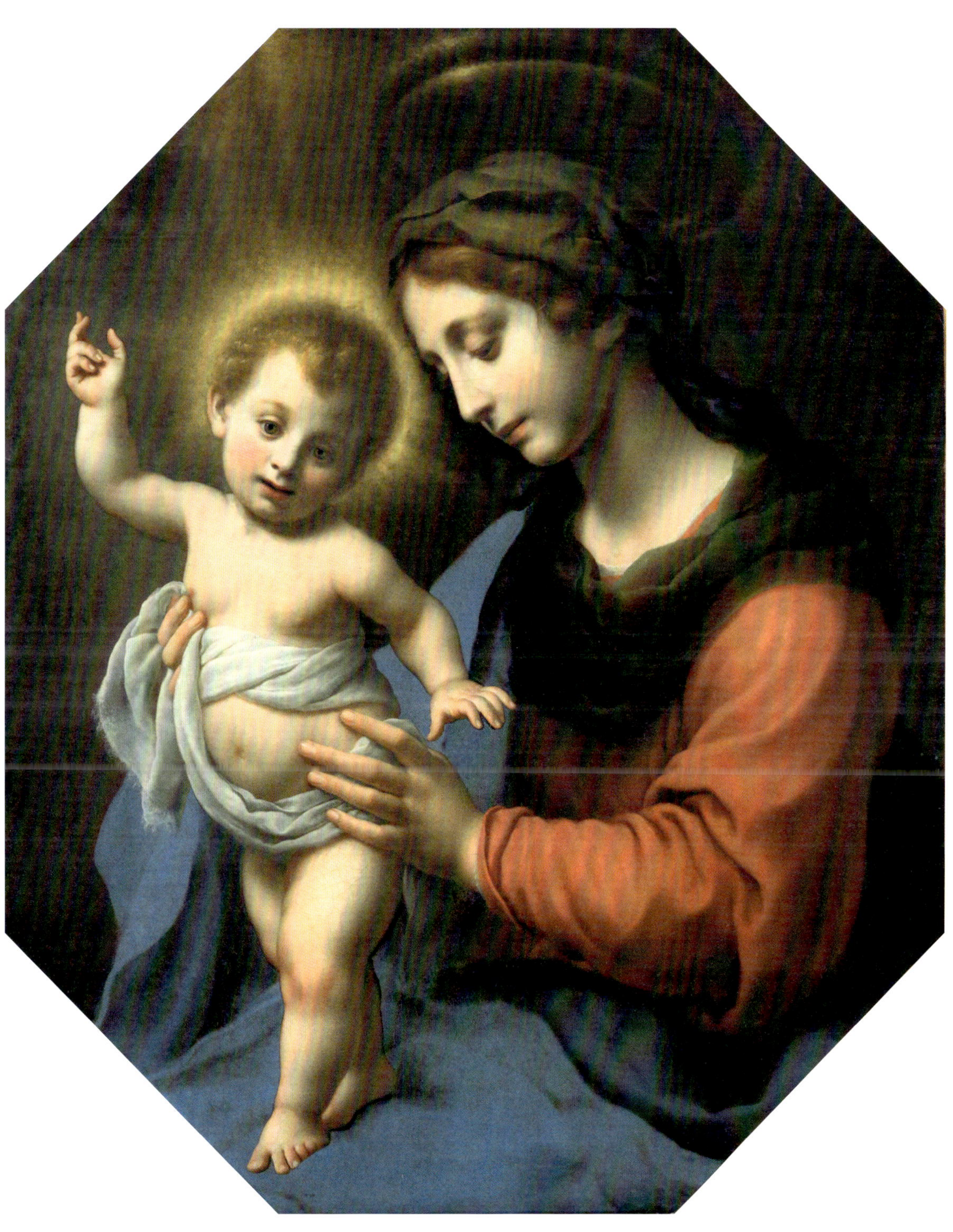

Carlo Dolci, *Maria mit Kind*, um 1660 / 70
Kunsthistorisches Museum Wien, Gemäldegalerie

Anonym
Statuengruppe des Nefer-heb und der Dedet-nebu, um 1700–1650 v. Chr.
Kunsthistorisches Museum Wien, Ägyptisch-Orientalische Sammlung

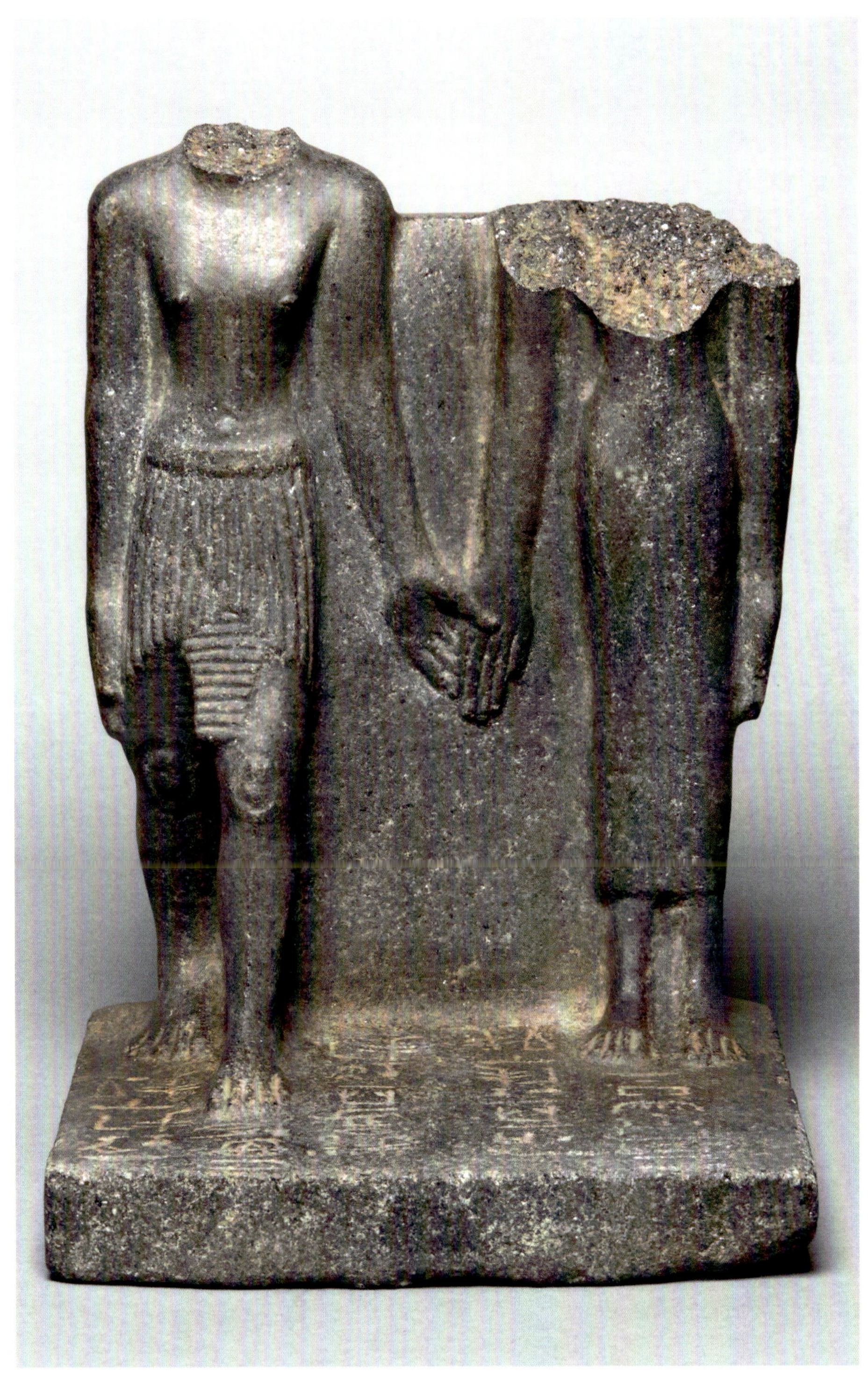

Hans von Aachen
Scherzendes Paar, um 1596
Kunsthistorisches Museum Wien, Gemäldegalerie

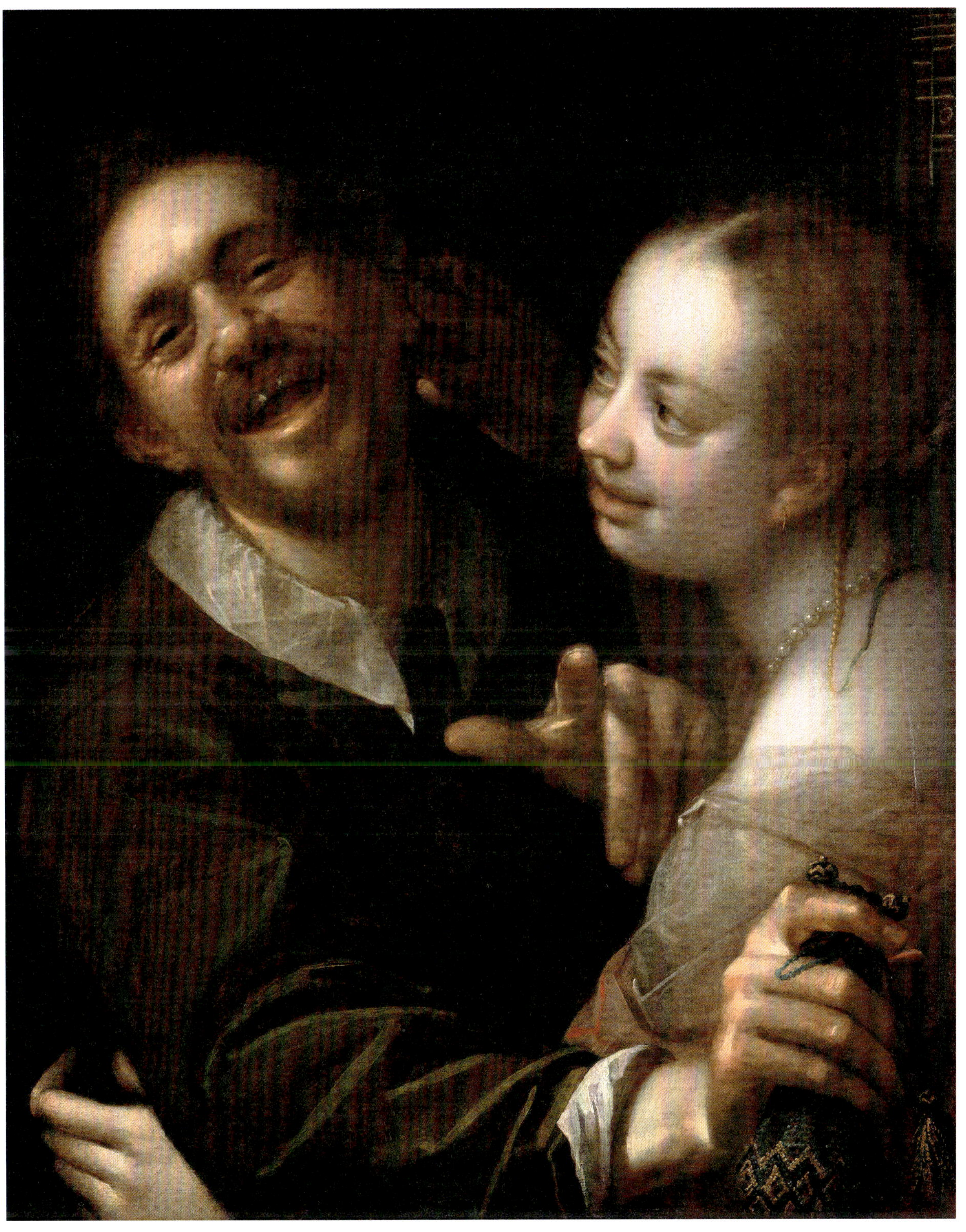

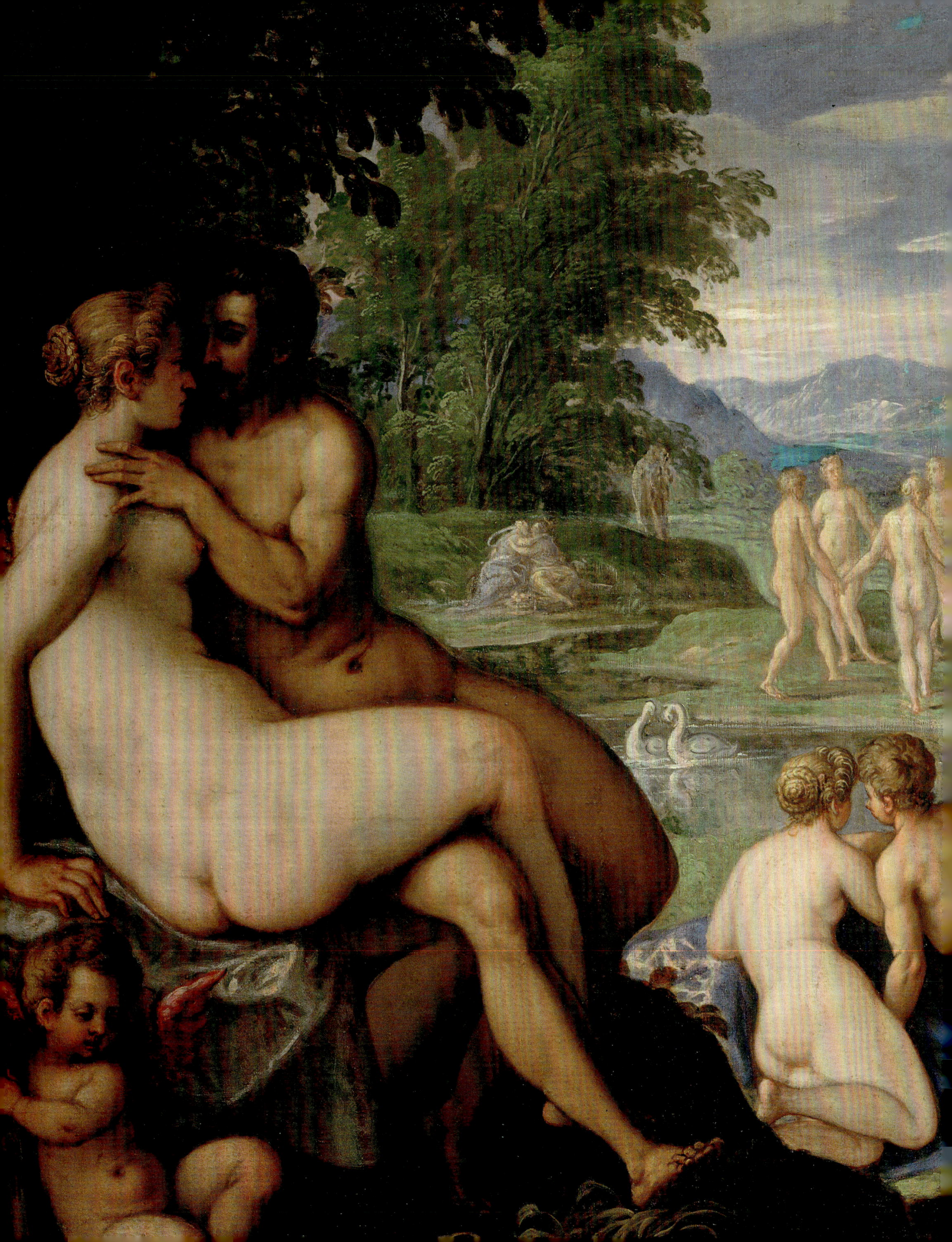

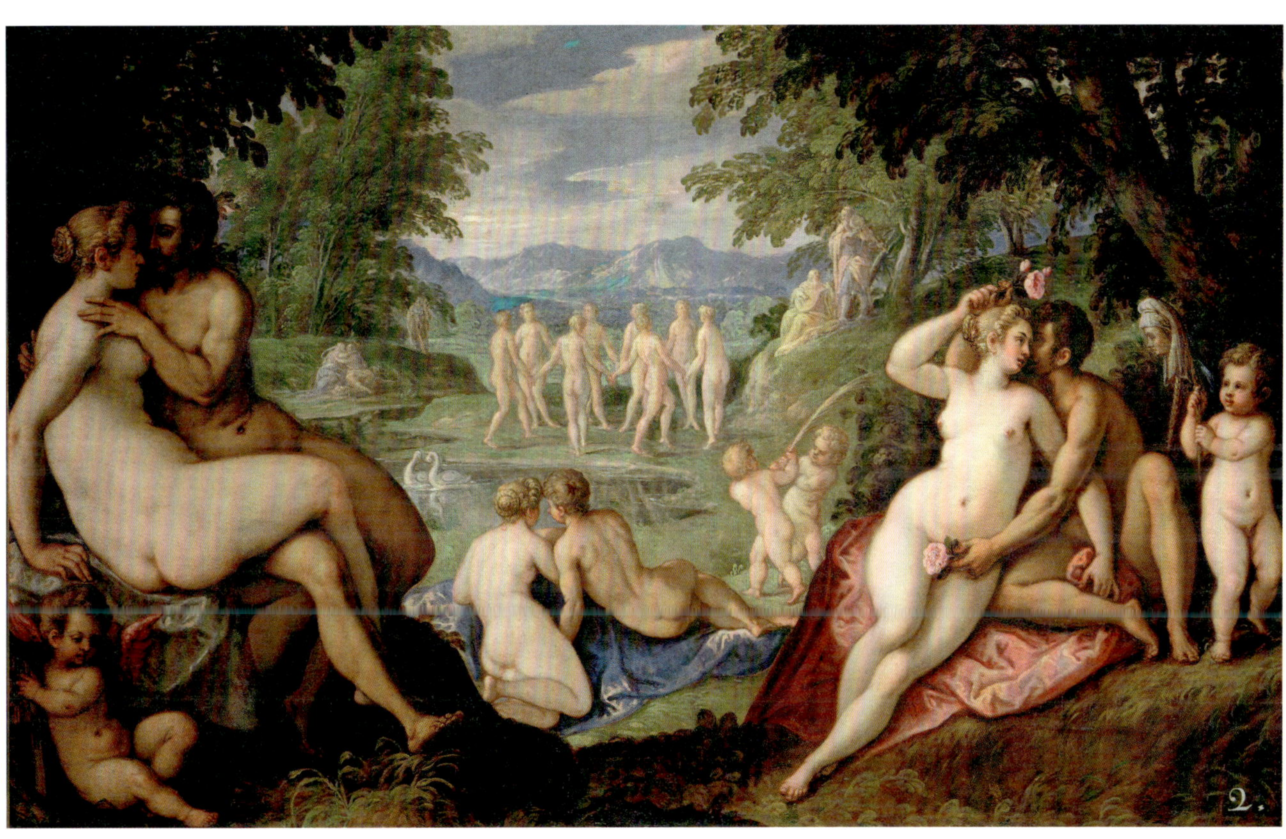

Pauwels Franck, **gen. Paolo Fiammingo**, *Amori: Reciproco amore (Età dell'oro)*, zwischen 1585 und 1589
Kunsthistorisches Museum Wien, Gemäldegalerie

(links: Detail)

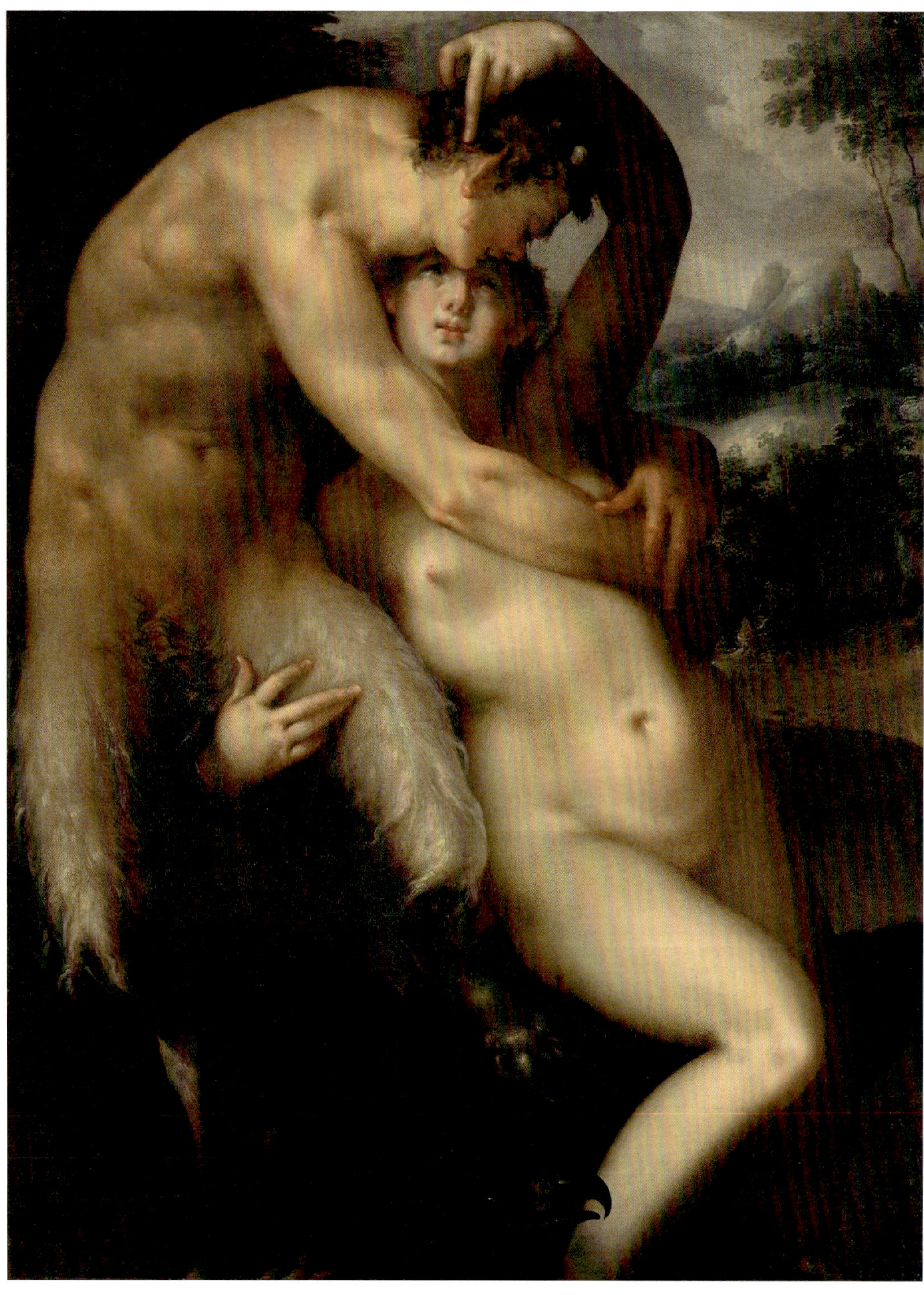

Bartholomäus Spranger, *Jupiter und Antiope*, um 1596
Kunsthistorisches Museum Wien, Gemäldegalerie

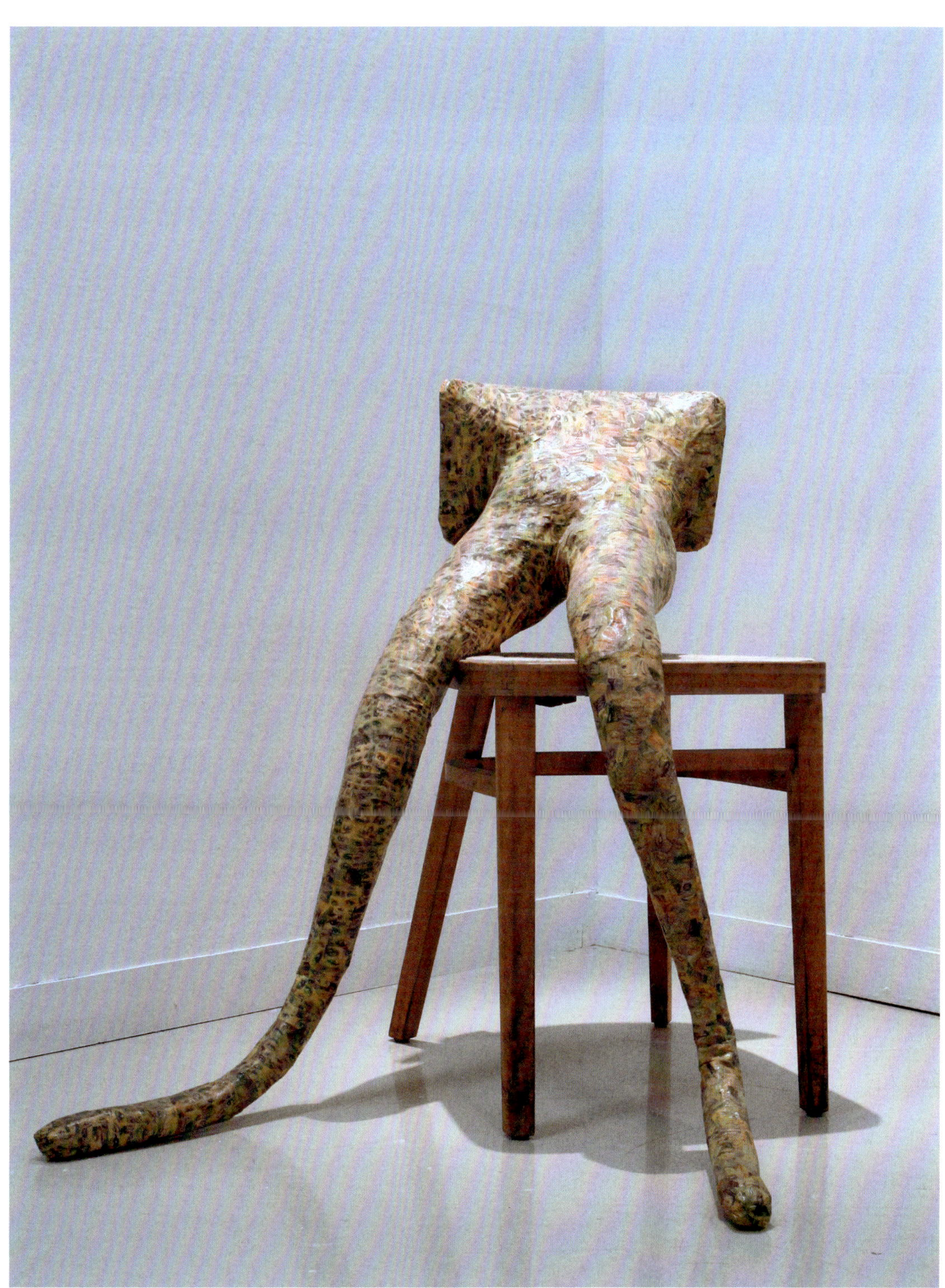

Sarah Lucas, *Love Me*, 1998
Collezione Sandretto Re Rebaudengo

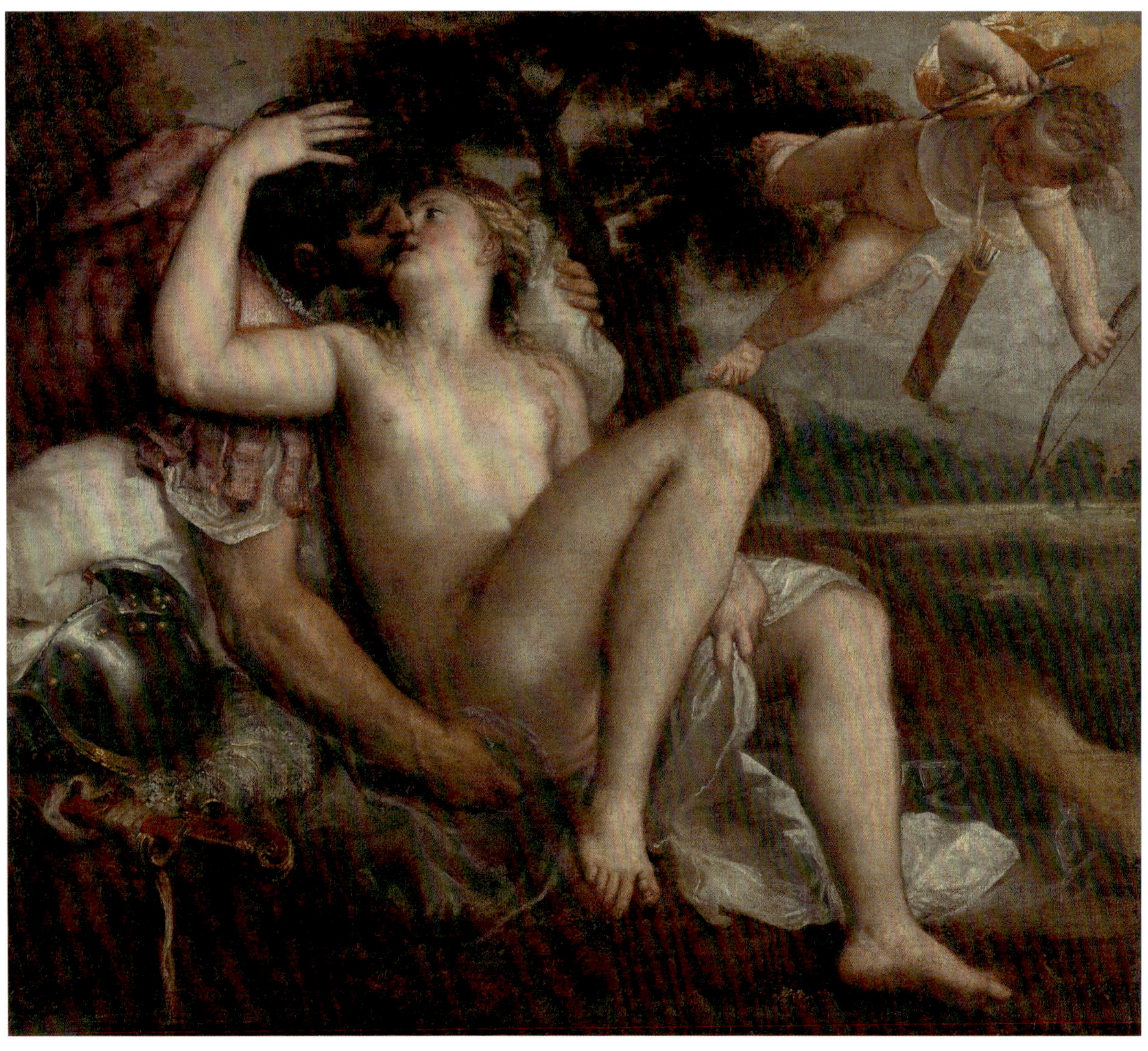

Tiziano Vecellio, **gen. Tizian**, *Mars, Venus und Amor*, um 1550
Kunsthistorisches Museum Wien, Gemäldegalerie

(rechts: Detail)

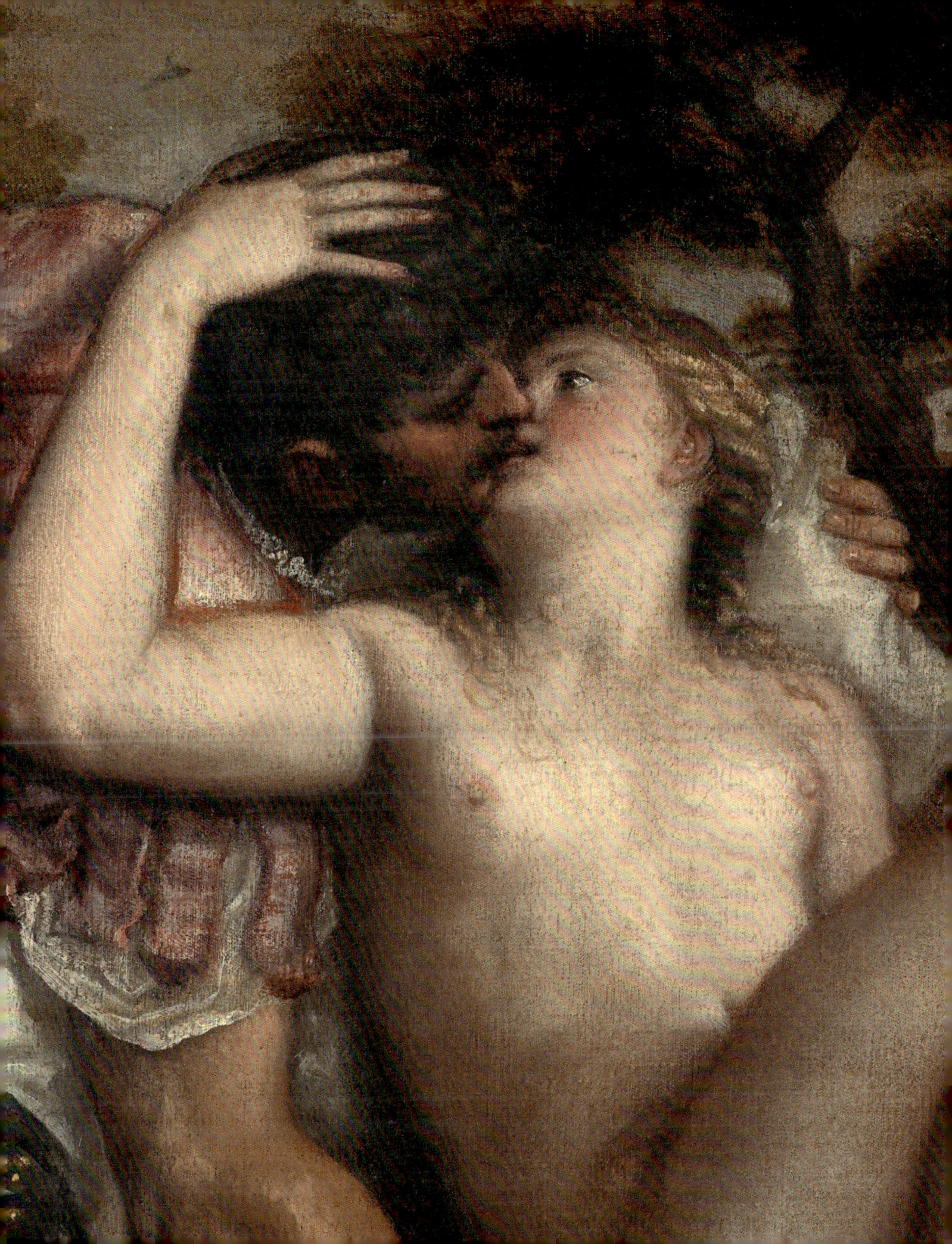

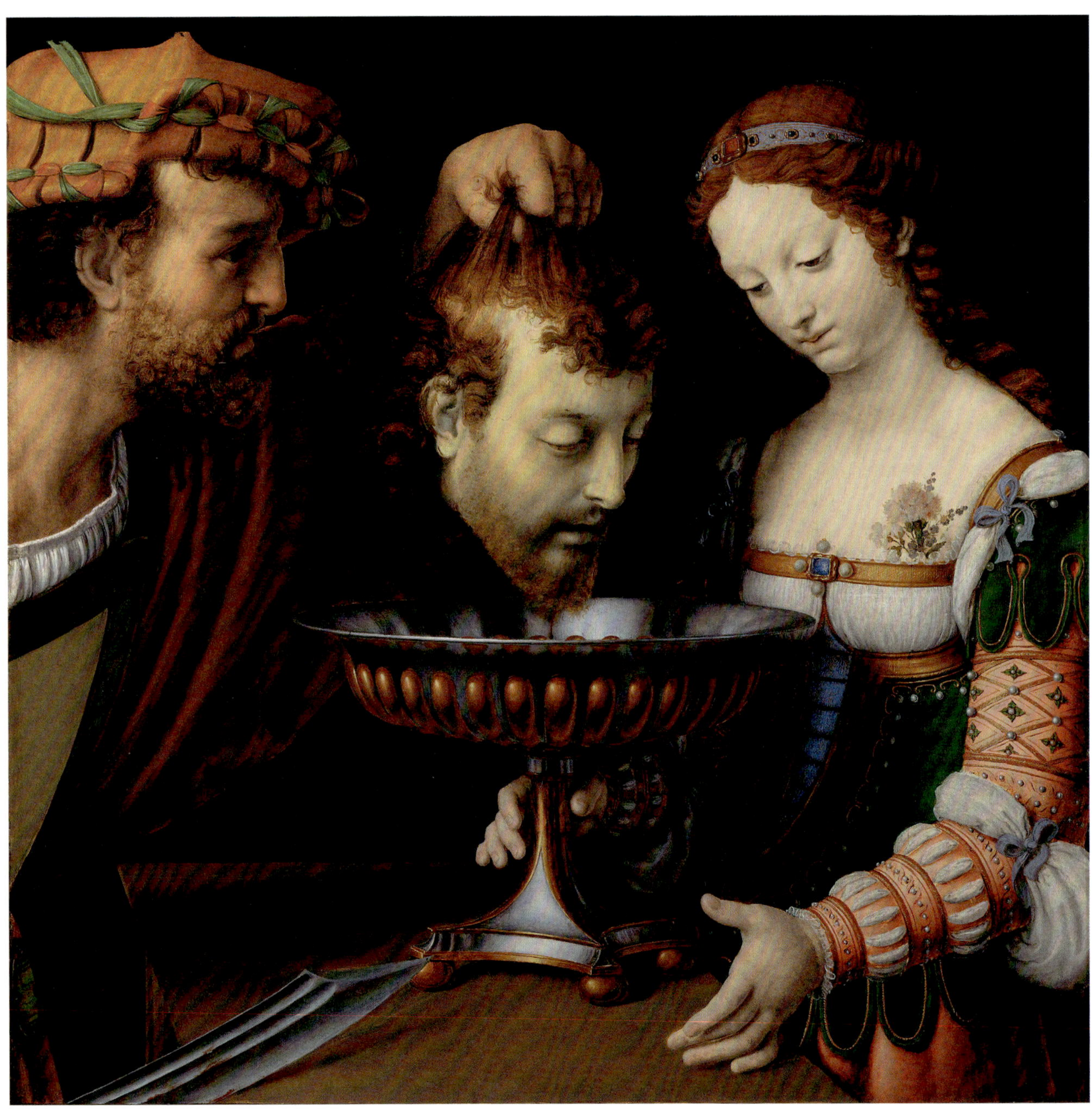

Andrea Solario, *Salome mit dem Haupt Johannes des Täufers*, um 1520/24
Kunsthistorisches Museum Wien, Gemäldegalerie

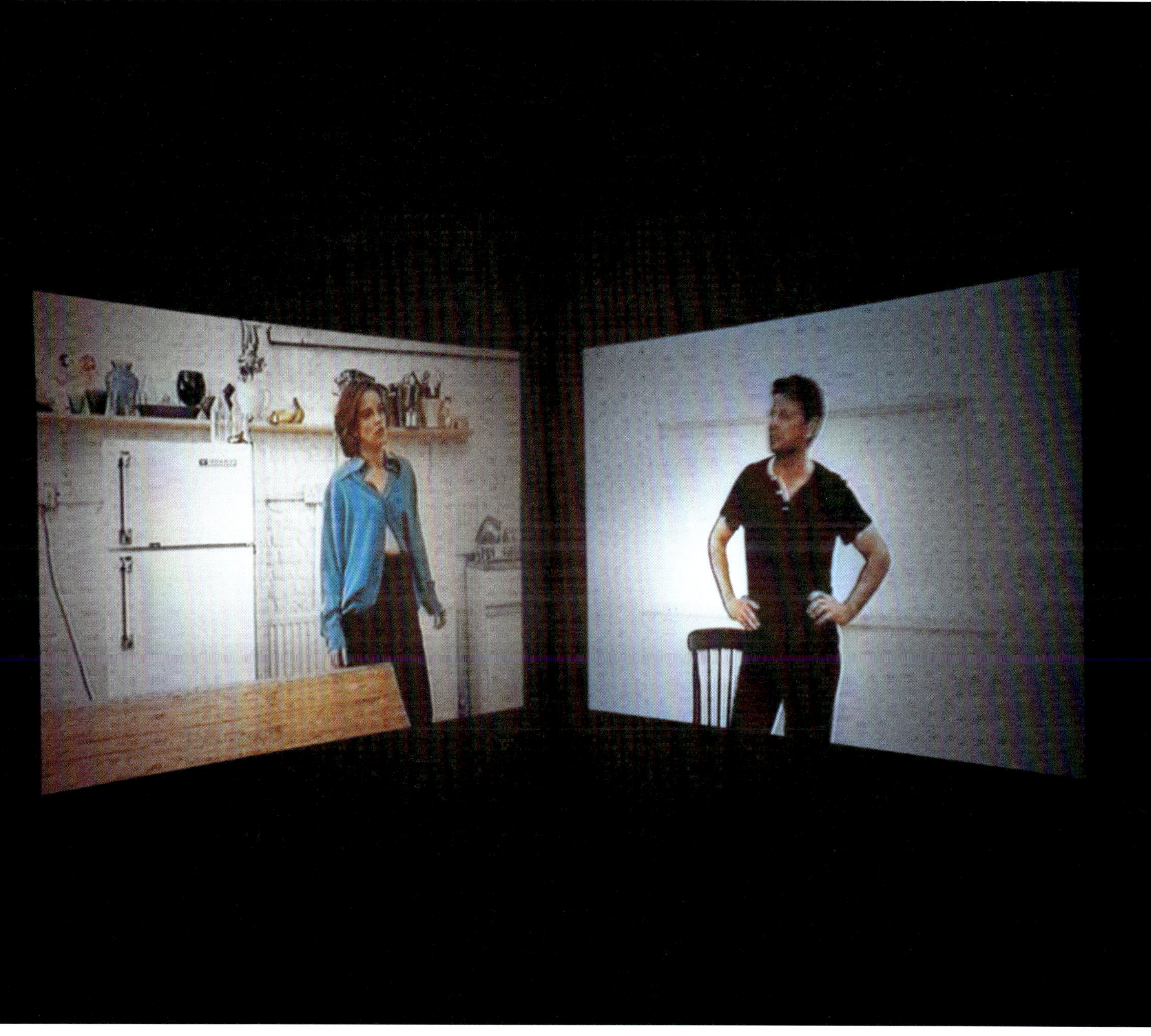

Sam Taylor-Wood, *Travesty of a Mockery*, 1995 (Installationsansicht)
Collezione Sandretto Re Rebaudengo

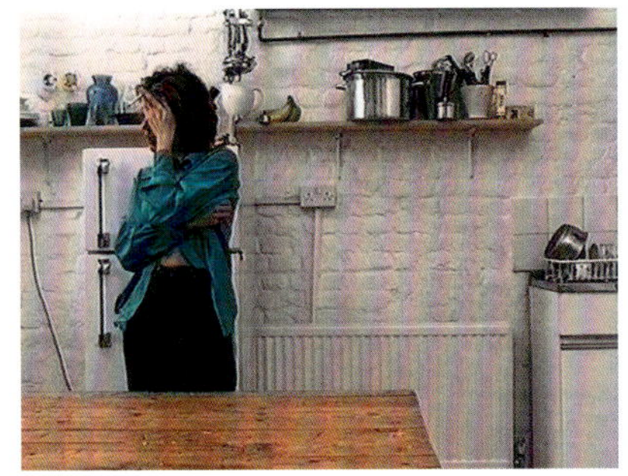
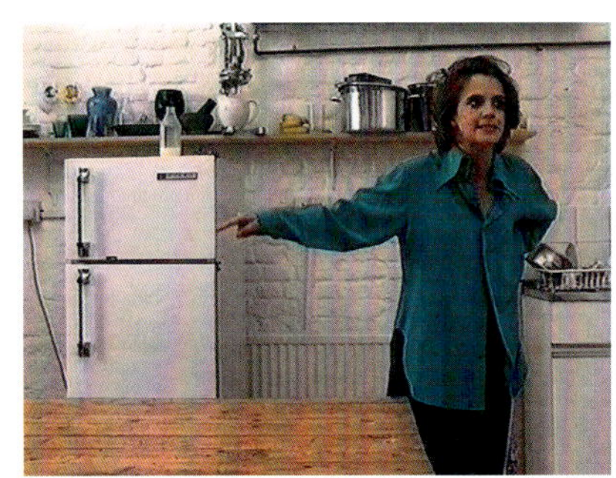
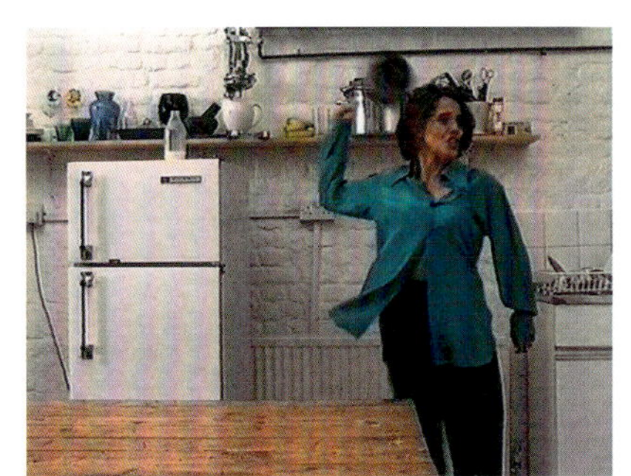
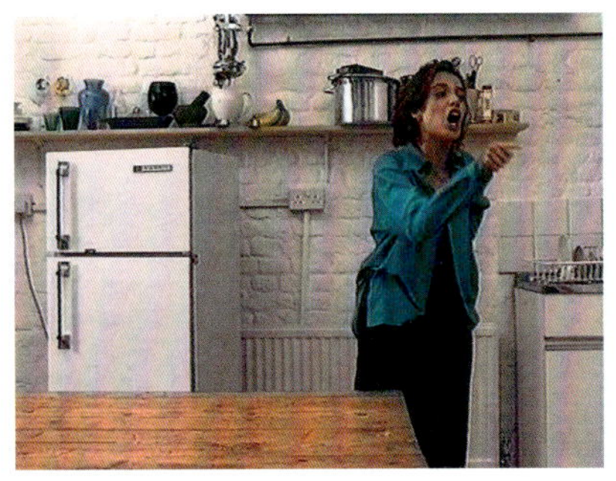
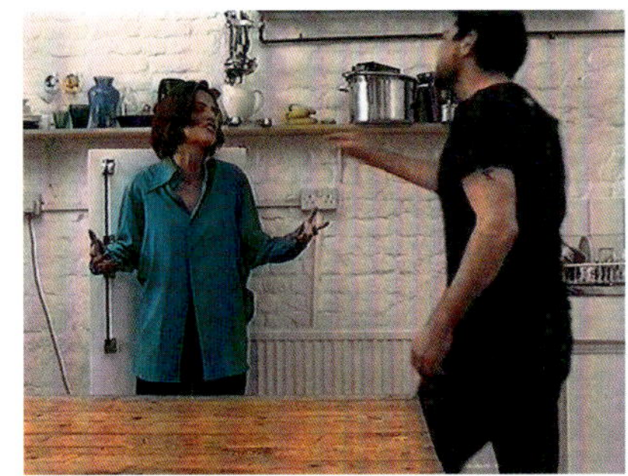
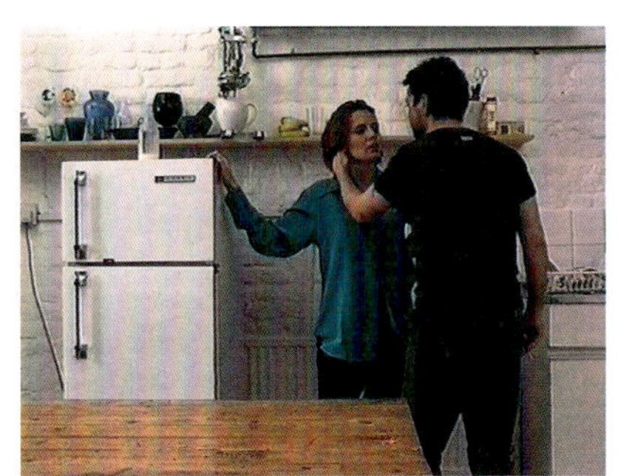
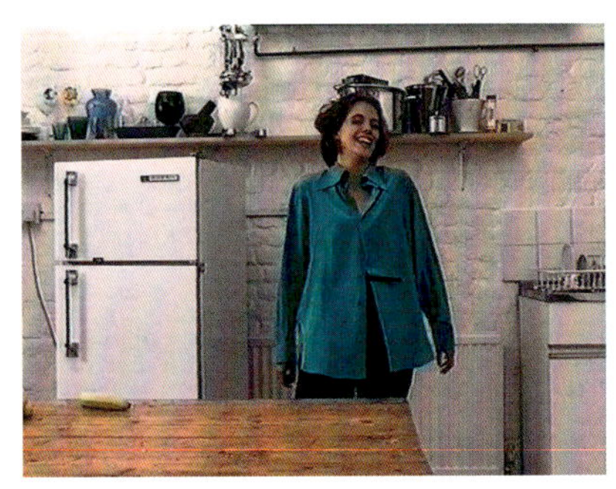
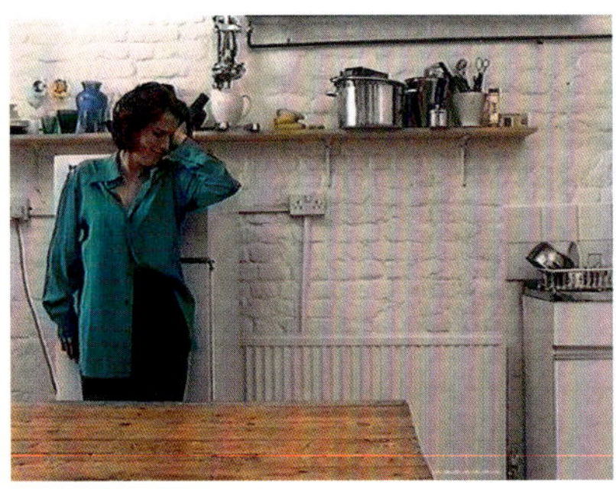
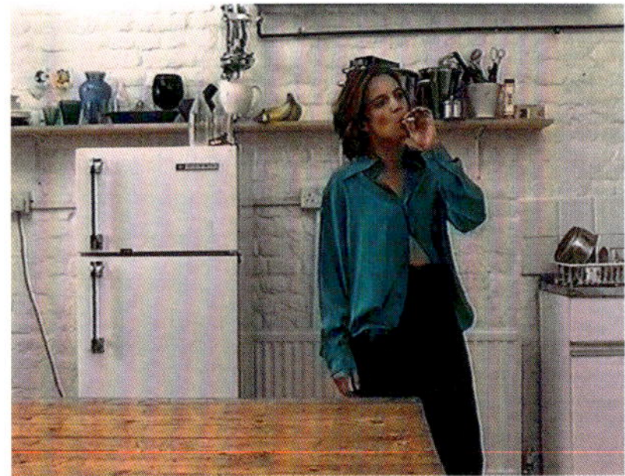

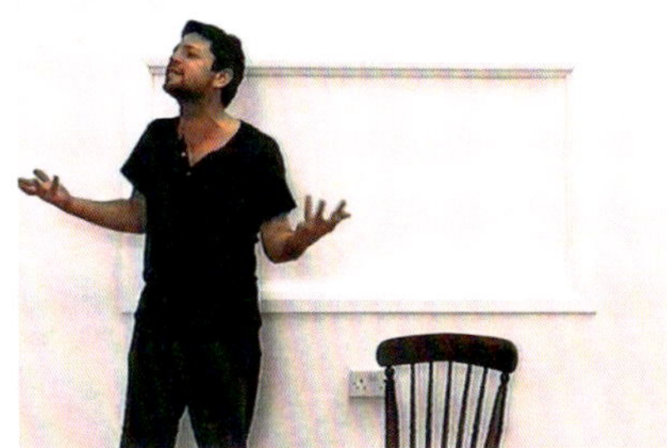
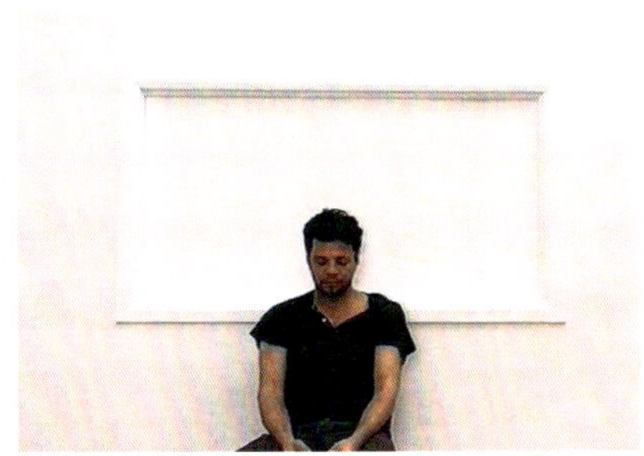
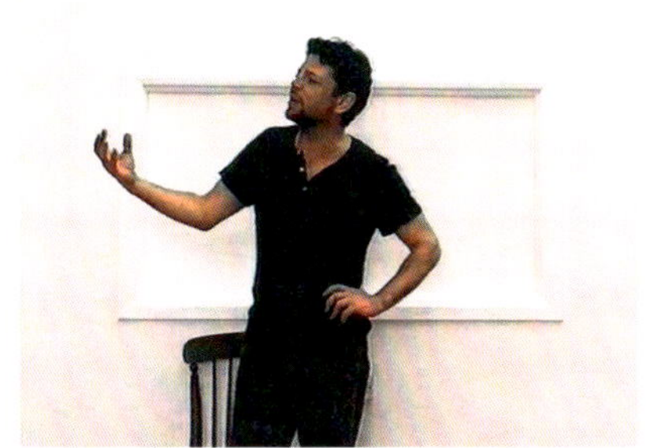
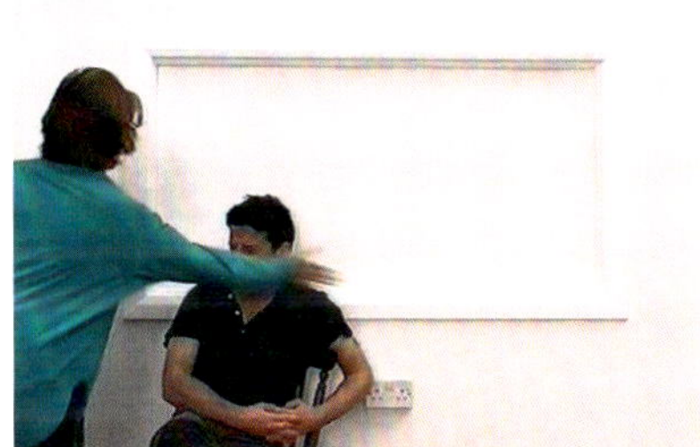
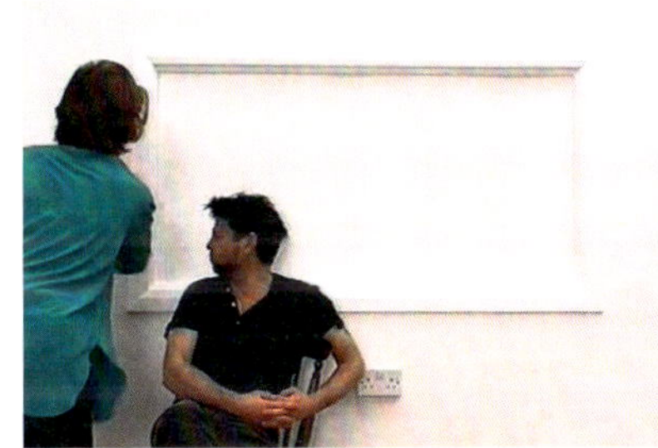
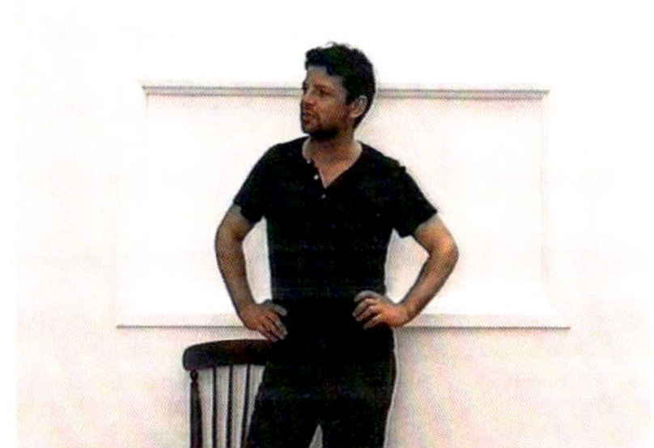
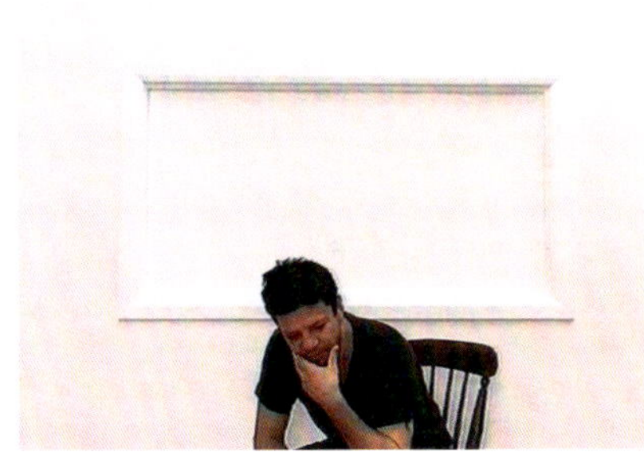
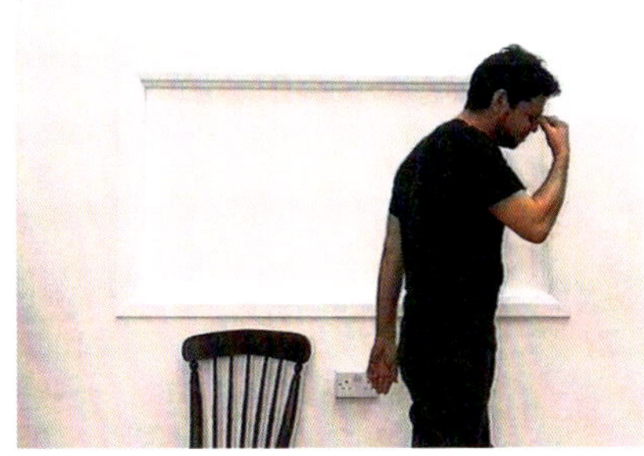
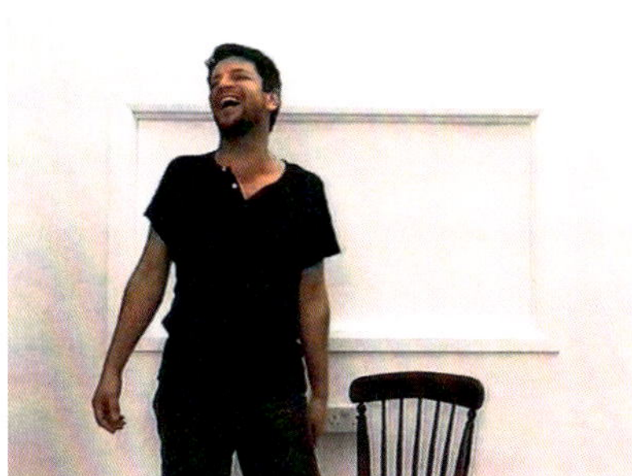

Sam Taylor-Wood, *Travesty of a Mockery*, 1995 (Videostills)
S. 85

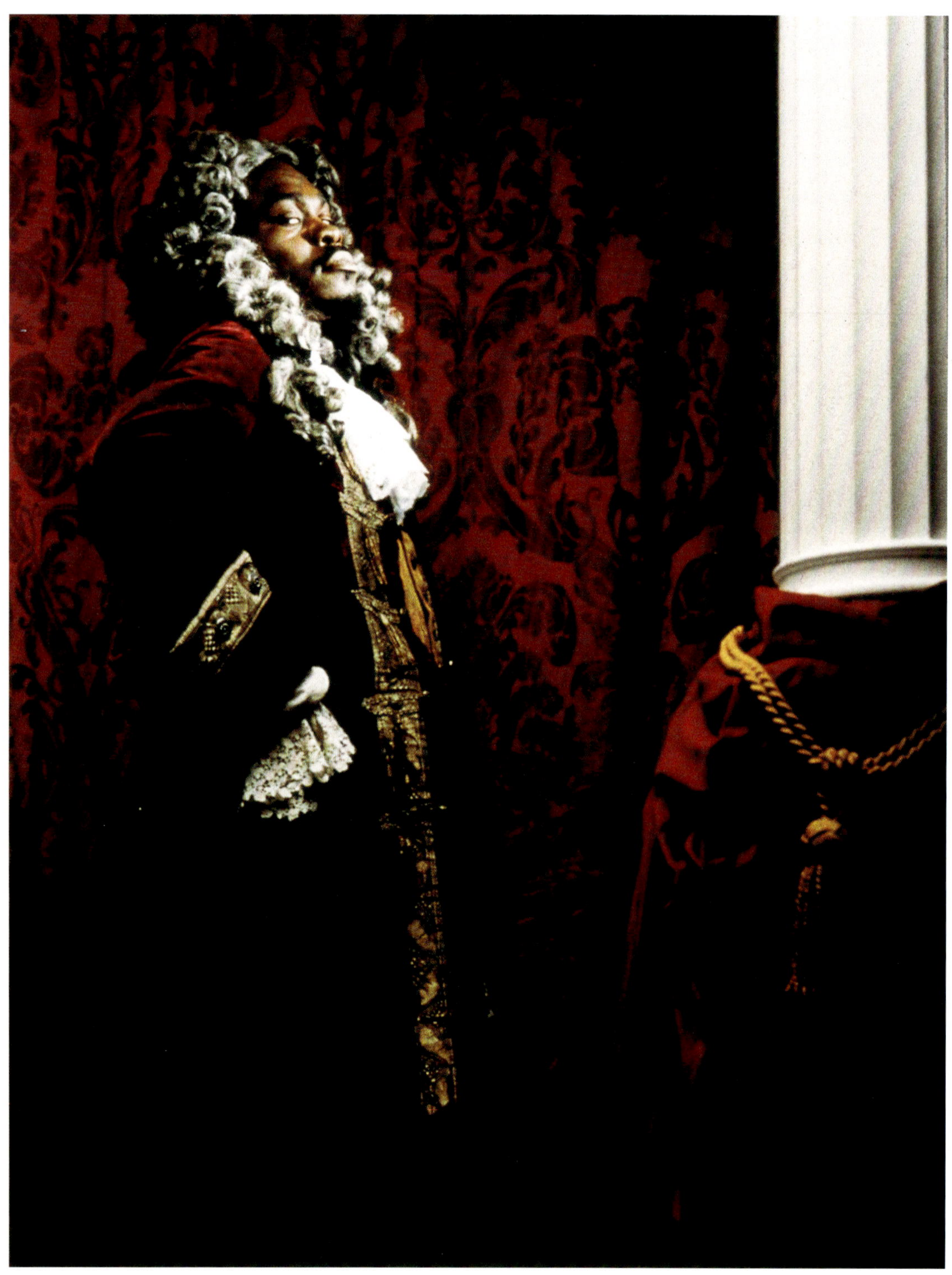

Yinka Shonibare, *Untitled*, 1997
Collezione Sandretto Re Rebaudengo

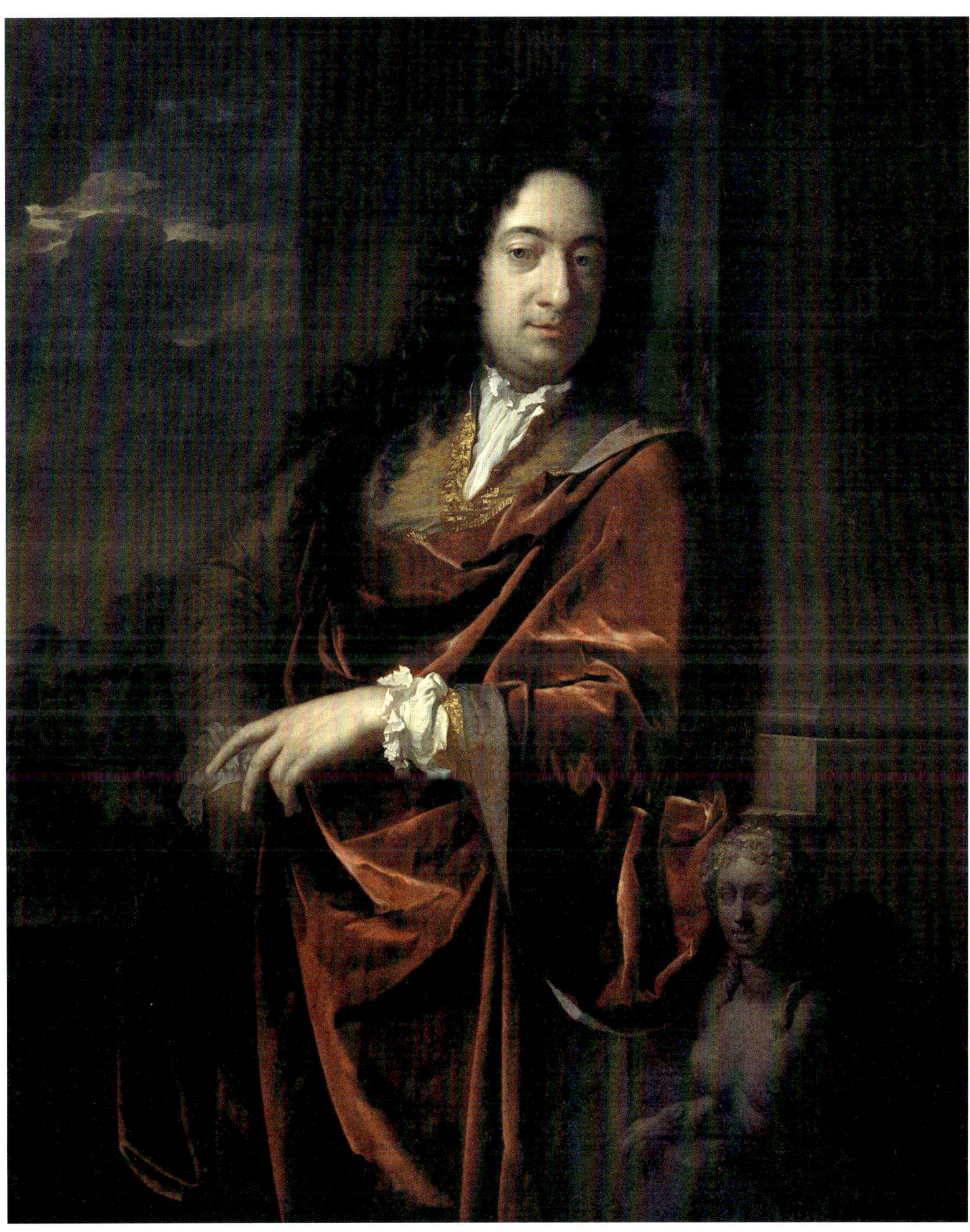

Adriaen van der Werff, *Bildnis eines Herrn*, 1694
Kunsthistorisches Museum Wien, Gemäldegalerie

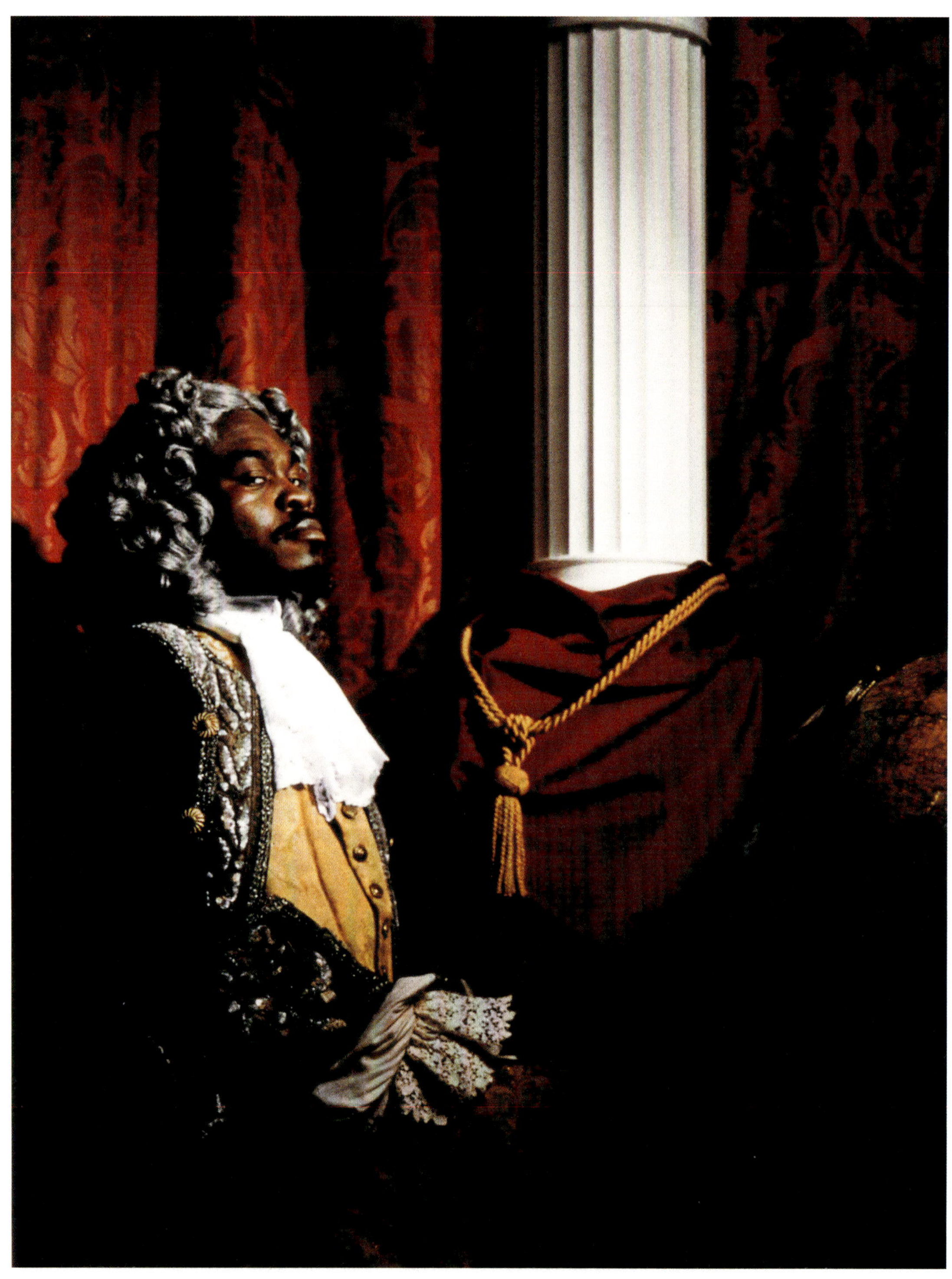

Yinka Shonibare, *Untitled*, 1997
Collezione Sandretto Re Rebaudengo

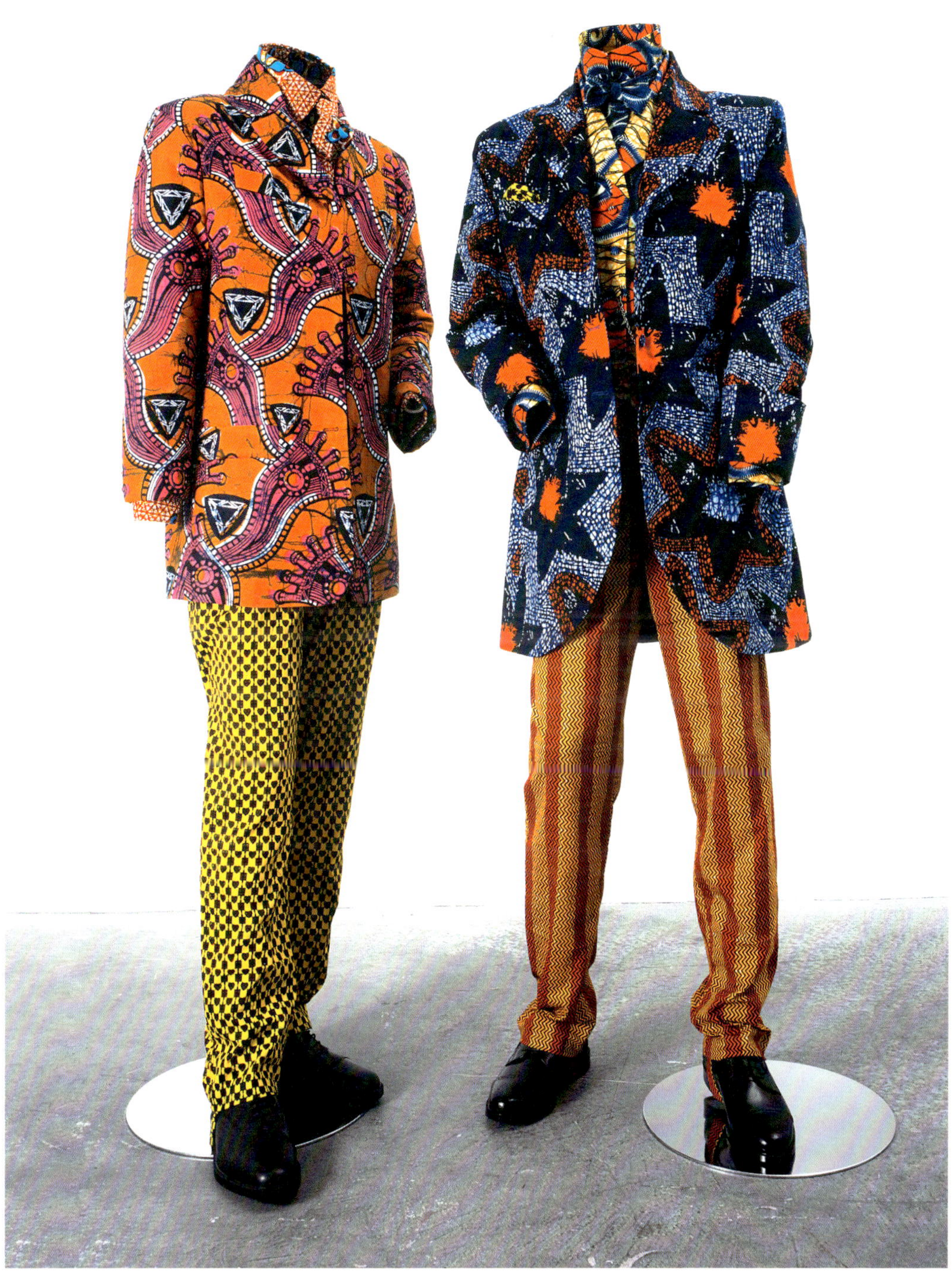

Yinka Shonibare, *Affectionate Men*, 1999
Collezione Sandretto Re Rebaudengo

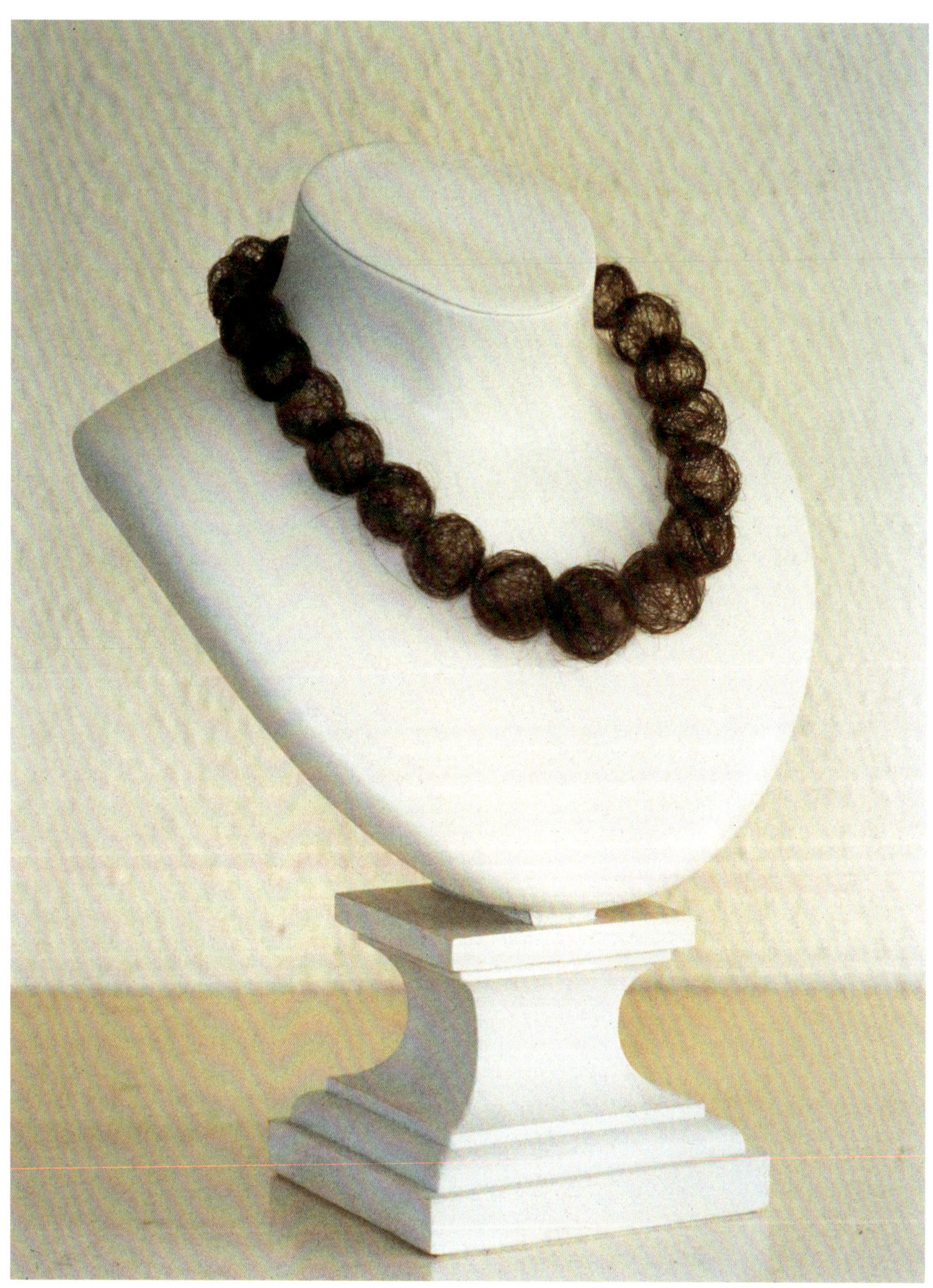

Mona Hatoum, *Hair Necklace*, 1995
Collezione Sandretto Re Rebaudengo

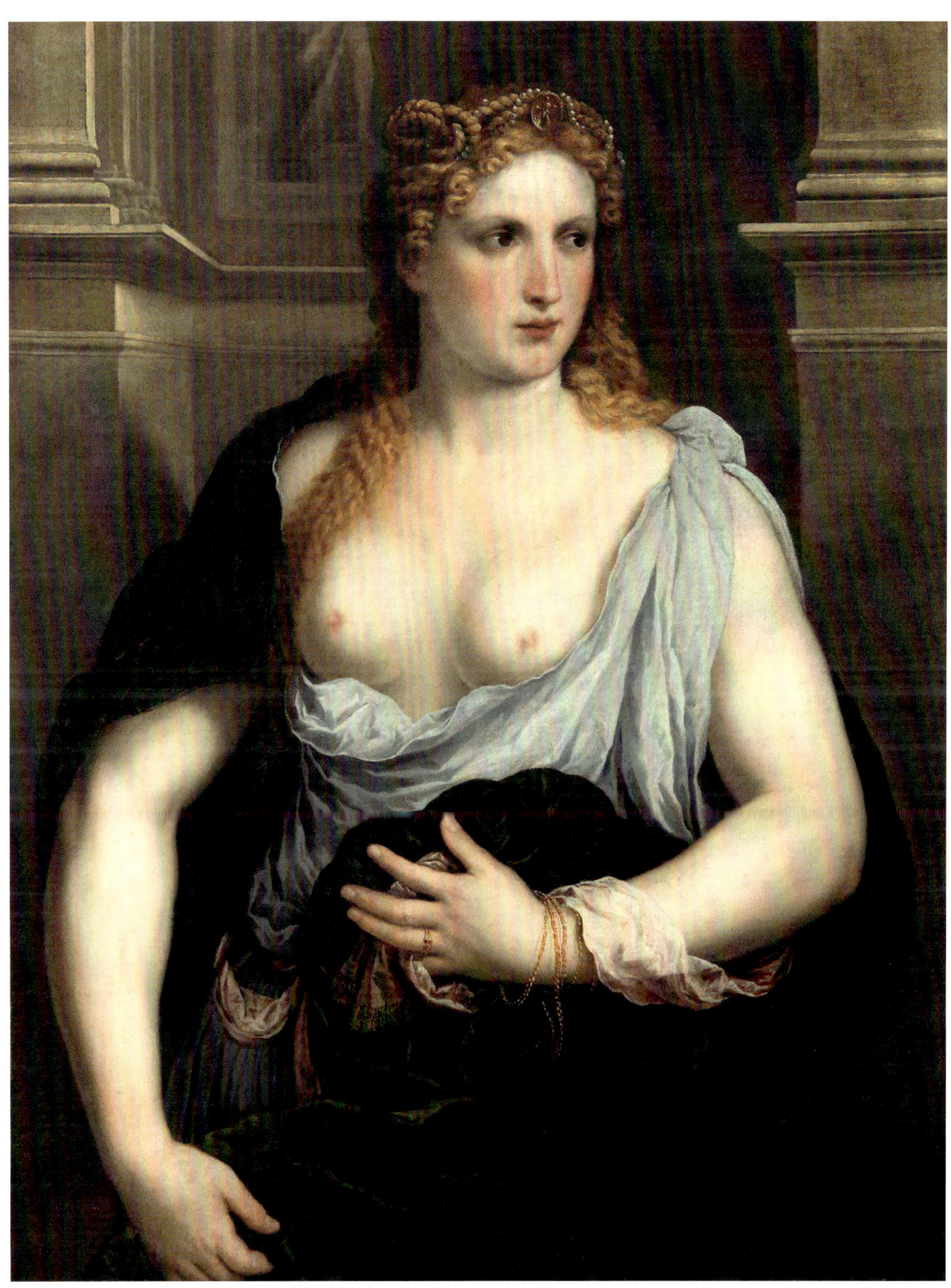

Paris Paschalinus Bordon, **gen. Bordone**, *Bildnis einer Frau im grünen Mantel*, um 1550
Kunsthistorisches Museum Wien, Gemäldegalerie

Trauer

Stephanie Damianitsch

„Trauer ist die tiefste Form von Traurigkeit. Ihr Gegenstand ist der Tod, das größte Unglück, das uns treffen kann", schreibt der Gefühlsforscher Aaron Ben-Ze'ev und betont damit das Gefühl des Verlusts, das mit der Trauer verbunden ist, ebenso wie das Bewusstsein der Vergänglichkeit.[1] Die menschliche Endlichkeit und Verletzlichkeit führen Berlinde De Bruyckeres Wachsskulpturen von fragmentierten Körperformen eindrucksvoll vor Augen.

Das Bewusstsein der Sterblichkeit erzeugt jedoch nicht nur Trauer, sondern auch Angst. Mit einer abwehrenden Geste versucht sich jenes weibliche anatomische Modell mit geöffnetem Brustkorb, das Zoe Leonard in ihrer Fotografie inszeniert, einer unsichtbaren Gefahr entgegenzusetzen. Die Angst vor dem so offenkundigen Verfall wird hier in ein Spannungsverhältnis mit dem menschlichen Kampf, das Leben durch die medizinische Forschung zu verlängern, gebracht. Eine ähnliche Dialektik prägt das Genre des Stilllebens, sei es in der barocken Ausformung von Pieter Claesz oder in einer zeitgenössischen Metapher von Damien Hirst. Es verweist auf die Vergänglichkeit der Schönheit der Natur und trachtet dennoch danach, sie an der Schwelle zum Tod festzuhalten. Es wird deutlich, dass Kunst den Charakter eines Memento mori annehmen kann, aber auch dass in der Trauer über den geschehenen oder drohenden Verlust Bilder verwendet werden, „wenn es darum geht, das Leid aus dem Bannkreis des Unverständnisses in die Fassung der Erträglichkeit zu überführen"[2], ist doch der Tod seit je „eine unerträgliche Abwesenheit, die man mit einem Bild füllen wollte, um sie zu ertragen"[3].

Auch kulturell differierende Trauerrituale stellen Verhaltensmuster dar, die dabei helfen sollen, mit dem empfundenen Verlust umzugehen. Auf diese Weise kann die Trauerrobe der Kaiserin Elisabeth, die als Teil eines Todesrituals die Trägerin in den Zustand des Memento mori versetzen sollte, in einen assoziativen Austausch mit den Werken zeitgenössischer Kunst treten, die Anleihen bei Pathosformeln der Trauer machen und diese vielschichtigen Inhalte in Beziehung zu gegenwärtigen Fragestellungen setzen.

Von der Emotion der Trauer kann daher sowohl in Bezug auf persönliche Schicksale als auch in Hinblick auf kulturelle und kollektive Auseinandersetzungen und nicht zuletzt im Kontext politischer Enttäuschungen gesprochen werden, was Shirin Neshats Fotografie *Graceful Death* aus der Serie *Women of Allah* und insbesondere William Kentridges Videoarbeit *History of the Main Complaint* zeigen, die als vielschichtige Erinnerungsarbeit einen traurigen Blick auf die gesellschaftliche Situation Südafrikas vor und nach dem Ende der Apartheid wirft.

Suchan Kinoshita
Untitled
1999 (Detail)
S. 98

1 Aaron Ben-Ze'ev, *Die Logik der Gefühle. Kritik der emotionalen Intelligenz*, Frankfurt am Main 2009, S. 257.
2 Thomas Trummer (Hg.), *Trauer*, Wien 2003, S. 5.
3 Hans Belting, *Bild-Anthropologie. Entwürfe für eine Bildwissenschaft*, München 2001, S. 144.

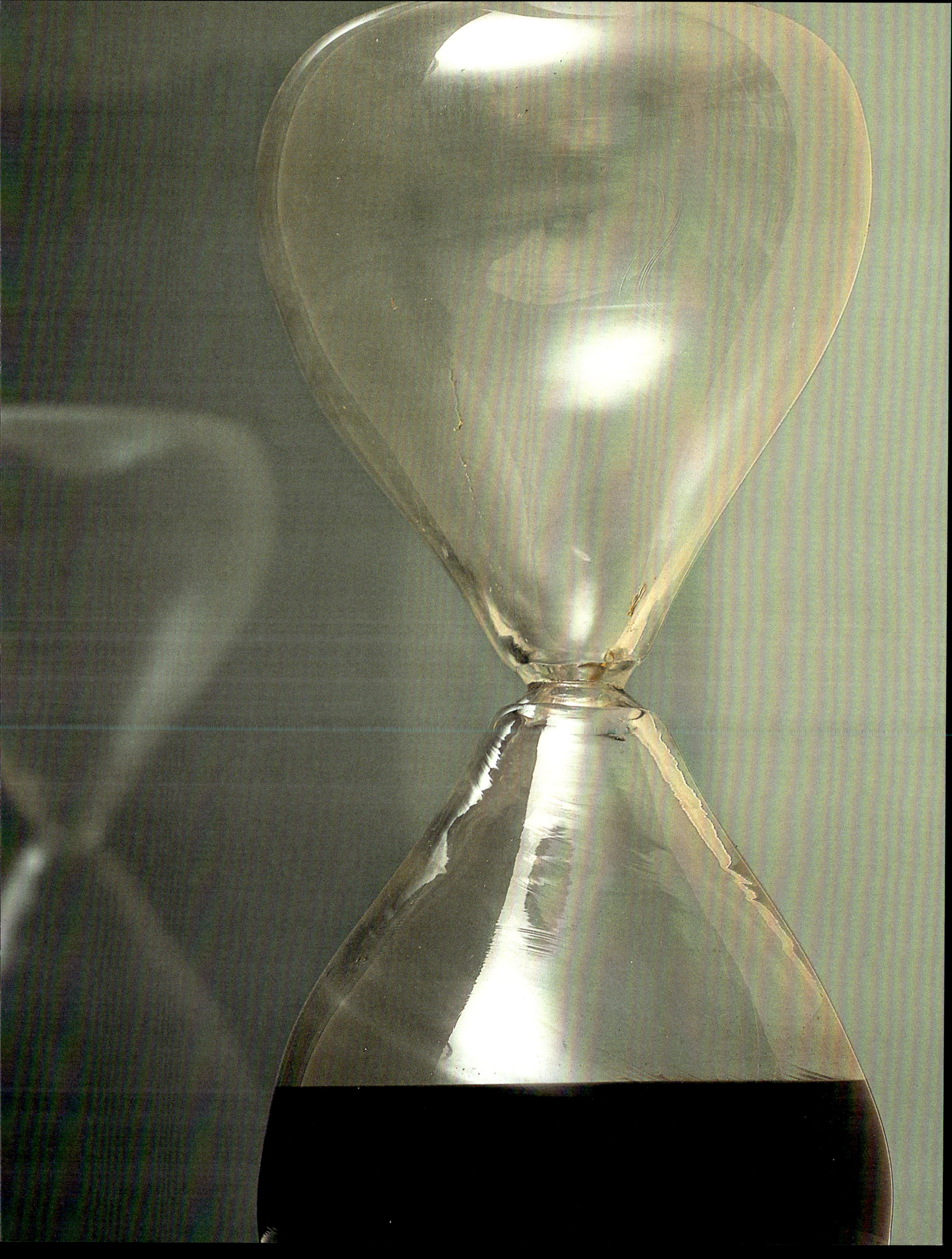

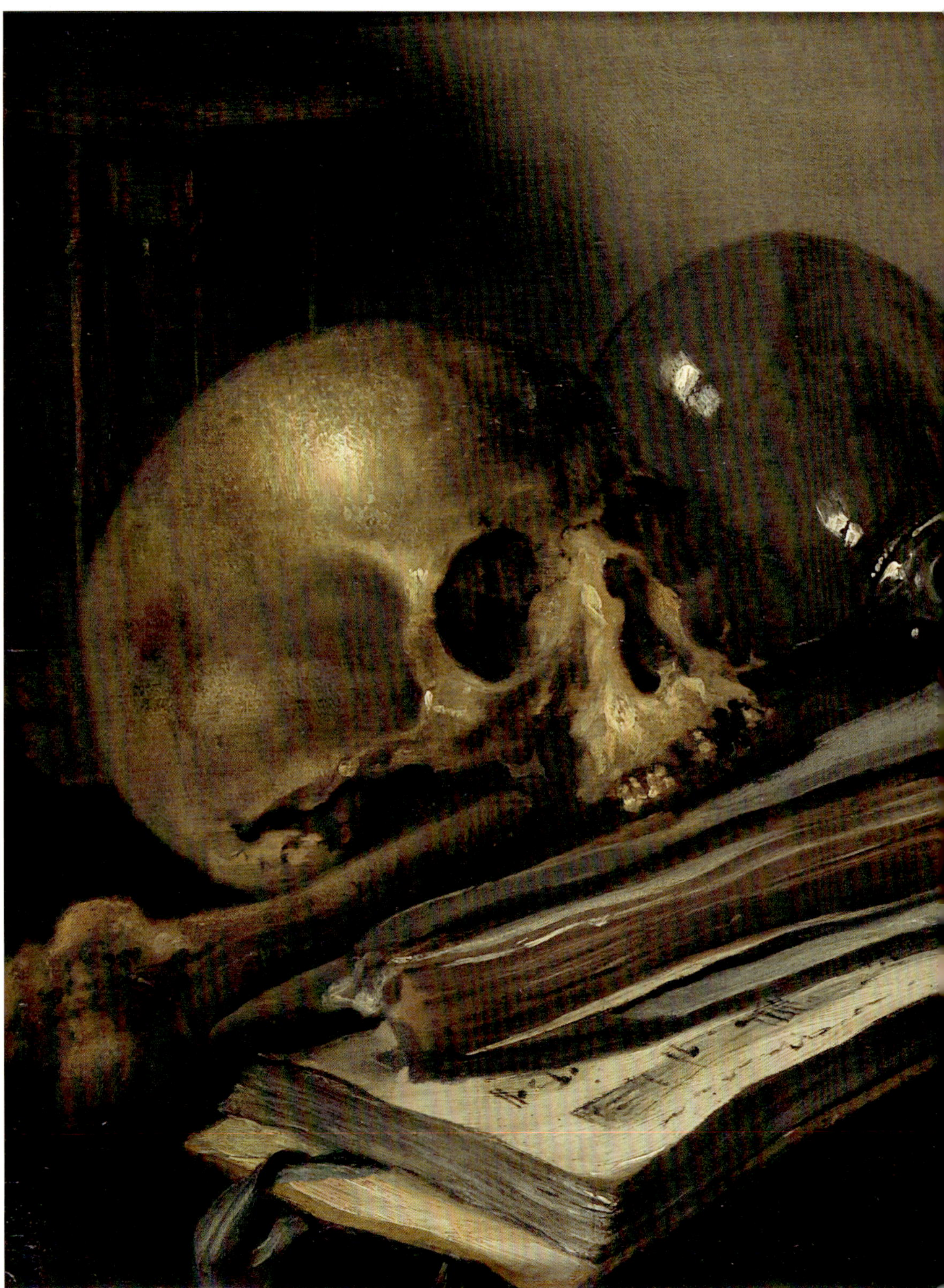

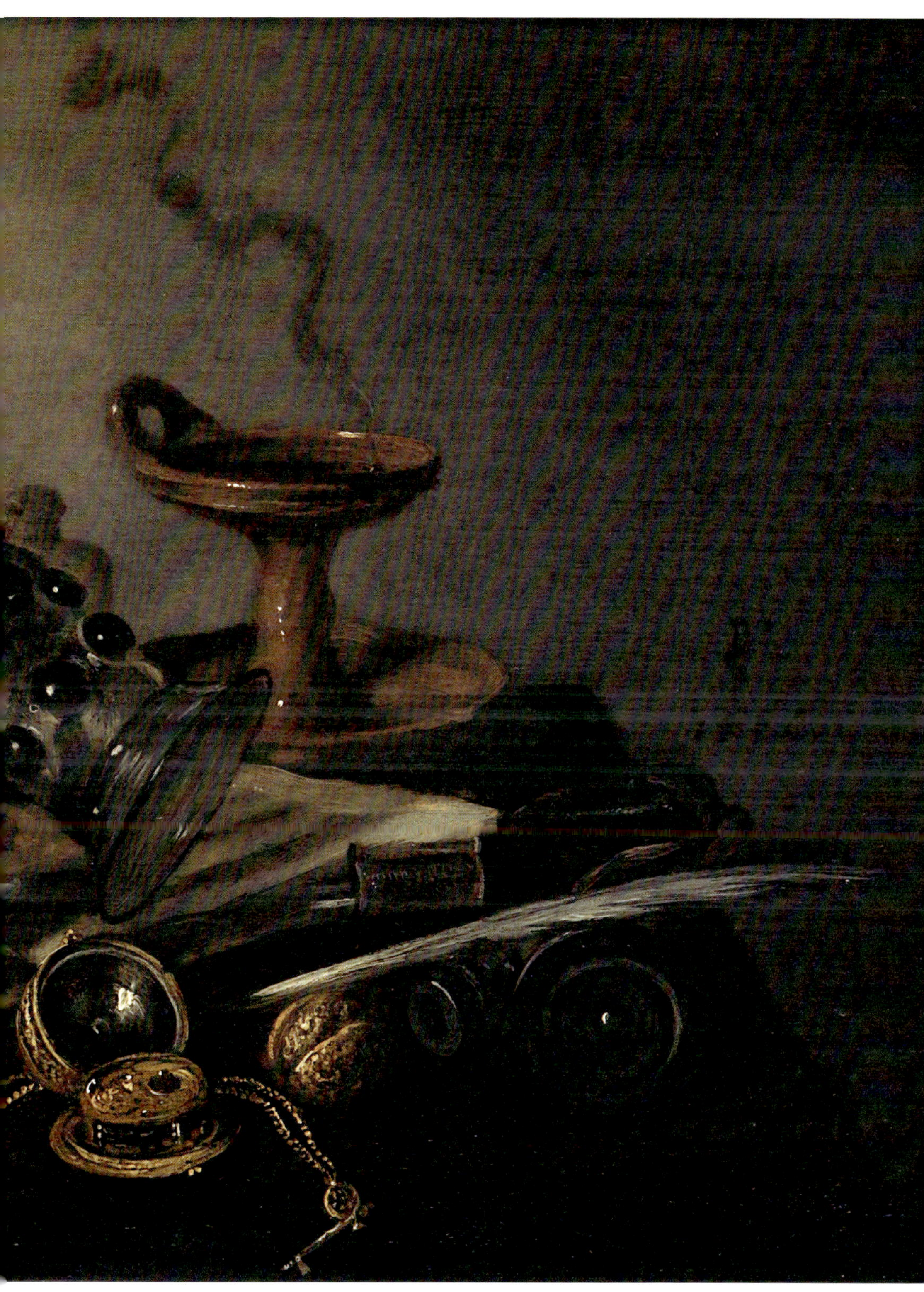

Pieter Claesz, *Vanitas-Stillleben*, 1656
Kunsthistorisches Museum Wien, Gemäldegalerie

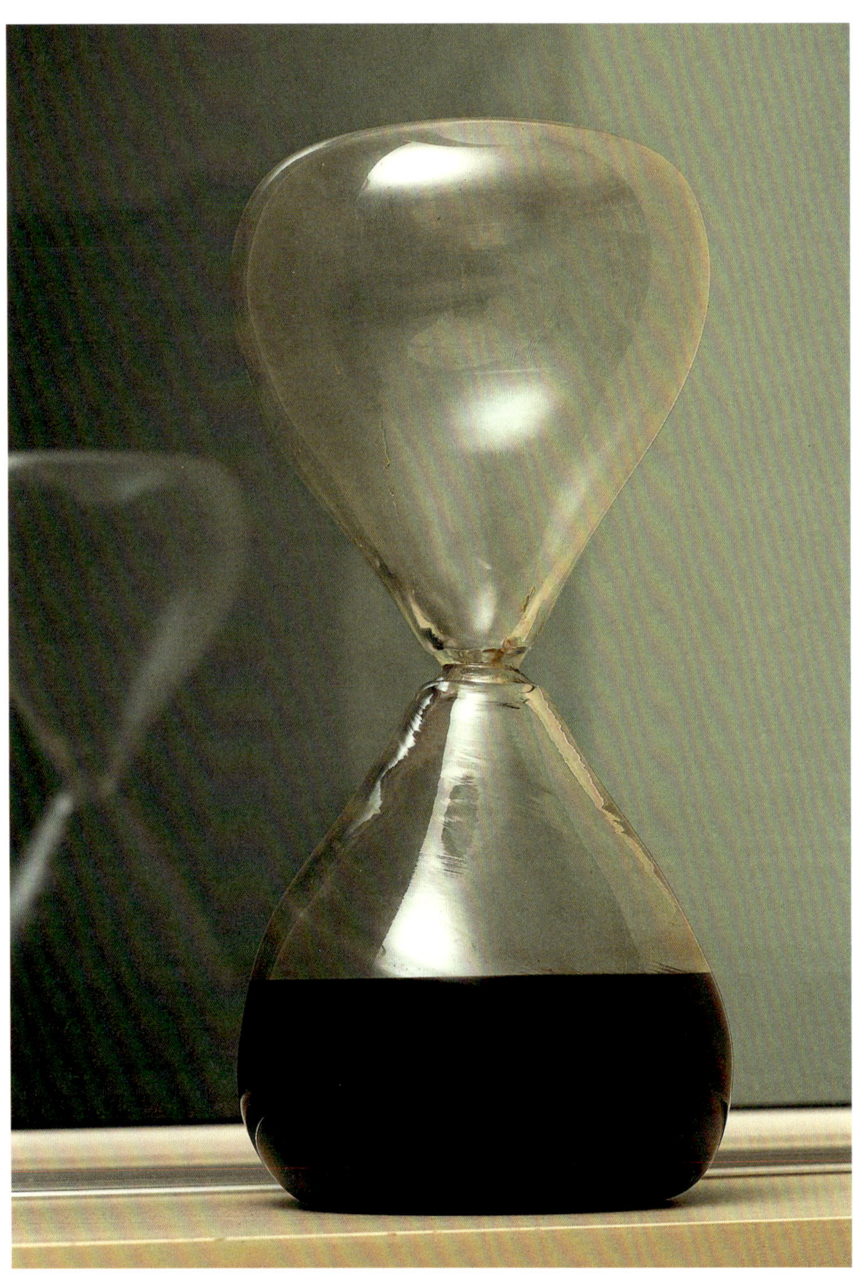

Suchan Kinoshita, *Untitled*, 1999
Collezione Sandretto Re Rebaudengo

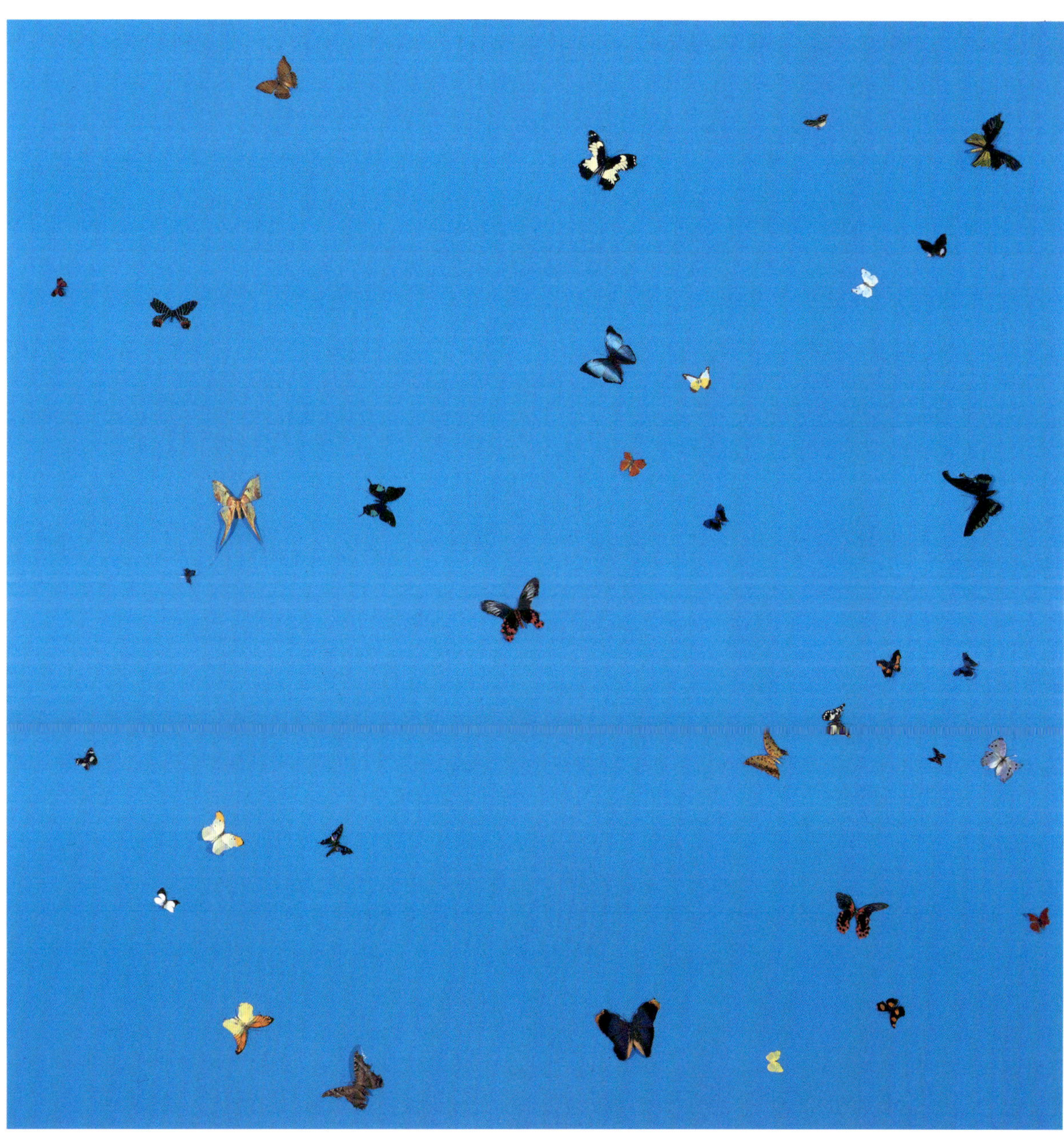

Damien Hirst, *Love is great*, 1994
Collezione Sandretto Re Rebaudengo

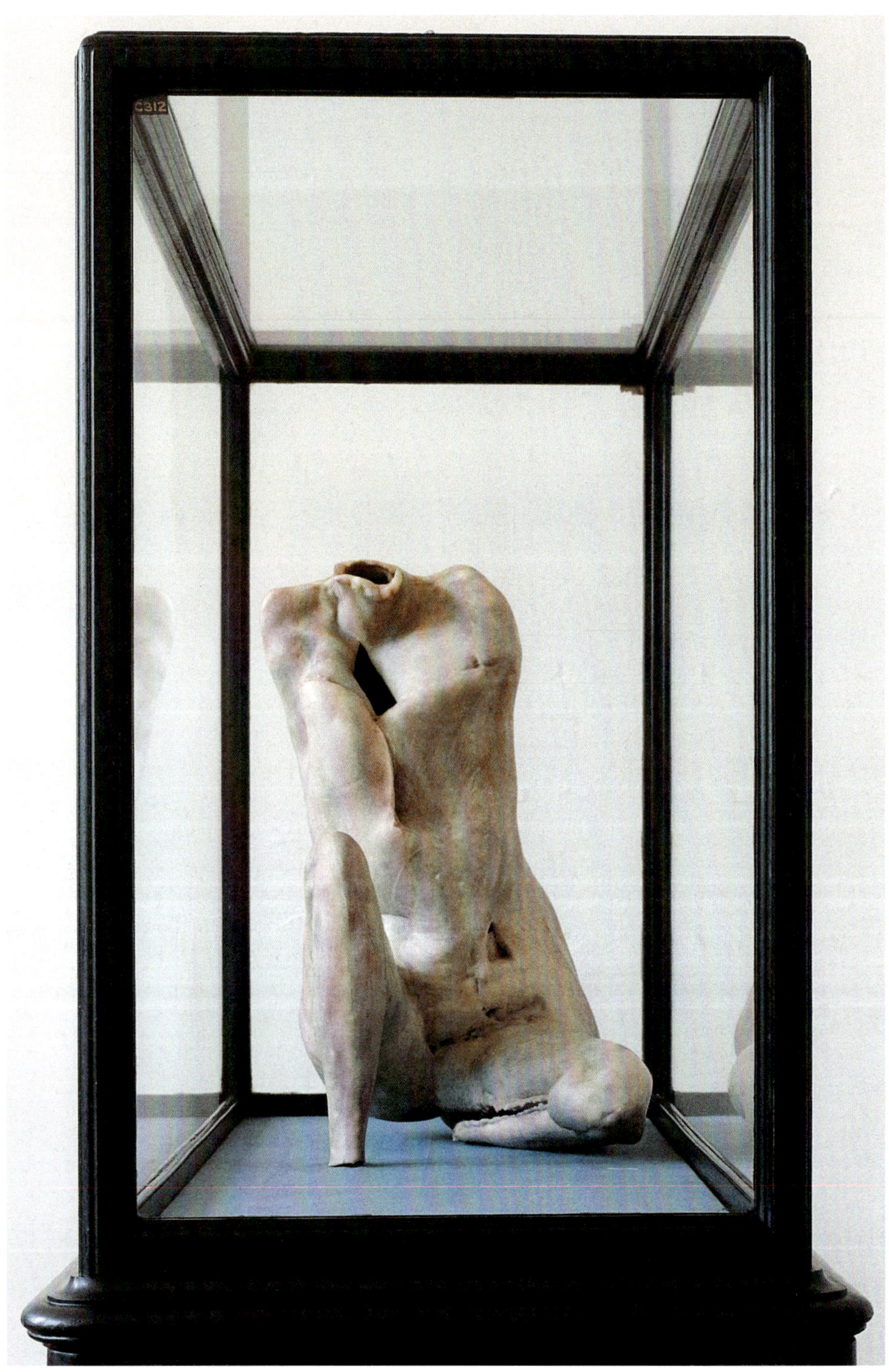

Berlinde De Bruyckere, *La femme sans tête*, 2004 (Detail)
Collezione Sandretto Re Rebaudengo

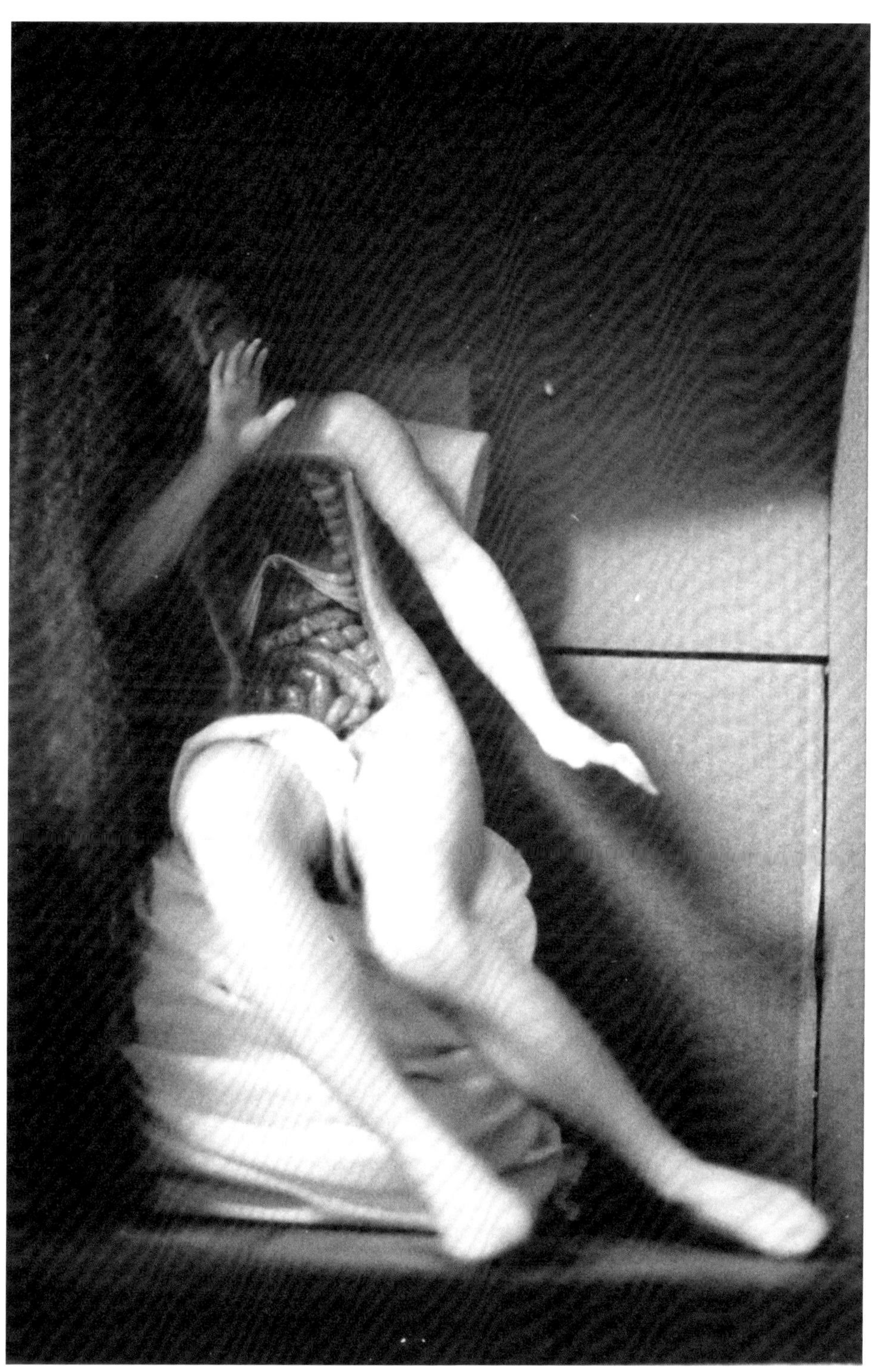

Zoe Leonard, *Seated Anatomical Model*, 1990
Collezione Sandretto Re Rebaudengo

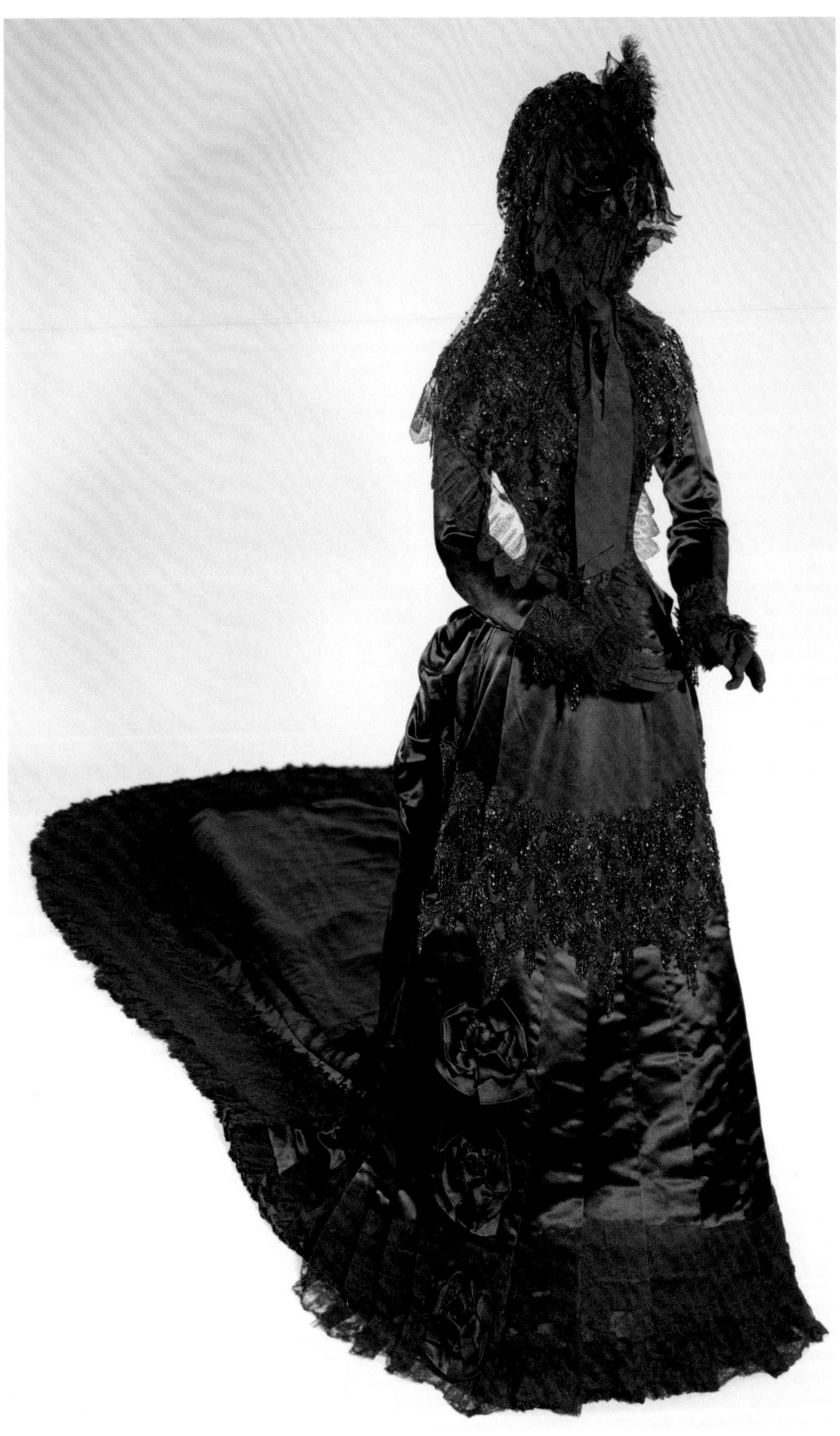

Herstellung: **Fanni Scheiner**, *Große Trauerrobe der Kaiserin Elisabeth*, nach 1877
Kunsthistorisches Museum Wien, Monturdepot

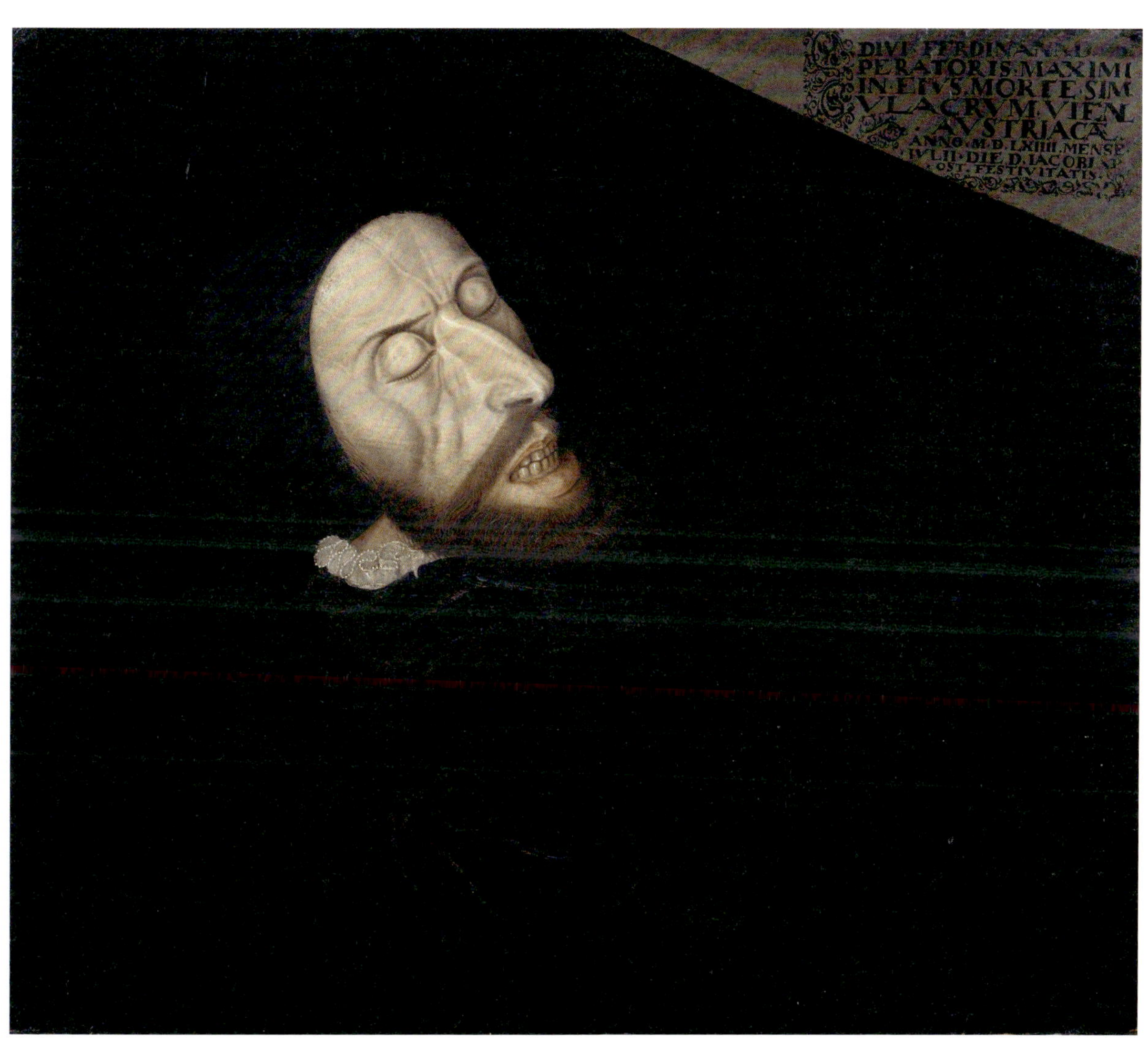

Johann Poyancz, *Totenbild Ferdinands I.*, 1564
Kunsthistorisches Museum Wien, Gemäldegalerie

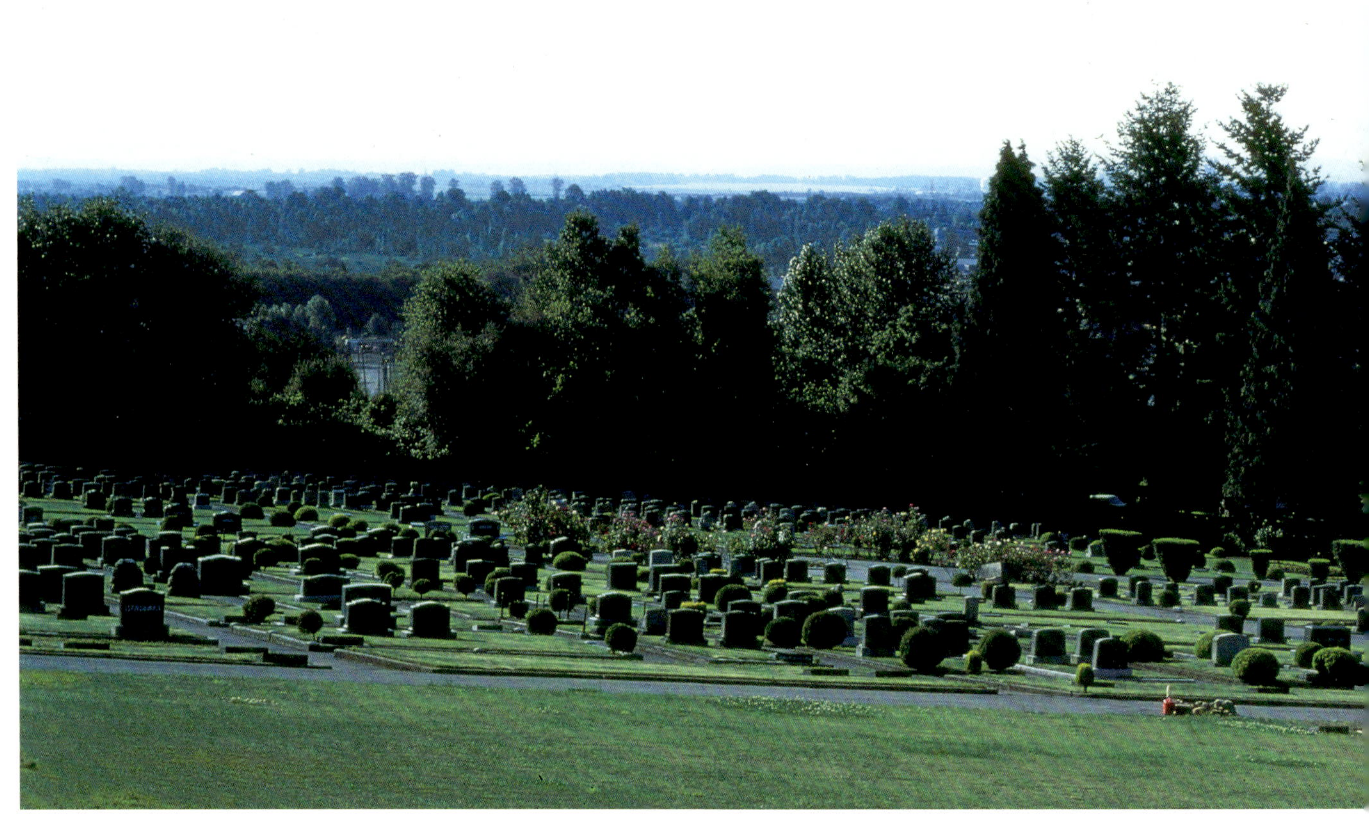

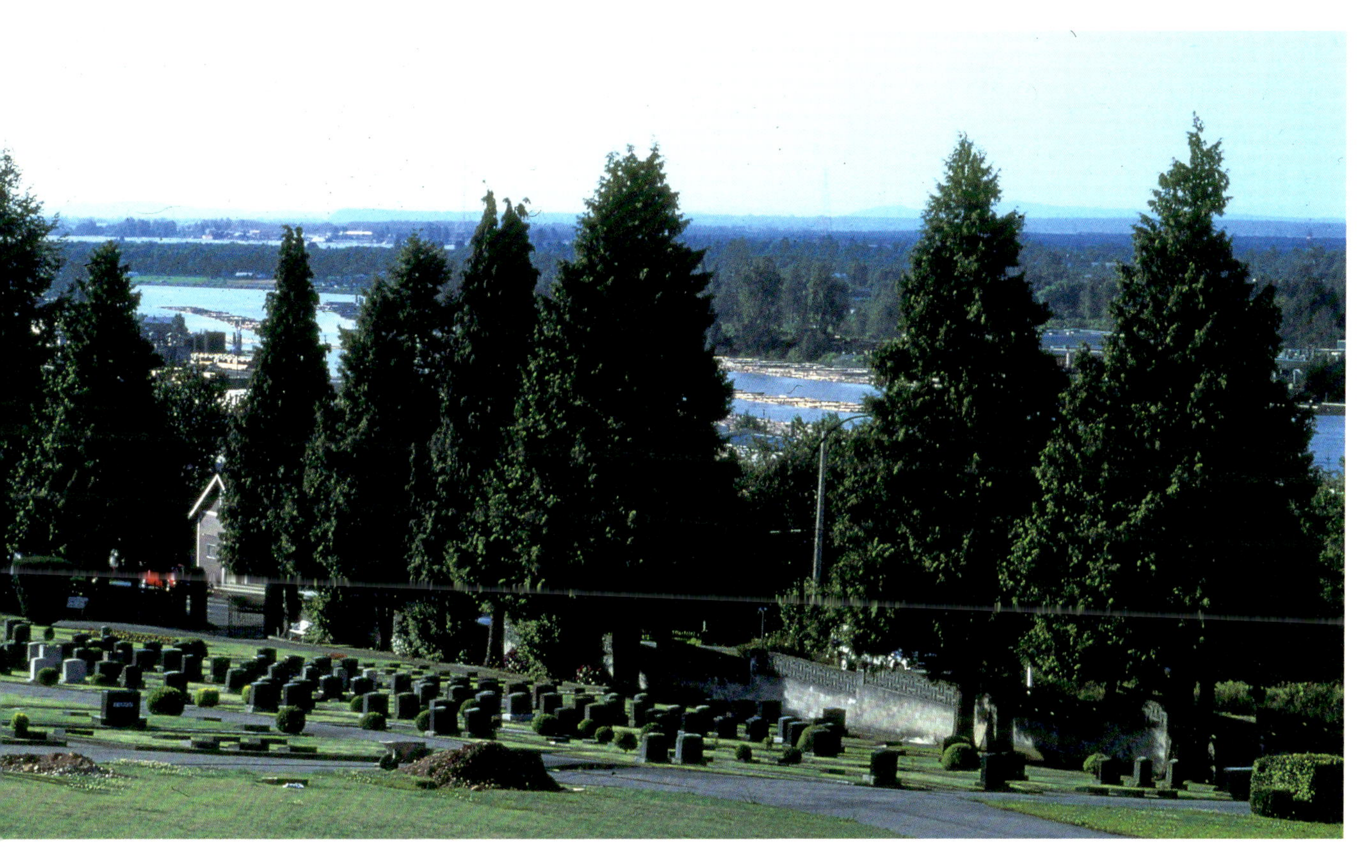

Jeff Wall, *The Jewish Cemetery*, 1980
Collezione Sandretto Re Rebaudengo

Shirin Neshat
Graceful Death (aus der Serie *Women of Allah*), 1994
Collezione Sandretto Re Rebaudengo

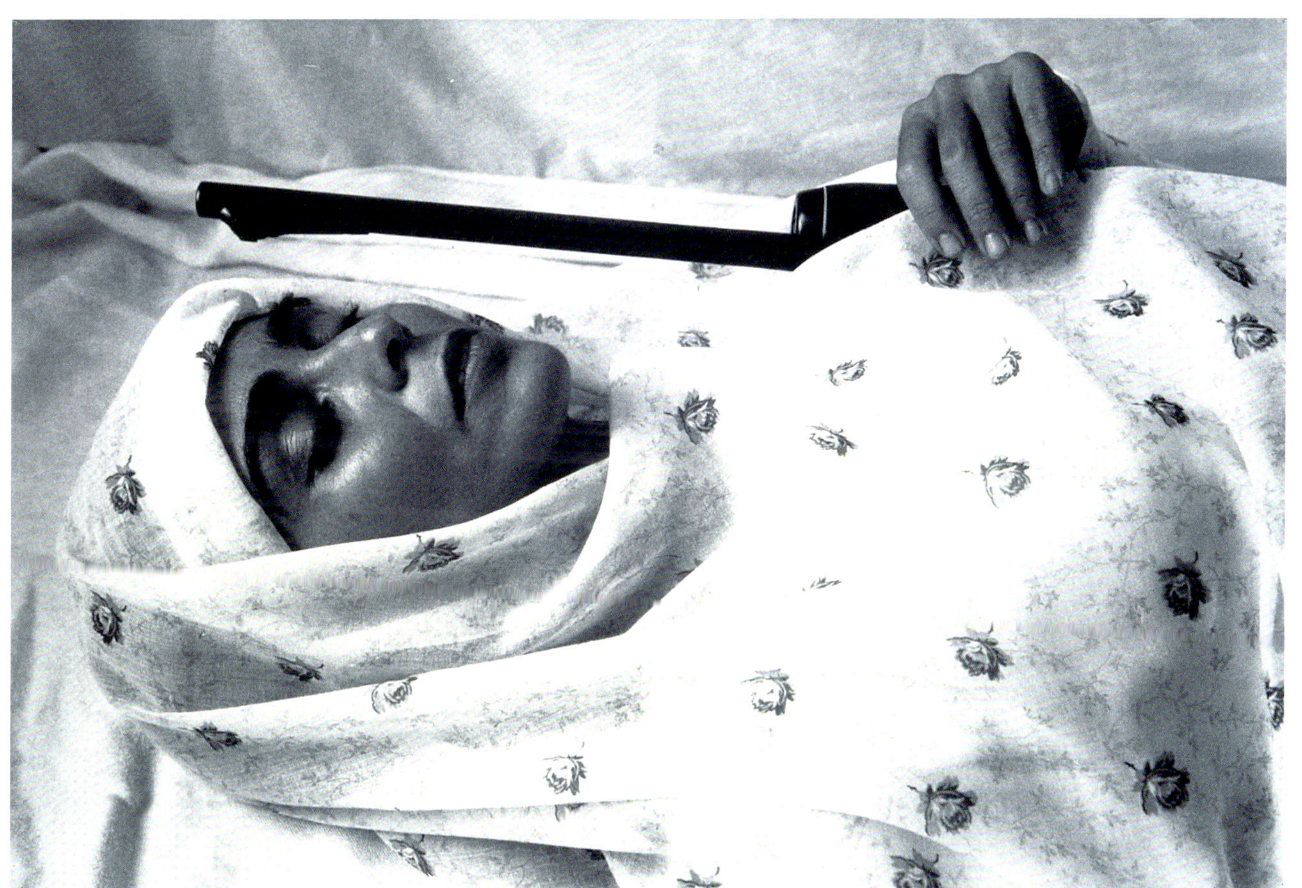

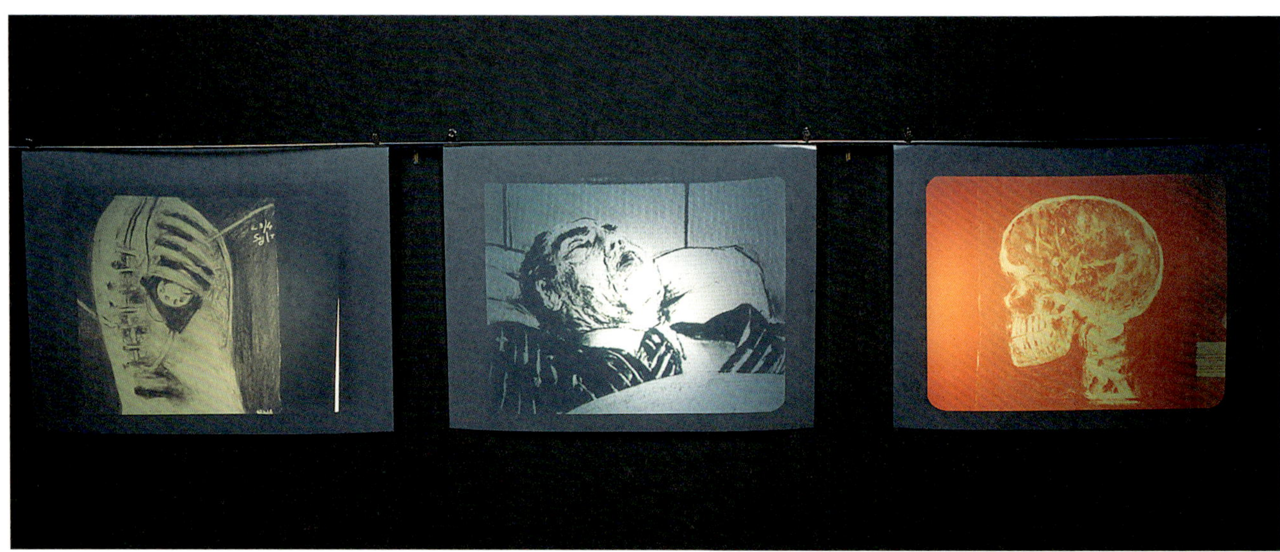

William Kentridge, *History of the Main Complaint*, 1996 (Installationsansicht)
Collezione Sandretto Re Rebaudengo

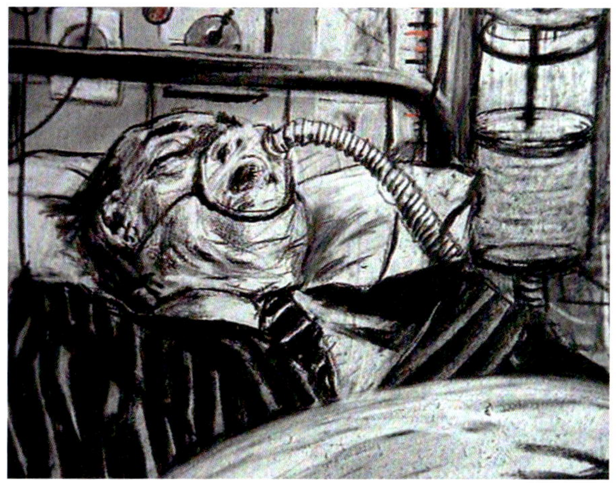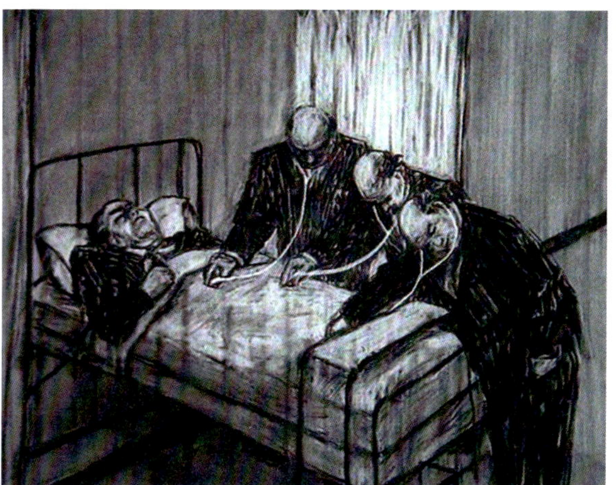

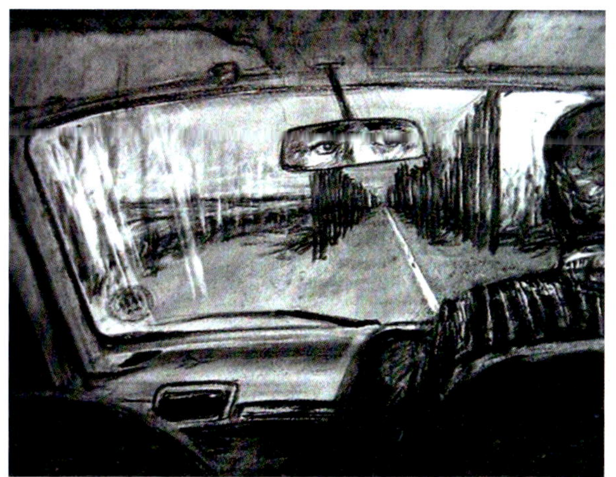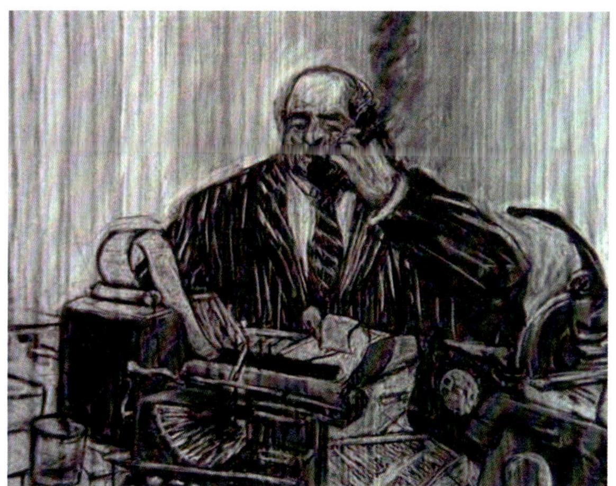

William Kentridge, *History of the Main Complaint*, 1996 (Videostills)
S. 108

Sehnsucht

Stephanie Damianitsch

Entspricht dem Gefühl der Trauer ein Bewusstsein der Endlichkeit, ist die Sehnsucht als ebenso existenzielle Emotion auf das Unendliche ausgerichtet. Sie kennzeichnet sich als Suche nach Intimität und Geborgenheit, sei es in Hinblick auf einen anderen Menschen, einen idealisierten Zufluchtsort oder die Selbsterkenntnis, die sich im Kontrast zu den unerfüllten Wünschen der oft als hart und desillusionierend empfundenen Realität entfaltet.

Die Sehnsucht nimmt als Fortschreibung der Mystik Jacob Böhmes in der Epoche der Romantik – zwischen ihr und unserer Zeit wird vermehrt eine „emotionale Parallele"[1] konstatiert – eine zentrale Rolle ein, nicht zuletzt als Kritik an der Aufklärung und deren Überbetonung der Vernunftfähigkeit des Menschen, die – so die Romantik – zur Zerrissenheit und abstrakten Einseitigkeit des Menschen geführt hat.

Die Hoffnung auf eine ganzheitliche Vergegenwärtigung von Selbst und Welt wird zum höchsten Anliegen romantischer Sehnsucht. Der Wunsch des gesteigerten Sich-selbst-Fühlens in Hinblick auf das Unendliche – eine Erweiterung der kantschen Idee des Erhabenen – wird oft mit Natureindrücken umschrieben. Die Darstellung der Natur wird damit zur „Seelenlandschaft", die als Folie des Ausdrucks der psychischen Verfasstheit und des seelischen Bewusstseinsinnenraums dient.

Thomas Ruffs *Sterne Bild* kann in diesem Kontext als zeitgenössische *Hymne an die Nacht* gesehen werden, in deren Betrachtung man die romantische Sehnsucht nach dem Unendlichen nachempfinden kann. Sharon Lockharts fotografisches Diptychon scheint wiederum Caspar David Friedrichs *Der Mönch am Meer* (1808/10) zu zitieren, das als Sehnsuchtsbild den Menschen der Endlosigkeit der Natur gegenüberstellt. Während Andrea Abati in *Accostamenti: il mare* diese Unendlichkeit des Ozeans für sich sprechen lässt, nimmt Sharon Lockhart die Weite des Horizonts zurück, die Personen sind in Nahsicht gerückt und uns zugewandt, auch wenn sie durch uns durchzublicken scheinen. Trotz dieser Adaptionen wird in der Betrachtung das Gefühl der Sehnsucht erzeugt, eine Emotion, die häufig den dargestellten Protagonisten zugeordnet wird, zwischen denen eine Liebesbeziehung angenommen wird. Dabei hat Sharon Lockhart die beiden auf unterschiedlichen Kontinenten entstandenen Aufnahmen zu einer rein künstlichen Paarung zusammengeführt. Darüber wird zugleich auf das romantische Motiv des Doppelgängers zurückgegriffen, das nach Jean Paul für die Sehnsucht des „Sich-selber-Sehens"[2] steht, aber auch für die romantische Angst vor dem Ich-Verlust, wie sie E. T. A. Hoffmann oder Edgar Allan Poe thematisierten und wie sie in Nathaniel Mellors' Installation *Hippy Dialectics (Ourhouse)* über den schizophrenen Dialog der beiden Köpfe in der Betrachtung reaktiviert wird. Es wird deutlich, dass Künstler der Gegenwart auf ein „kulturelles Gefühlsvokabular der Sehnsucht" zurückgreifen, „das zwischen einer gewissen Melancholie, einer Trauer des Verlusts und dem Wunsch, der Erwartung oszilliert".[3]

Sharon Lockhart
*Lily (approximately
8 a.m., Pacific Ocean)*
1994 (Detail)
S. 112

1 Martina Weinhart, „Die Welt muss romantisiert werden. Über die Entdeckung einer Haltung", in: Max Hollein (Hg.), *Wunschwelten. Neue Romantik in der Kunst der Gegenwart*, Frankfurt am Main 2007, S. 25.
2 Gerald Bär, *Das Motiv des Doppelgängers als Spaltungsphantasie in der Literatur und im deutschen Stummfilm*, Amsterdam/New York 2005, S. 24.
3 Weinhart 2007, wie Anm. 1.

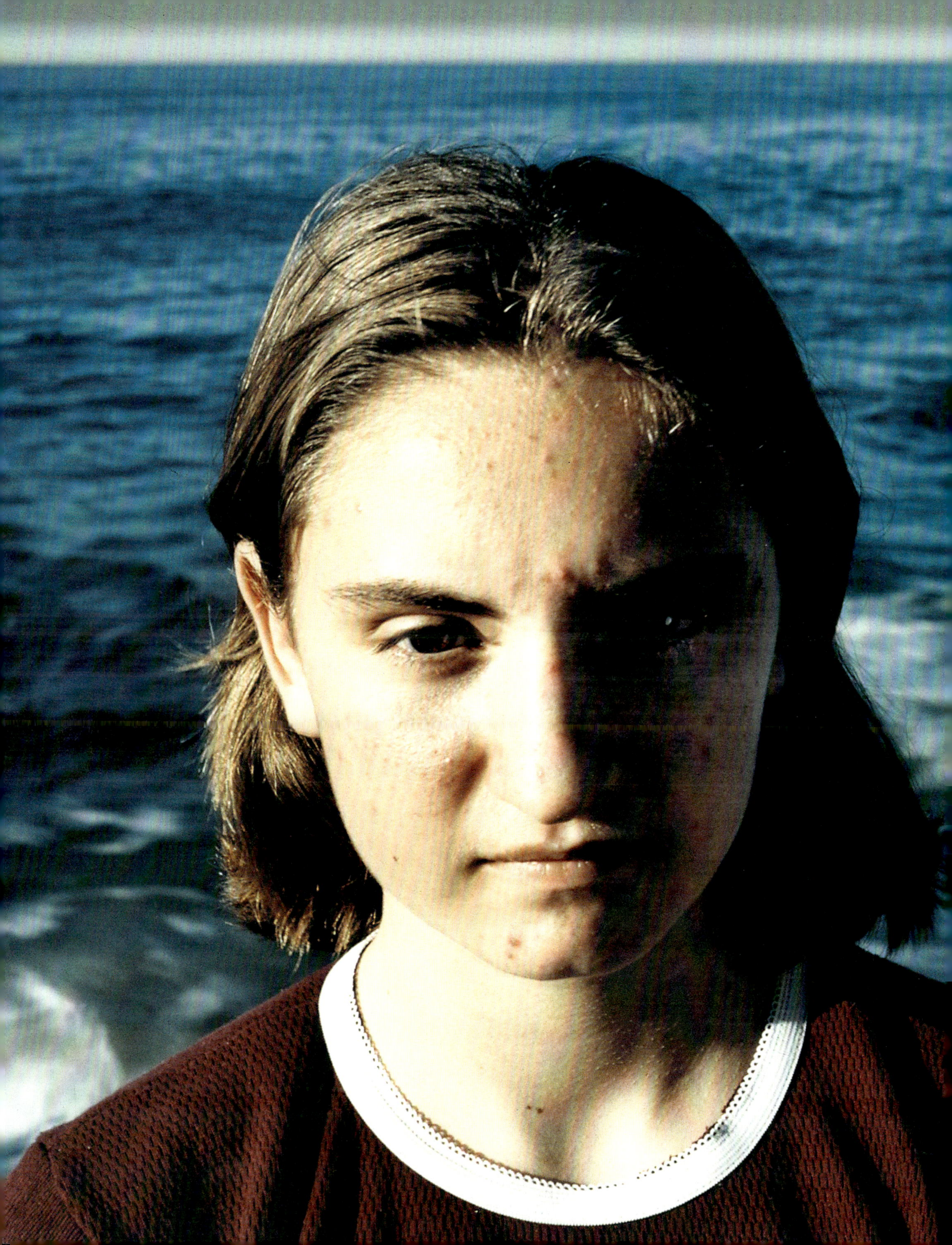

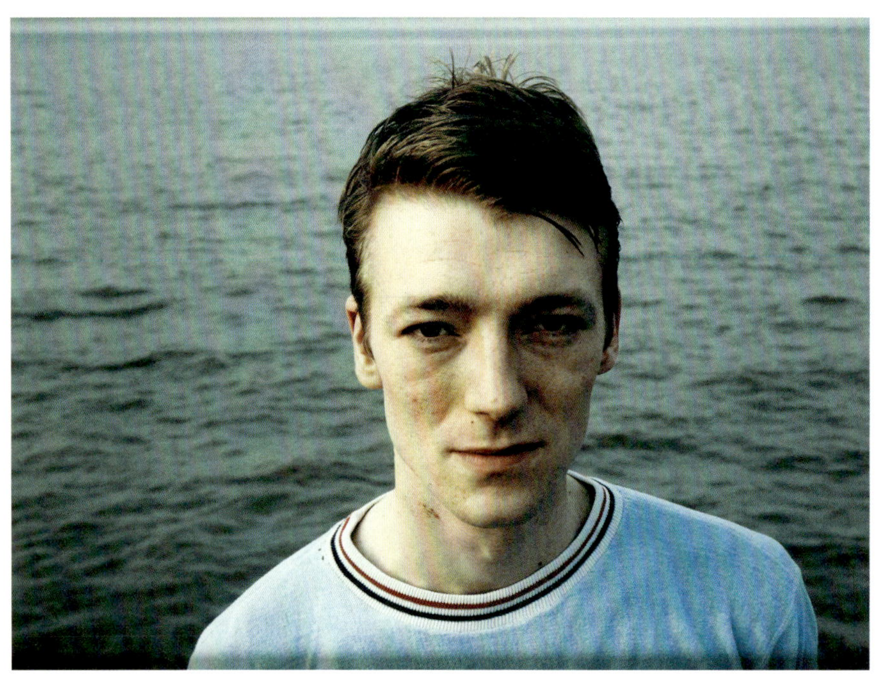

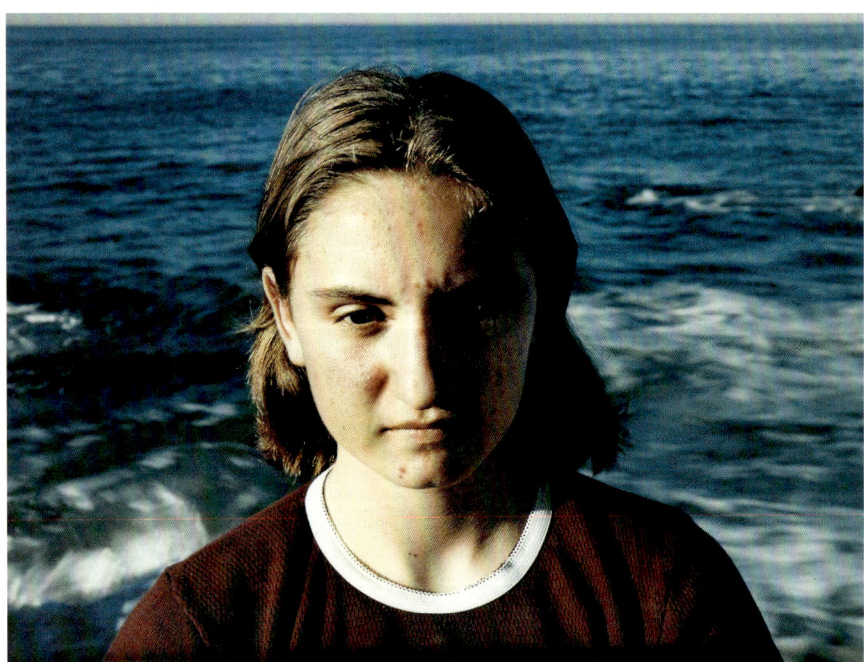

Sharon Lockhart
Jochen (approximately 8 p.m., North Sea), 1994 (oben)
Lily (approximately 8 a.m., Pacific Ocean), 1994 (unten)
Collezione Sandretto Re Rebaudengo

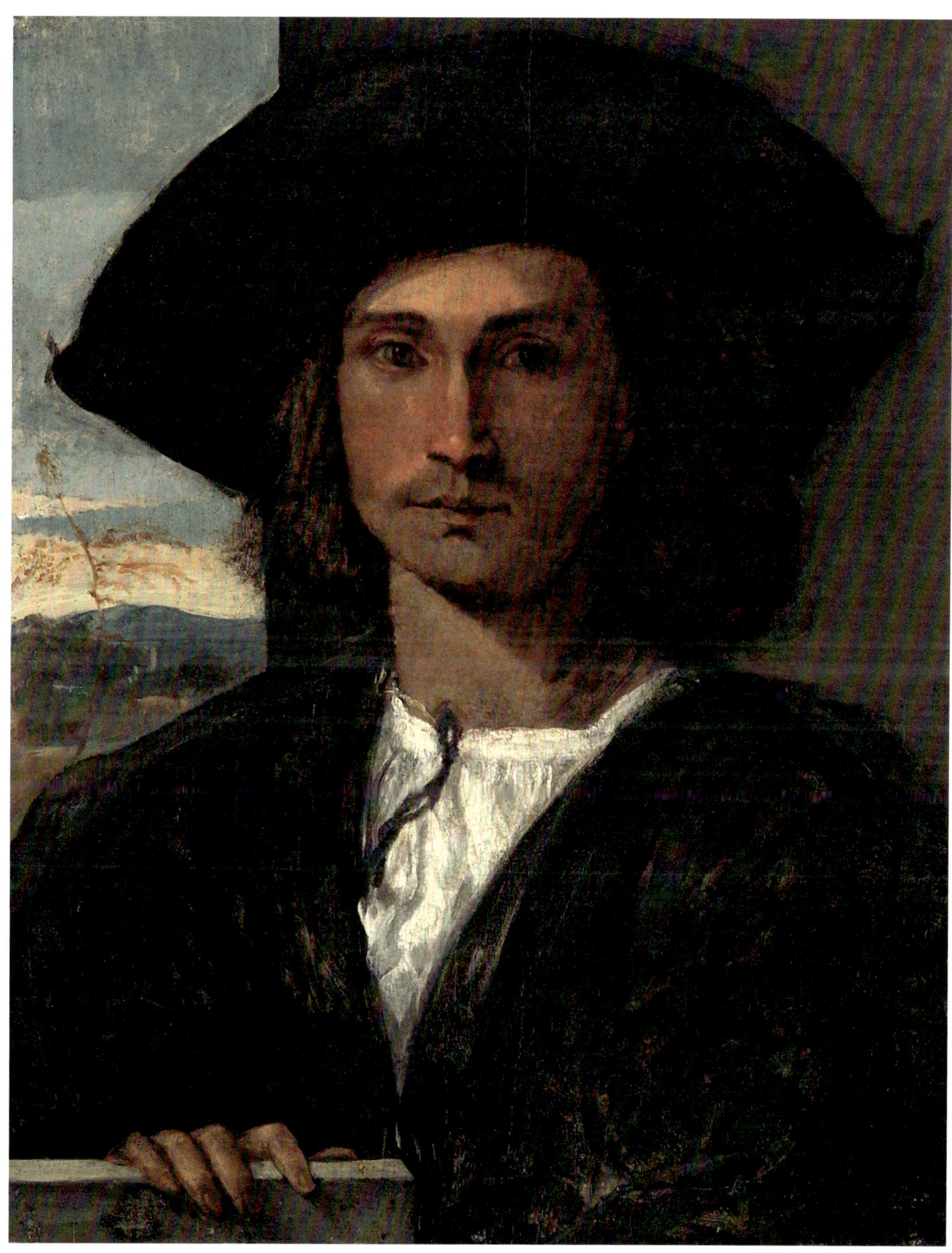

Anonym (venezianisch)
Bildnis eines jungen Mannes mit Hut, um 1510 (?)
Kunsthistorisches Museum Wien, Gemäldegalerie

Jacob van Ruisdael
Berglandschaft mit Wasserfall, um 1670/80
Kunsthistorisches Museum Wien, Gemäldegalerie

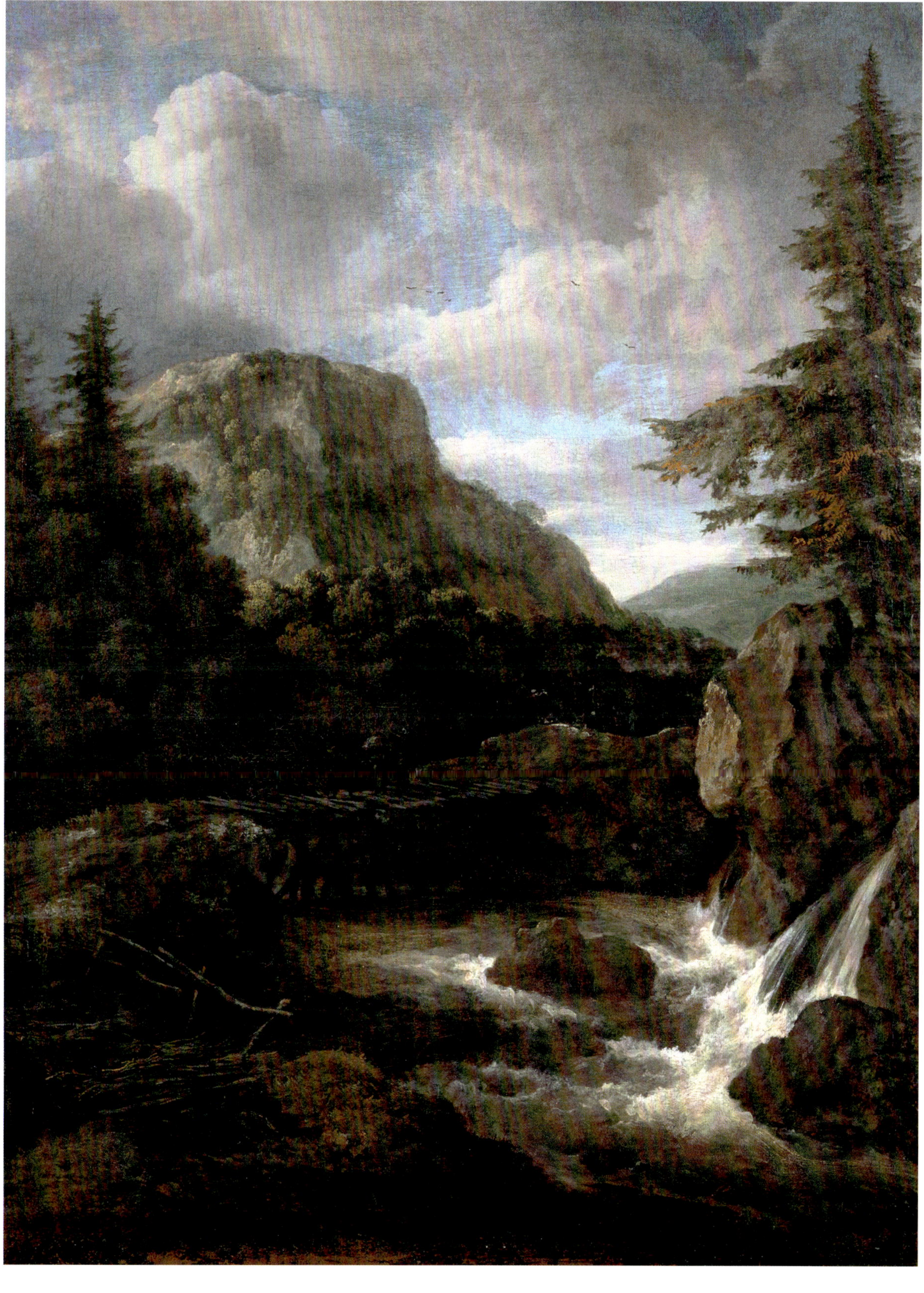

Andrea Abati
Accostamenti: il mare, 1999
Collezione Sandretto Re Rebaudengo

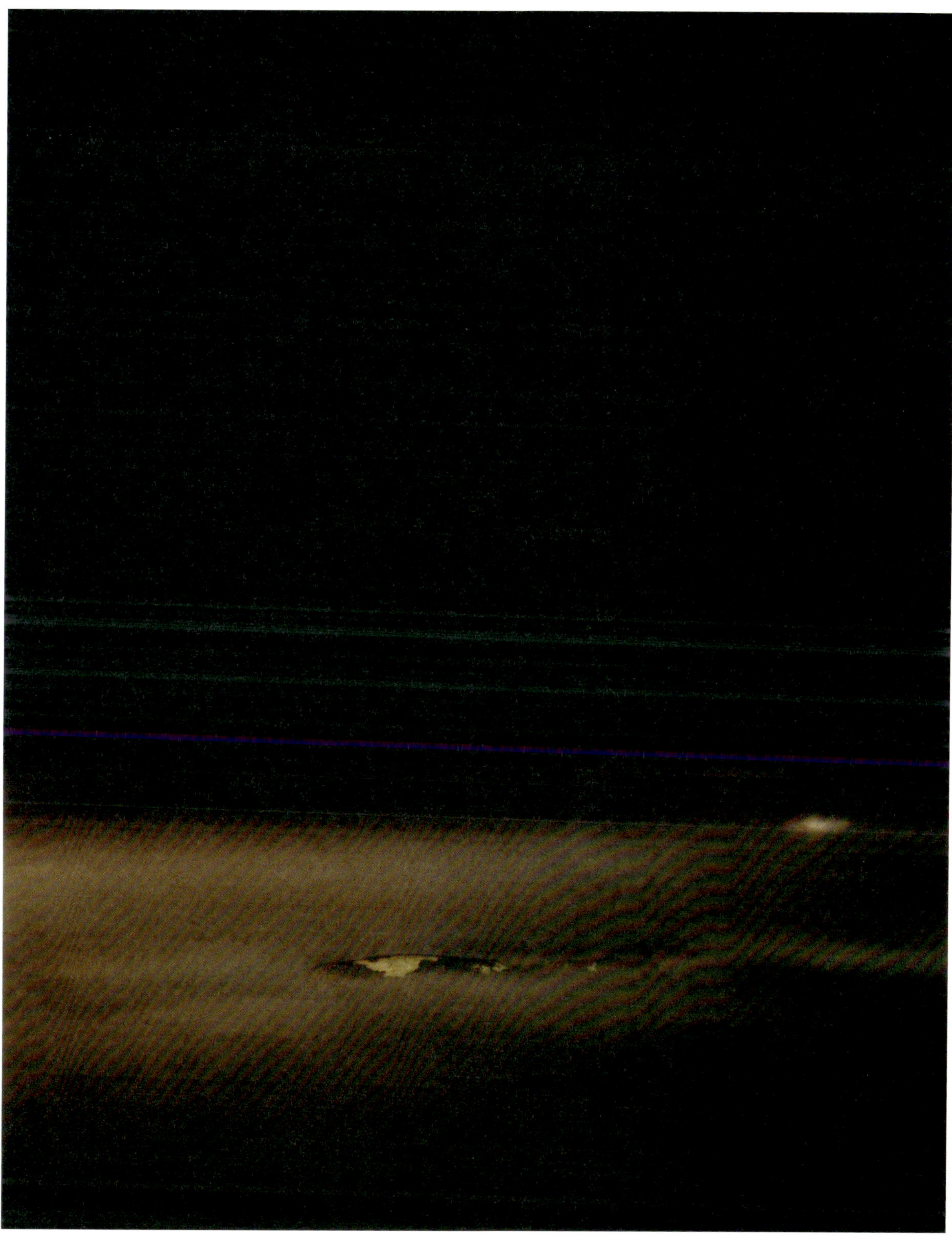

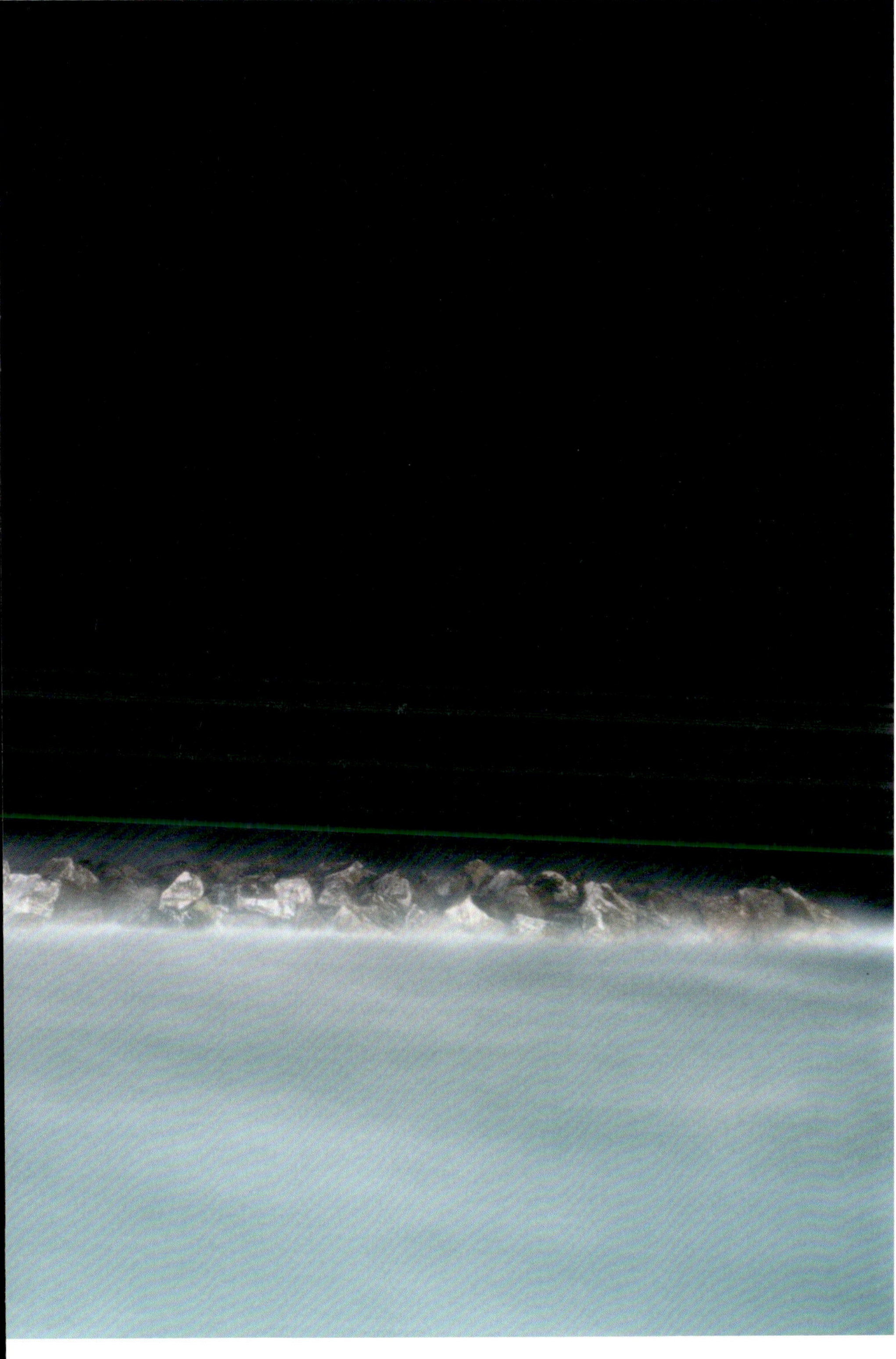

Andrea Abati, *Accostamenti: il mare*, 1999
Collezione Sandretto Re Rebaudengo

Thomas Ruff
Sterne Bild, 1990
Collezione Sandretto Re Rebaudengo

Urs Fischer
Untitled (Baum), 1999
Collezione Sandretto Re Rebaudengo

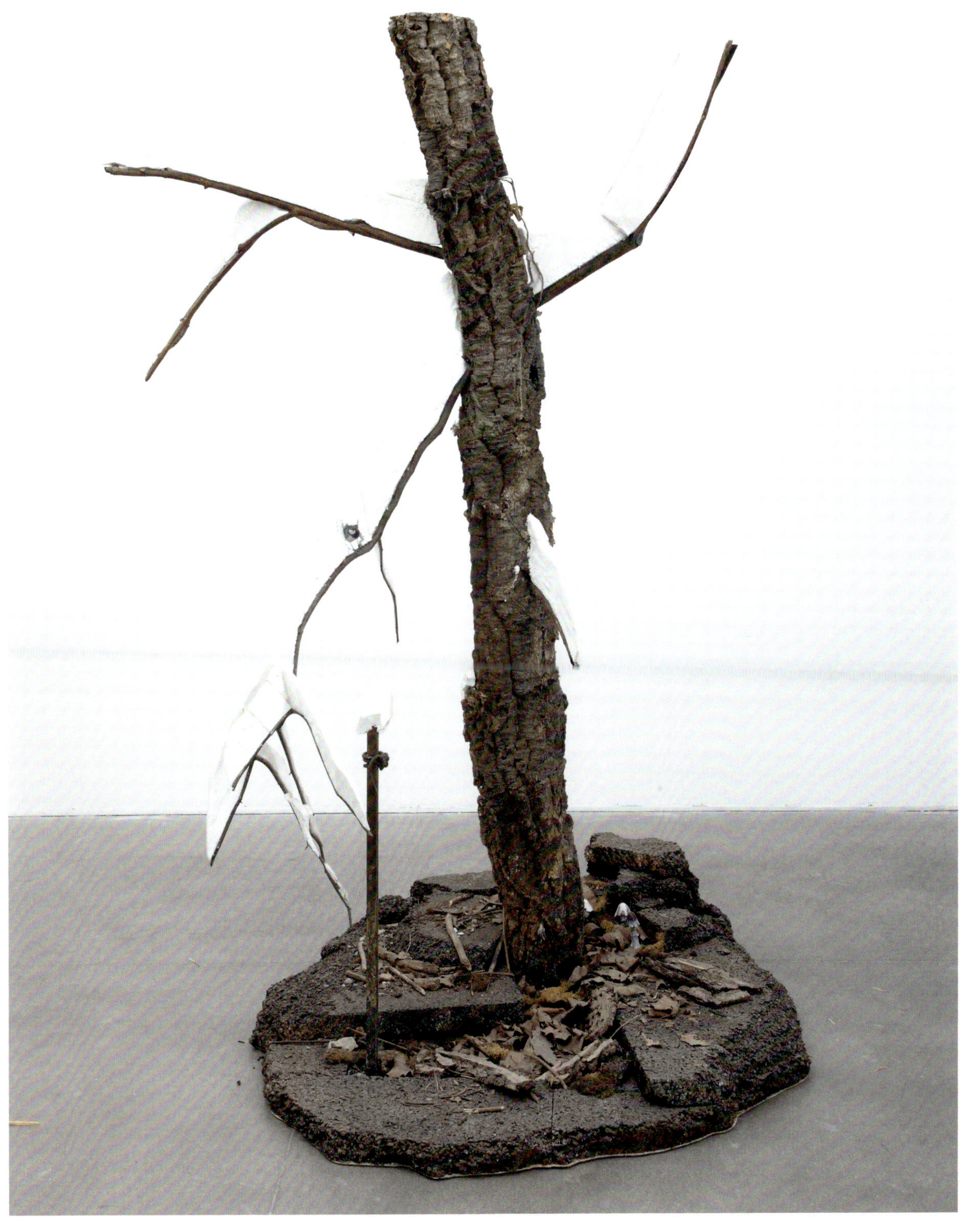

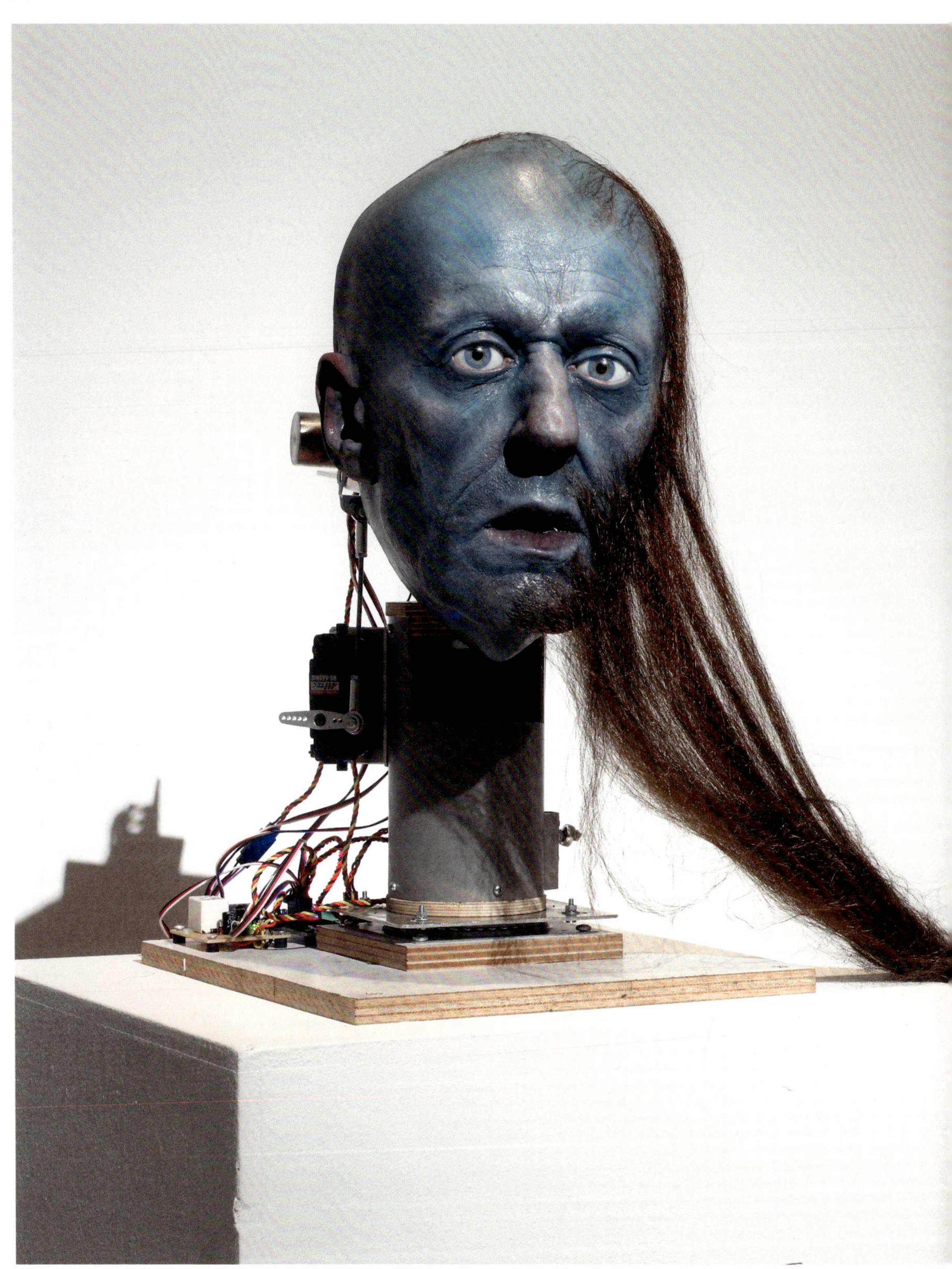

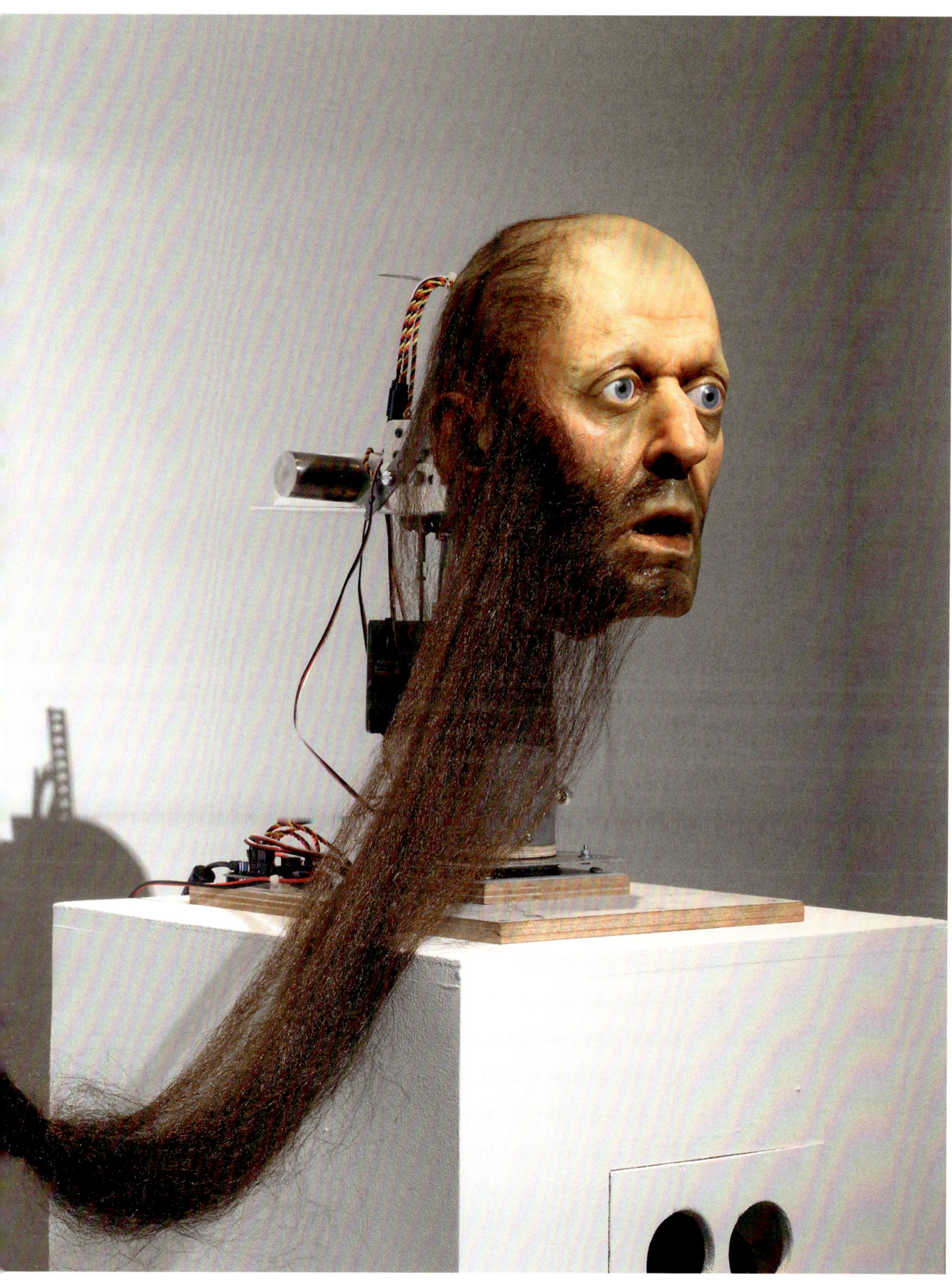

Nathaniel Mellors, *Hippy Dialectics (Ourhouse)*, 2010
Collezione Sandretto Re Rebaudengo

Leid

Stephanie Damianitsch

Leid ist eine menschliche Grunderfahrung und das Gefühl intensiven seelischen oder körperlichen Schmerzes. Das griechische Wort „páthos" bzw. der lateinische Begriff „passio" bezeichnet das passive Empfangen oder Erleiden von etwas im Bereich der psychischen oder leibgebundenen Wahrnehmung, sodass diese Vorstellung in einem Naheverhältnis zu Schmerz, Verletzung und Krankheit mit Betonung auf der mangelnden Kontrolle über sich selbst steht.[1] Während man das eigene Leid mehr als alles andere scheut, geht von dem sichtbaren Schmerz anderer seit je eine unheimliche Faszination aus. Sie ist Thema der Tragödientheorie ebenso wie der zeitgenössischen Philosophie – so etwa der „passion reélle" eines Alain Badiou –, lässt sich jedoch auch in der Populärkultur (man denke an den Erfolg der Horror- oder Splattermovies) nachvollziehen.

Einem Horrorfilm scheint Jake und Dinos Chapmans Installation *Cyber Iconic Man* entrissen, die jedoch auf der jahrzehntelangen Auseinandersetzung des Brüderpaares mit Francisco de Goyas Grafikserie *Los Desastres de la Guerra* (1810–1814) basiert und die Aktualität der darin explizit gemachten Grenzenlosigkeit und Grausamkeit körperlicher Gewalt sowie des dadurch verursachten Leids unterstreicht.

Folter und Marter sind von jeher verbunden mit der Durchsetzung von Macht und Kontrolle über andere Menschen. Der Körper, dem Leid zugefügt werden kann, wird damit jedoch auch zum Medium des Widerstandes – das eindringlichste Beispiel in unserer Kultur ist der Leidensweg Christi, die Passion. Diesem folgte der heilige Sebastian nach, ein Hauptmann der römischen Prätorianergarde, der sich unter Kaiser Diokletian öffentlich zum Christentum bekannte, wofür er von numidischen Bogenschützen getötet werden sollte. Paolo Veronese zeigt den Märtyrer in leidender Abwehrgeste, dennoch hat er den Blick zum Himmel gerichtet. Entsprechend dem christlichen Schmerzenskult wird körperliches Leid zur Erfahrung einer intensiv empfundenen Innerlichkeit oder einer Offenbarung von Transzendenz umgedeutet. Im Zustand angespannter Passion befinden sich auch die Bogenschützinnen in Fiona Tans Videoinstallation *Saint Sebastian*, die an der Toshiya-Zeremonie in Kyoto, einem Initiationsritus am Übergang von der Kindheit zum Erwachsensein, teilnehmen. In positiver Wendung wird in dieser Arbeit – die durch ihren Titel eine assoziative Verbindung zu Paolo Veroneses Werk aufbaut – aus dem Leid die Leidenschaft, aus der Passion die – wenngleich teilweise als schmerzhaft erfahrene – Hingabe an eine Sache oder ein übergeordnetes Ziel.

Zugeschrieben:
Paolo Caliari, gen. Veronese
Hl. Sebastian
Um 1565 (Detail)
S. 132

1 Vgl. Dieter Kliche, „Passion/Leidenschaft", in: Karlheinz Barck u. a. (Hg.), *Ästhetische Grundbegriffe*, Bd. 4, Stuttgart/Weimar 2005, S. 684.

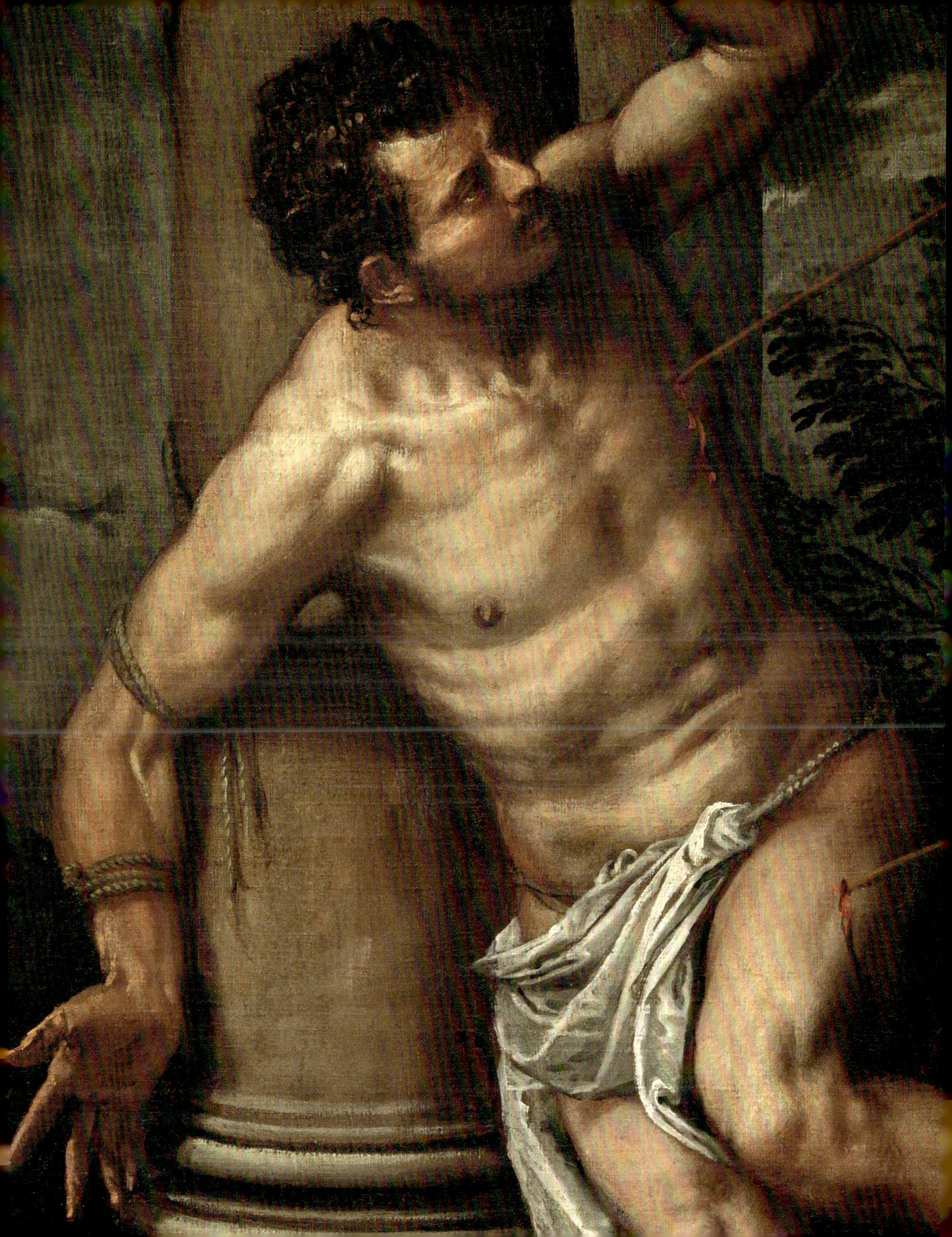

Fiona Tan
Saint Sebastian, 2002 (Installationsansicht)
Collezione Sandretto Re Rebaudengo

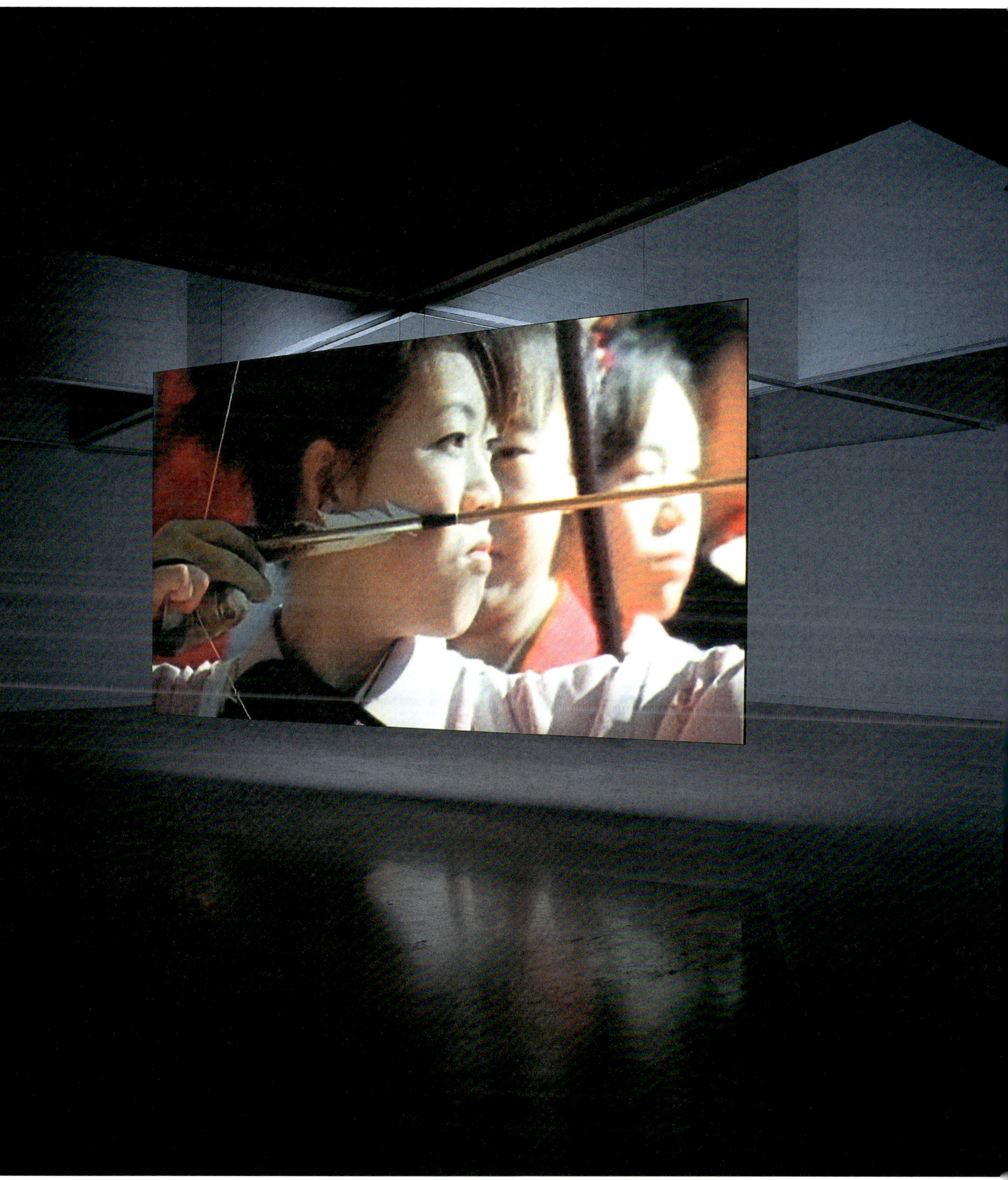

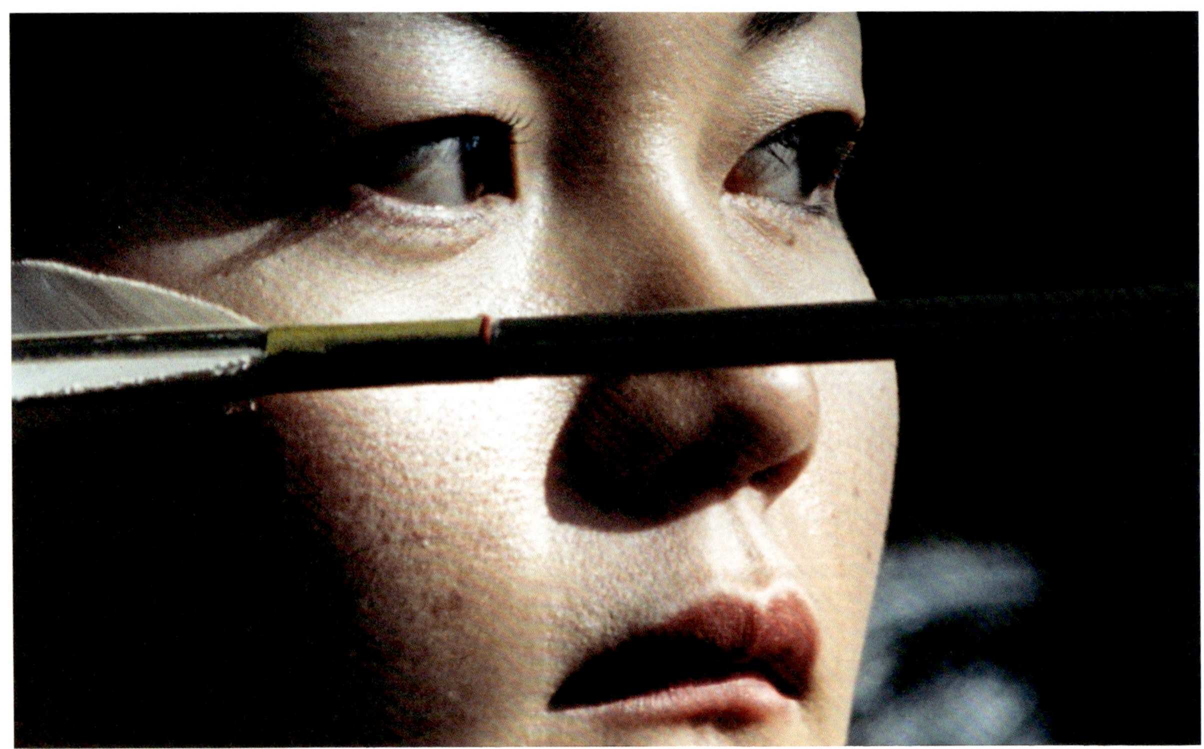

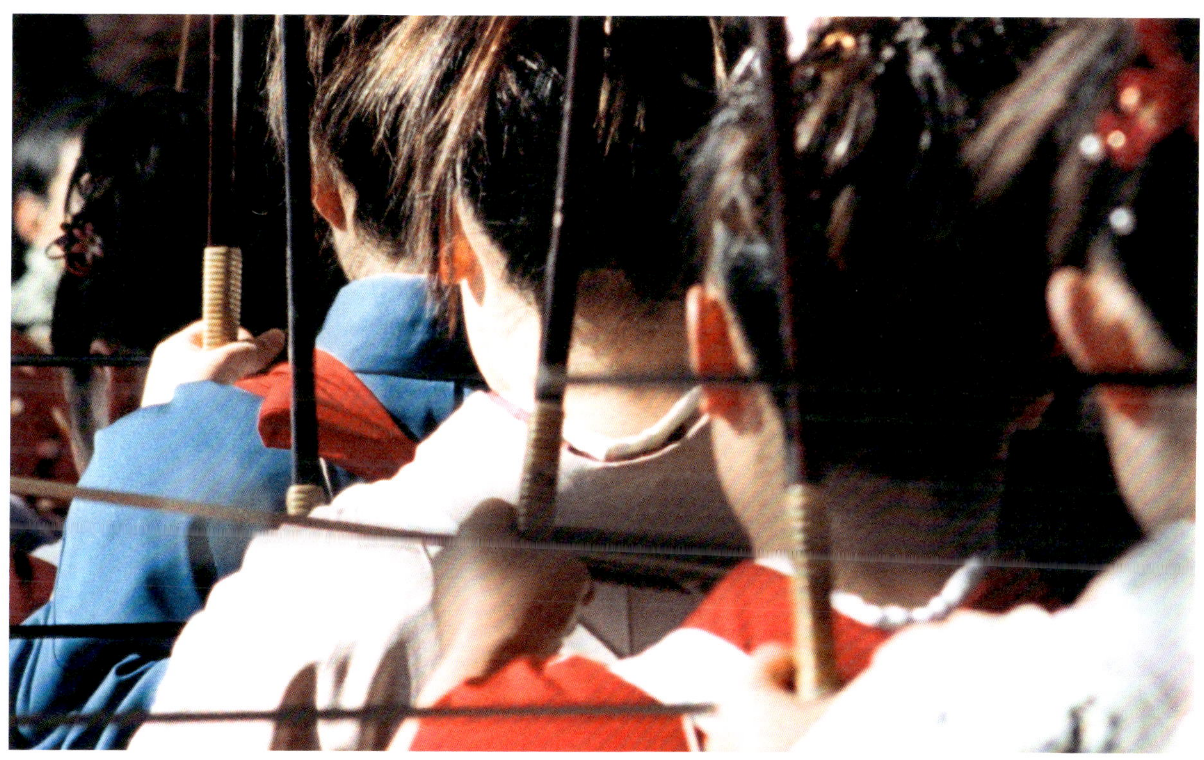

Fiona Tan, *Saint Sebastian*, 2002 (Videostills)
S. 129

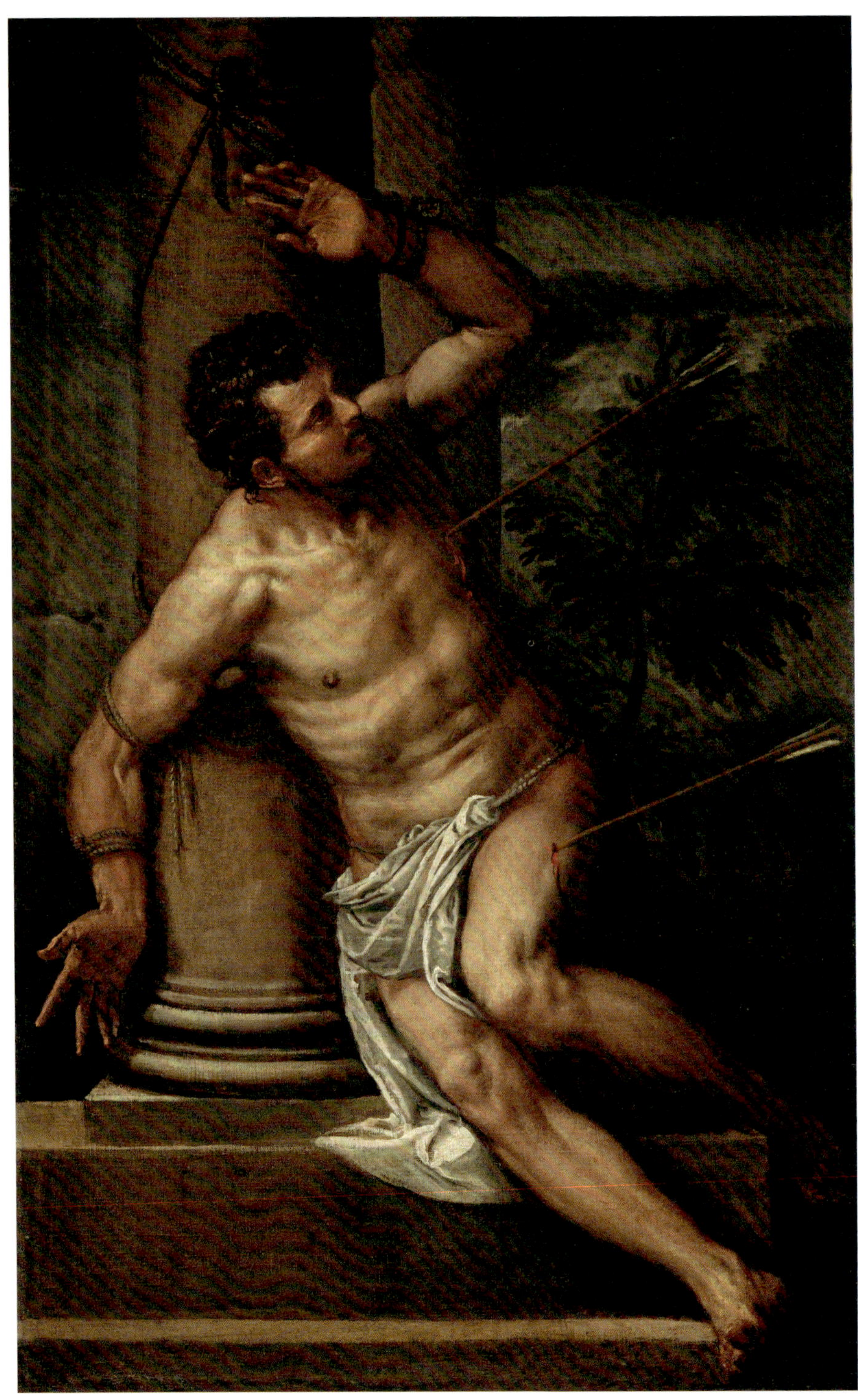

Zugeschrieben: **Paolo Caliari, gen. Veronese**, *Hl. Sebastian*, um 1565
Kunsthistorisches Museum Wien, Gemäldegalerie

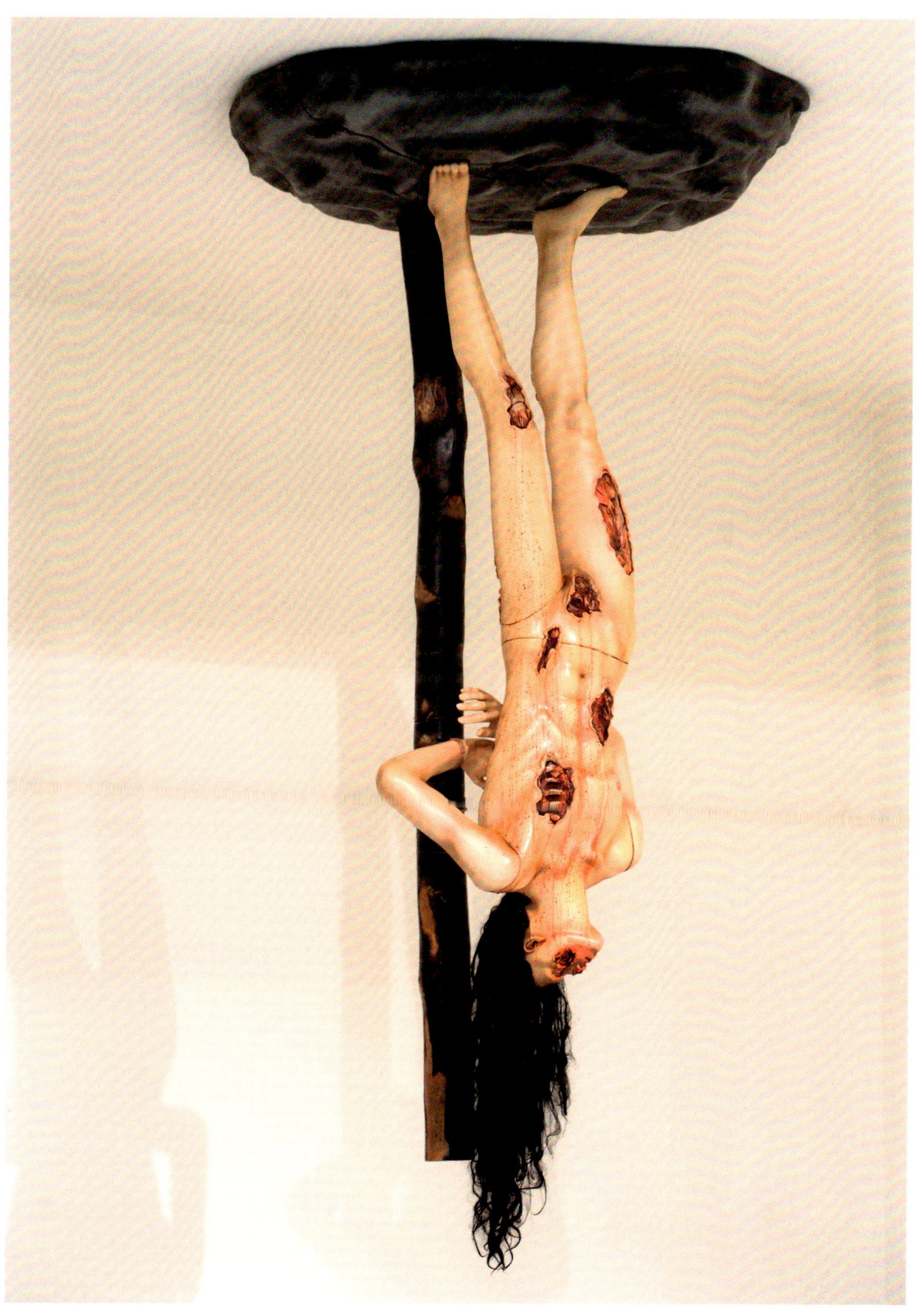

Jake und Dinos Chapman, *Cyber Iconic Man*, 1996 (Installationsansicht)
Collezione Sandretto Re Rebaudengo

Zorn

Alexandra Hennig

Von einer der elementarsten und affektintensivsten Gemütsbewegungen, dem erbitterten Zorn, über Wut und Raserei bis zu deren Überschlag bzw. der Umkehrung der negativ behafteten Emotionen im kreativen Ausbruch des Furors spannt dieses Kapitel sowohl zeitlich als auch thematisch einen weiten Bogen: von der kleinen etruskischen Statuette der angreifenden Athena bis zu der düsteren Arbeit des zeitgenössischen italienischen Künstlers Roberto Cuoghi. In Cuoghis Werk taucht aus der dichten Finsternis des Hintergrundes eine gehörnte Kreatur auf, ein geschundenes glutäugiges Mischwesen, dessen vorkragender Schädel Unheil zu verheißen scheint. Man könnte meinen, Cuoghis verstörendes Geschöpf, das an Goyas *Der Schlaf der Vernunft gebiert Ungeheuer* (*Los Caprichos*, 1793–1799) erinnert, sei in seiner Monstrosität einem Alptraum entsprungen.

Im Gegensatz dazu präsentiert der römische Marmorkopf des wegen seiner Grausamkeit und Mordlust legendären Kaisers Commodus im Stile der griechischen Philosophen mit ruhigen Gesichtszügen und Lockenpracht einen Bildnistypus, der in Widerspruch zu den Überlieferungen von Gewaltexzessen und blutrünstigen Vergnügungen steht, denen der Sohn des Marc Aurel gefrönt haben soll. Größten Respekt vor einem würdigen Herrscher und tapferen Feldherrn hingegen drückt der prächtige Medusenschild aus, den Kaiser Karl V. von seinem Bruder Ferdinand I. als Erinnerung an seinen Afrikafeldzug geschenkt bekommen hat und der ihn zu einem neuen Perseus stilisiert. Durch den zornigen Blick des Schlangenhauptes der Medusa erstarren Perseus' Gegner zu Stein. Ein spiegelnder Schild ist es auch, mit dem Pallas Athene Perseus zuvor ausgestattet hat, damit er die ihr verhasste Medusa tötet, die, einst jung und schön, Poseidon verführt hat.

„An die Pathosformel angepasst, äußert das Prinzip des Gegensatzes sich in Prozessen, die Warburg als ‚Bedeutungsinversion' oder ‚energetische Inversion' bezeichnet."[1] Begrifflich ist eine derartige Bedeutungsinversion im Wort „Furor" angelegt, das sowohl wütende Raserei bezeichnet als auch im Sinne des „Furor poeticus" nach antiker (platonischer) Auffassung einen ekstatischen Zustand, etwa den kreativen Rausch des Dichters. Als dem dionysischen Überschwang verpflichtet präsentiert sich Matthew Barneys opernhaftes Gesamtkunstwerk der *Cremaster*-Serie, das an Bildmächtigkeit kaum zu überbieten ist und in Diego Perrones Video einer Opernsängerin, die in sich stetig steigernden Vokalen das Vibrato ihrer Stimmbänder trainiert, ein vergleichbar pathetisches Pendant findet.

1 Georges Didi-Huberman, *Das Nachleben der Bilder. Kunstgeschichte und Phantomzeit nach Aby Warburg*, Berlin 2010, S. 270.

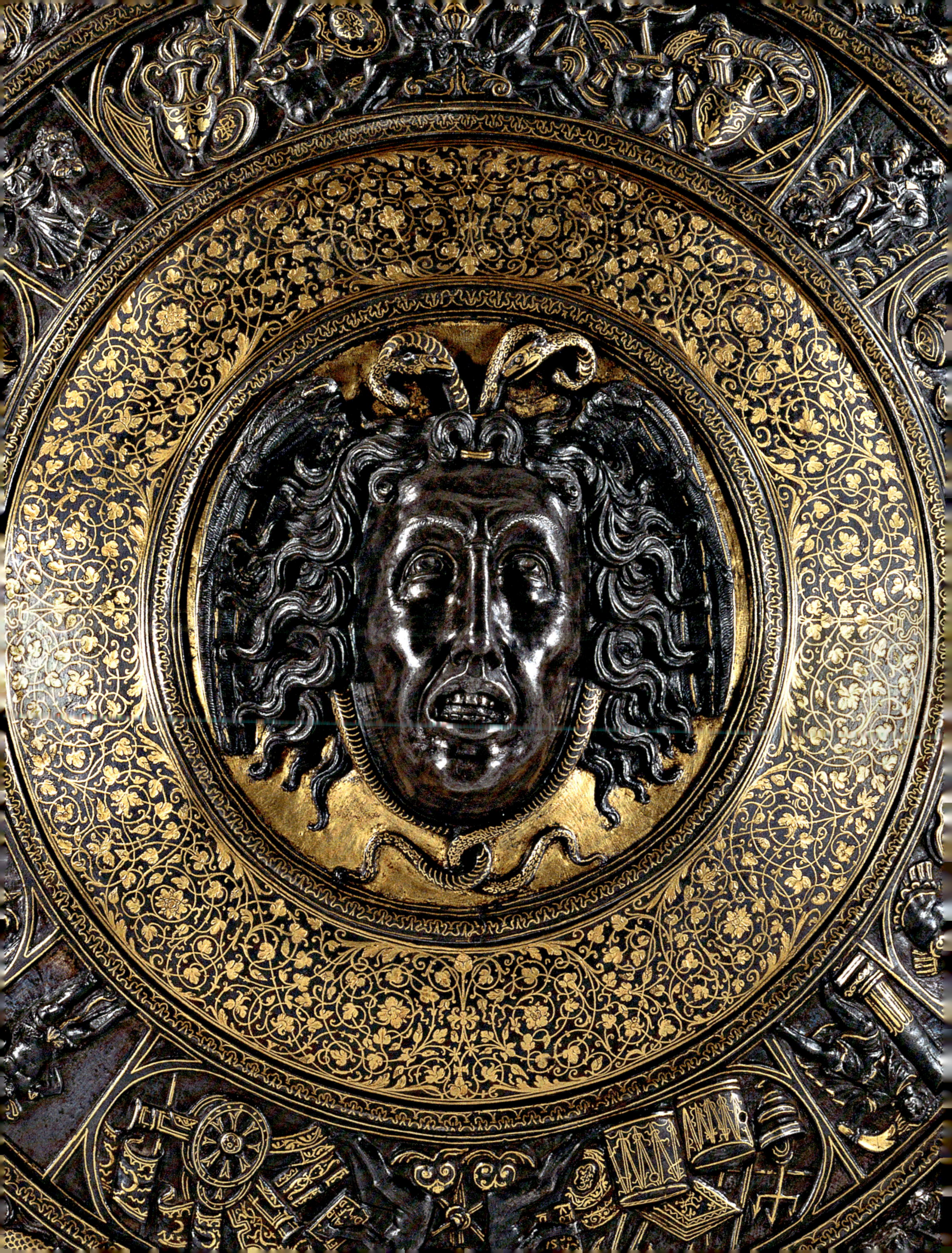

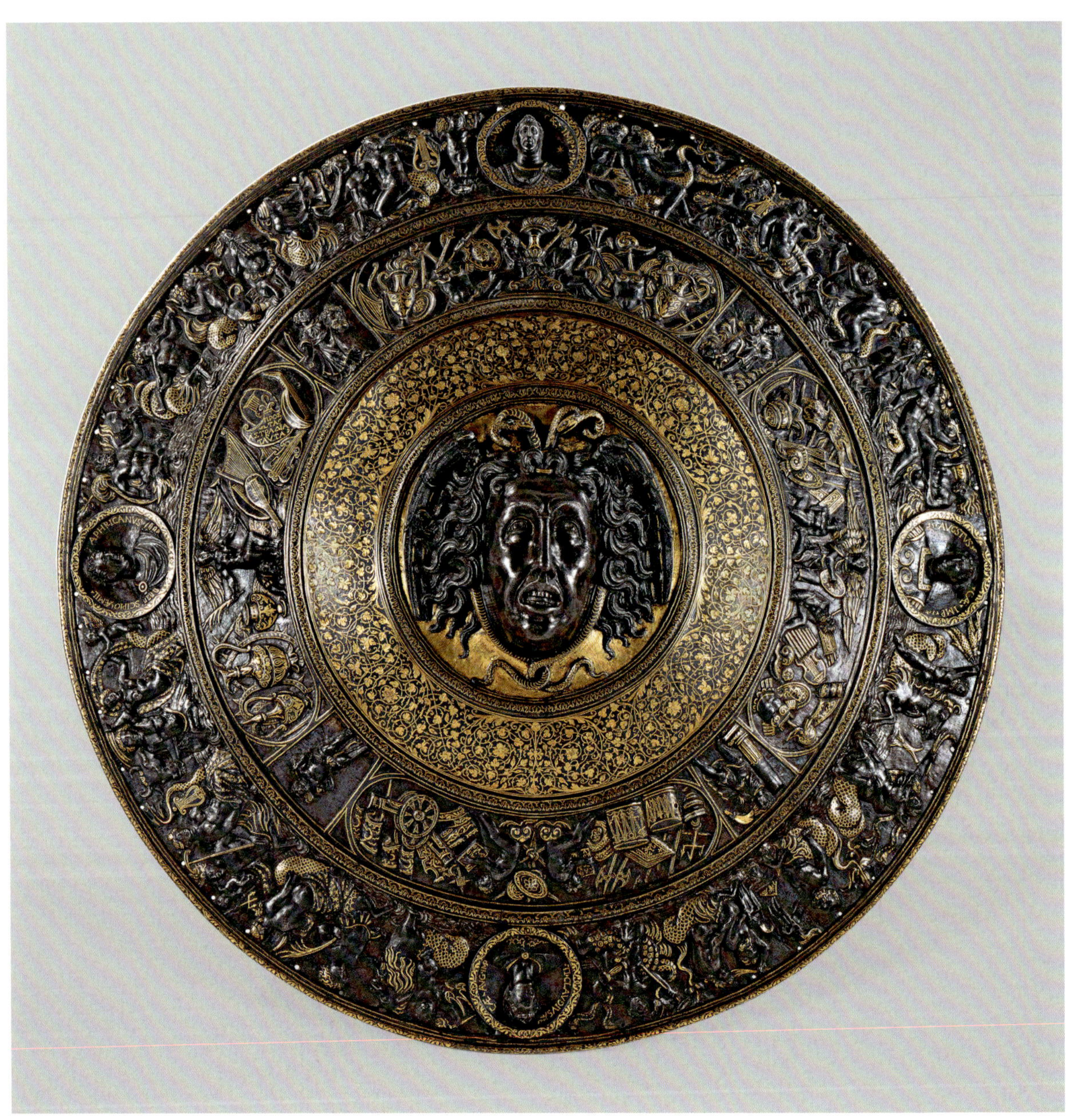

Anonym (Nachfolge Filippo Negroli)
Rundschild (Medusenschild) aus einem All'antica-Ensemble mit Sturmhaube, um 1541
Kunsthistorisches Museum Wien, Hofjagd- und Rüstkammer

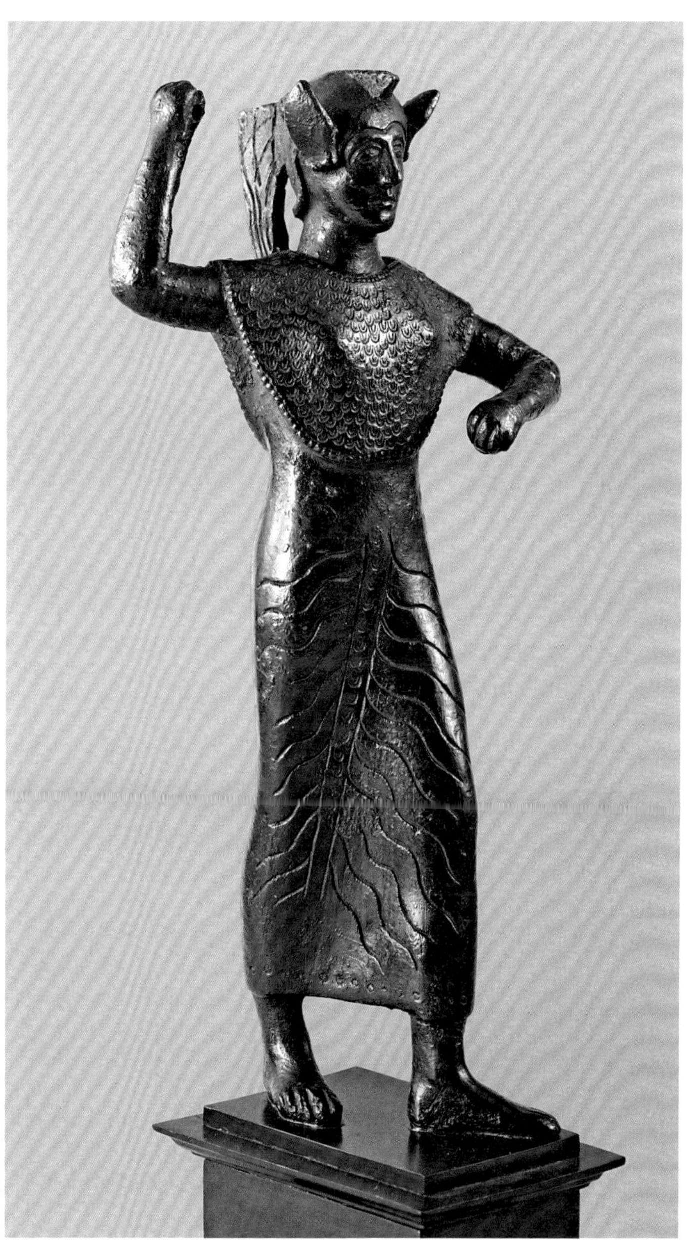

Anonym
Statuette: *Angreifende Athena (etruskisch: Menerva)*, 1. Hälfte 5. Jh. v. Chr.
Kunsthistorisches Museum Wien, Antikensammlung / Ephesosmuseum

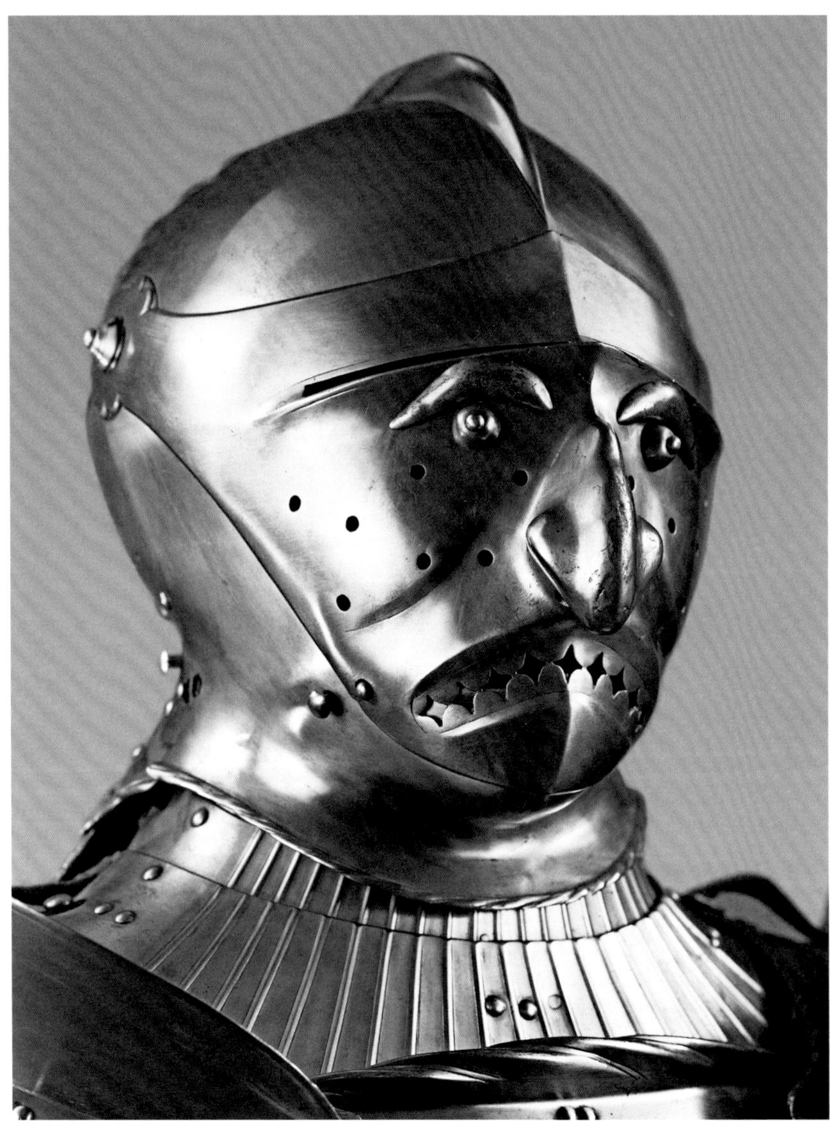

Anonym, *Helm eines Riefelkürisses*, um 1525/30
Kunsthistorisches Museum Wien, Hofjagd- und Rüstkammer

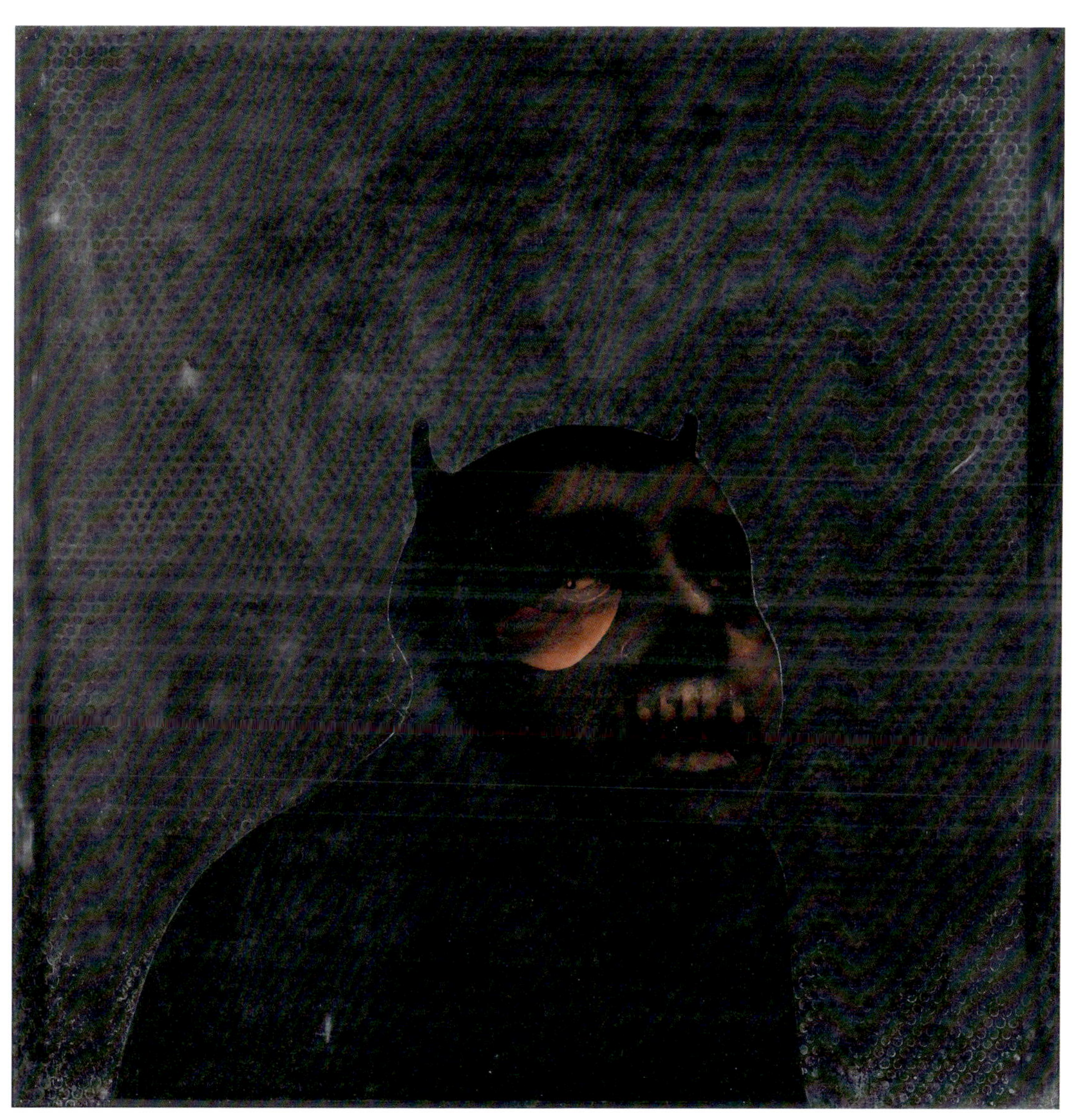

Roberto Cuoghi, *Untitled*, 2004
Collezione Sandretto Re Rebaudengo

Anonym, Porträtkopf: *Kaiser Commodus*, 180–192 n. Chr.
Kunsthistorisches Museum Wien, Antikensammlung/Ephesosmuseum

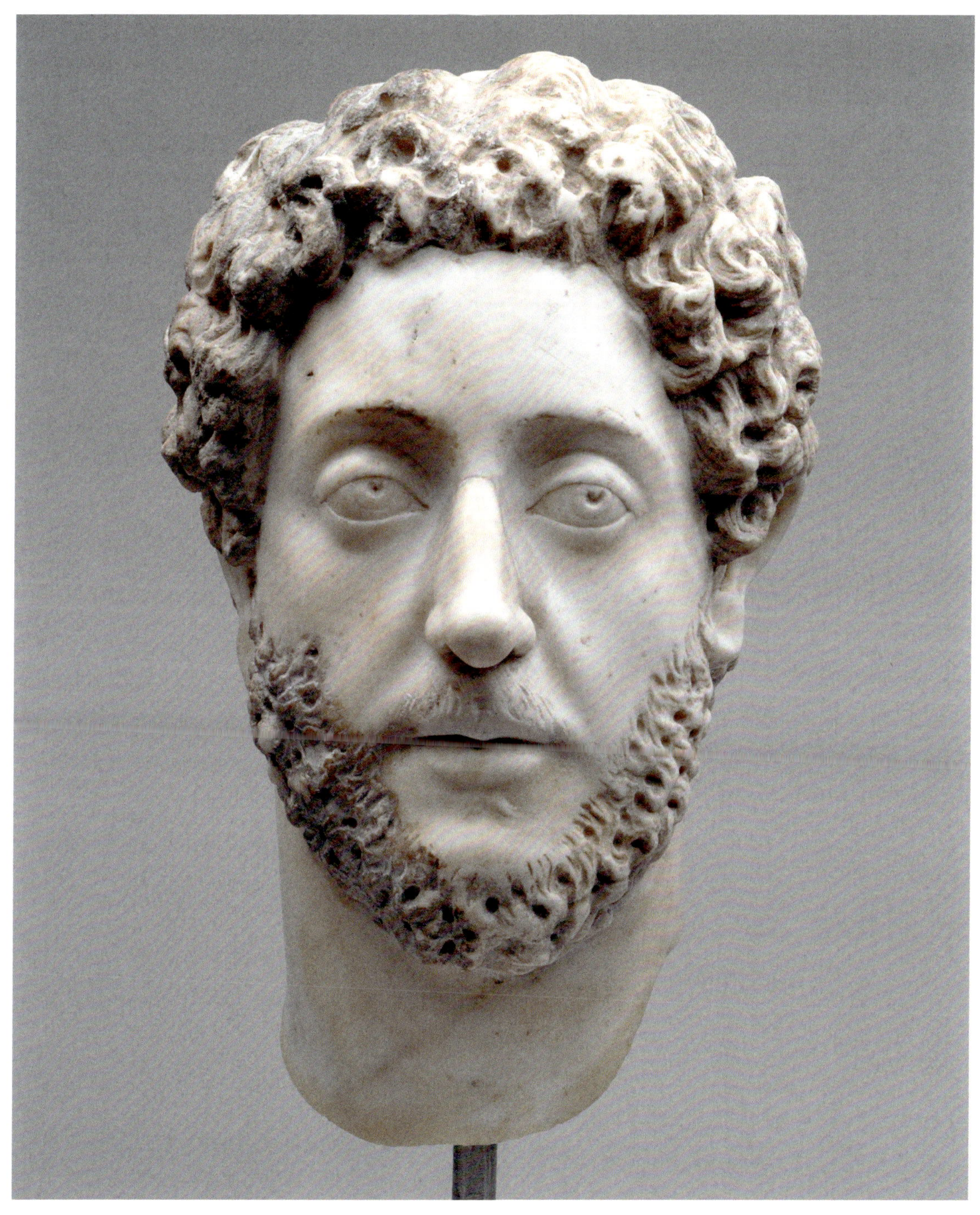

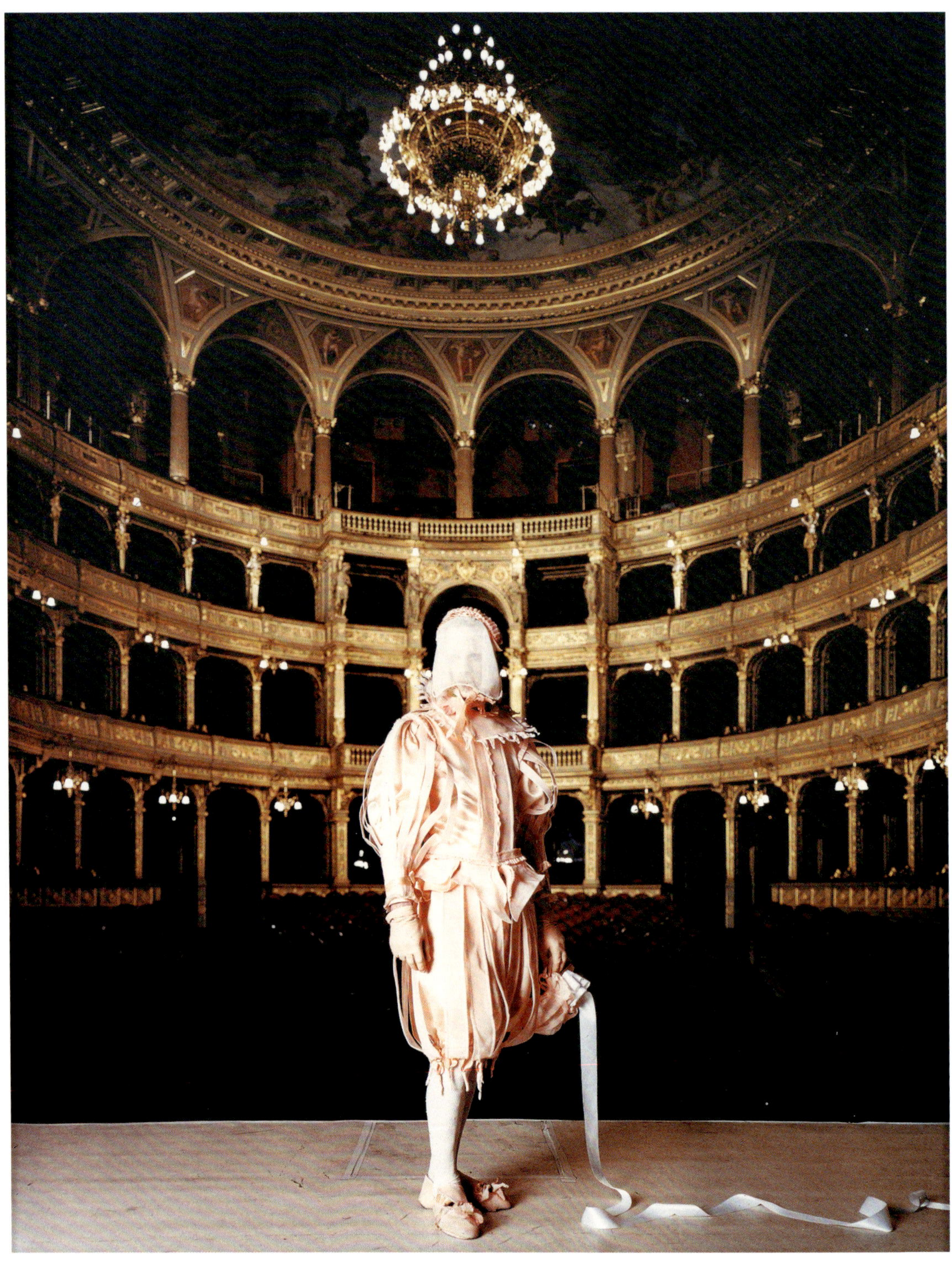

Matthew Barney, *Cremaster 5: Her Diva*, 1997
Collezione Sandretto Re Rebaudengo

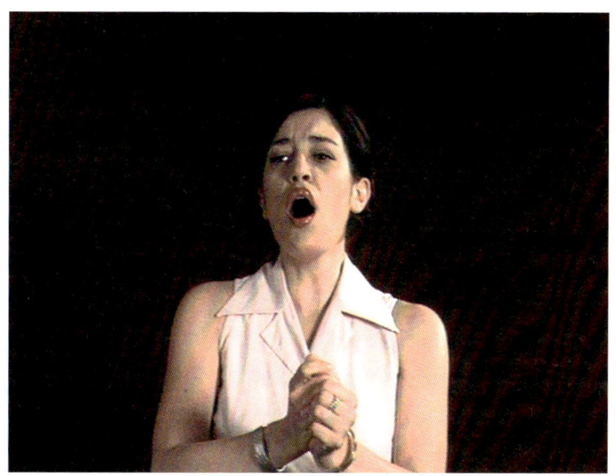

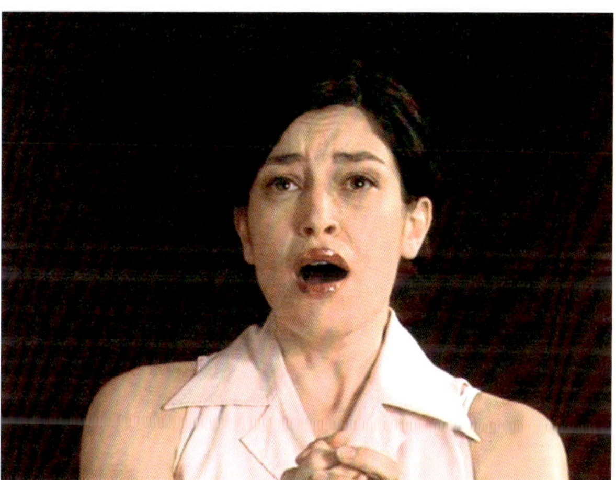

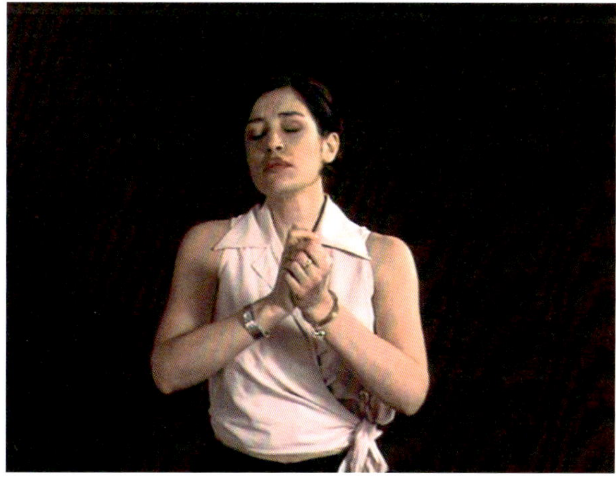

Diego Perrone, *La ginnastica mi spezza il cuore*, 2000 (Videostills)
Collezione Sandretto Re Rebaudengo

Einsamkeit

Alexandra Hennig

In Zeiten einer wachsenden Zahl von Singlehaushalten verbindet man mit dem Begriff der Einsamkeit hauptsächlich negative Assoziationen wie Vereinzelung und soziale Isolation.
Die Sozialwissenschaften verstehen Einsamkeit als Gefangenschaft in sich selbst, als Mangel an sozialen Kontakten, ja sogar als Vorstufe zur Depression. Anders und weiter gefasst stellt sich der Begriff aus künstlerischer Sicht dar. Er öffnet ein gedankliches Spektrum, das sich nicht auf die dunklen Seiten der krank machenden Einsamkeit und Isolation, der Depression und Phobien beschränkt, sondern auch die selbst gewählte Abgeschiedenheit – den Rückzug – als geistige Erholungsstrategie umfasst, um Gedanken zu ordnen und Raum für Kreativität zu schaffen.
Unheimlich mutet die Fotoarbeit *Via Trieste #1* der jungen Turiner Künstlerin Maria Luisa Calosso an, die den Betrachter zum Eindringling in einer leeren Wohnung macht, zum Voyeur und unfreiwilligen Zeugen eines intimen und irritierenden Moments, dessen Pathos in der kinematografischen Spannung des statischen Bildes und dem Nichtwissen um das Davor und Danach liegt. Eine vergleichbar unauflösliche Spannung weist die Installation *White Trash / Phobic* von Tony Oursler auf. Zwei Puppen mit projizierten Gesichtern, die einander in einem verdunkelten Raum gegenüberstehen, setzen sich schreiend gegen die aufgezwungene Isolation zur Wehr. Mike Kelley, mit dem Tony Oursler für dieses Werk zusammenarbeitete, brachte die Kommunikationsarmut und klaustrophobische Enge wie folgt auf den Punkt: „You can't move, you're stuck, you can't breathe, you can't get out."
Den Übergang von der Schilderung der Isolation als psychischer Defekt zu dem in der Romantik geprägten Denkbild der inneren Einkehr bildet eine Fotografie mit auratischer Lichtregie, die eine nachgebaute Gefängniszelle zeigt. *Asylum* von James Casebere inszeniert eine Architektur der Absenz und Stille, deren Erhabenheit über das Thema hinauswirkend eine nahezu mönchisch-asketische Form von Einsamkeit und Rückzug transportiert. Ebenso einen Ort der Buße und Askese – in diesem Fall selbst gewählt – findet die heilige Maria Magdalena auf Francesco Albanis Gemälde in der Natur, wo sie die letzten 30 Jahre ihres Lebens ins Gebet versunken in einer Grotte verbringt. Gemäß dem Prinzip der Dynamik unbewusster Affekte bei Warburg spiegelt sich die selbstvergessene Hinwendung zum Gekreuzigten im „bewegten Beiwerk" – im Faltenwurf der dürftigen Bekleidung und dem offen getragenen, wallenden Haar. Selbstbestimmt und gelassen tritt uns hingegen der Junggeselle aus dem nordfinnischen Dorf Kuivaniemi in Esko Männikkös gleichnamiger Fotografie entgegen. In ihrem altmodischen Rahmen zeigt sie den Protagonisten, wie es in der Renaissance üblich war, inmitten vertrauter Gegenstände, die Rückschlüsse auf Beruf, Lebensstil und Persönlichkeit zulassen und ein ebenso sensibles wie respektvolles Bild eines Mannes in seinem kargen Reich am Rand der Gesellschaft und der bewohnten Welt zeichnen.
Im Zentrum dieses Kapitels steht die Installation des isländischen Künstlers Ragnar Kjartansson mit dem Titel *The End – Venezia*, bestehend aus 144 Bildnissen. Tag für Tag, für die Dauer der Biennale von Venedig 2009, malte Kjartansson in einem alten Palazzo, den er zum Atelier umfunktioniert hatte, ein Porträt ein und derselben Person. In unvergleichlicher Manier, mit Überzeugungskraft und Ausdauer nahm er den Habitus des einzelgängerischen, melancholischen und romantischen Künstlers an und stilisierte den inneren Rückzug in der konsequenten Reflexion seiner selbst, der Natur und der Kunst.

Esko Männikkö
Kuivaniemi
1991 (Detail)
Collezione Sandretto
Re Rebaudengo
S. 151

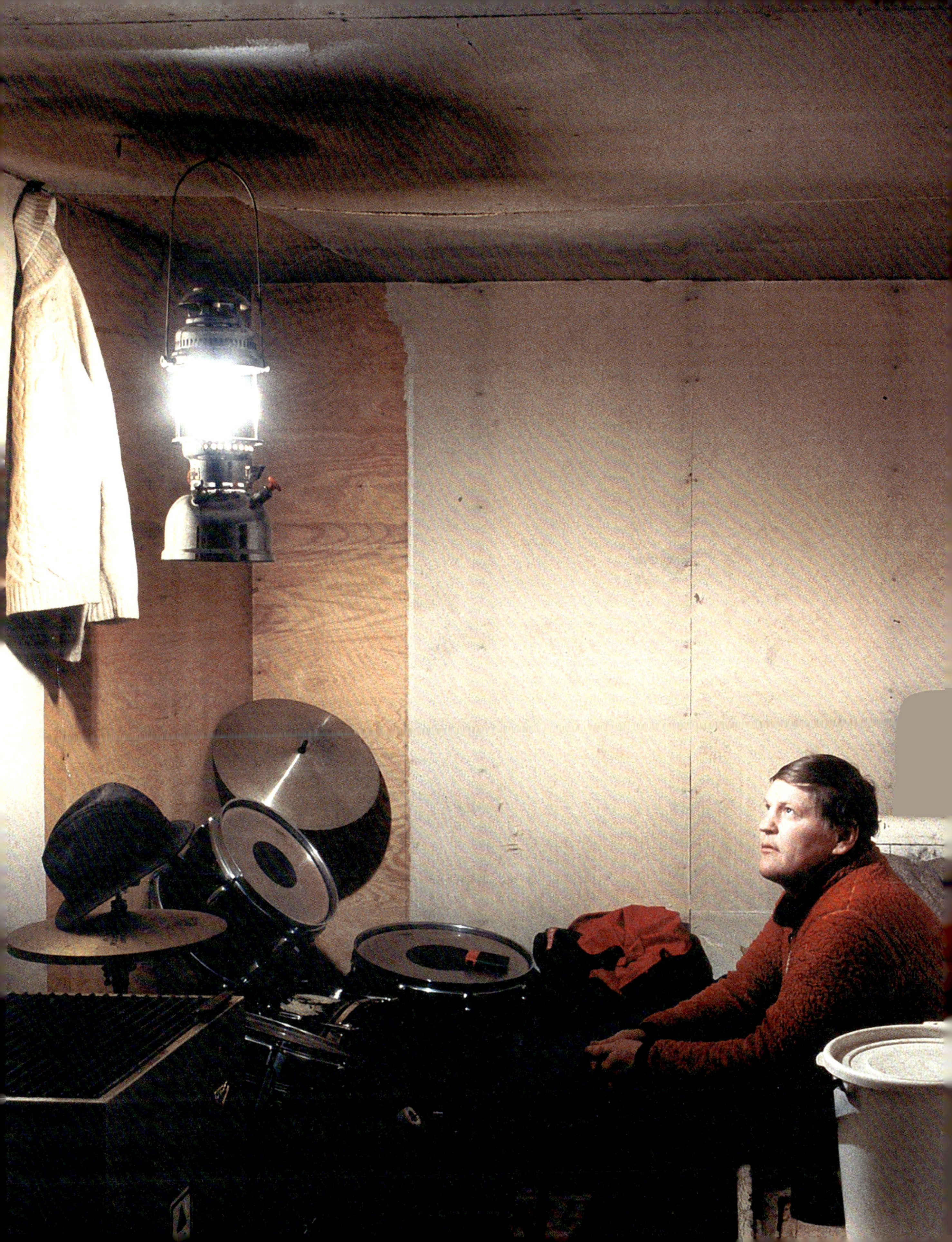

Zugeschrieben:
Francesco Albani
Büßende Maria Magdalena, um 1640 (?)
Kunsthistorisches Museum Wien, Gemäldegalerie

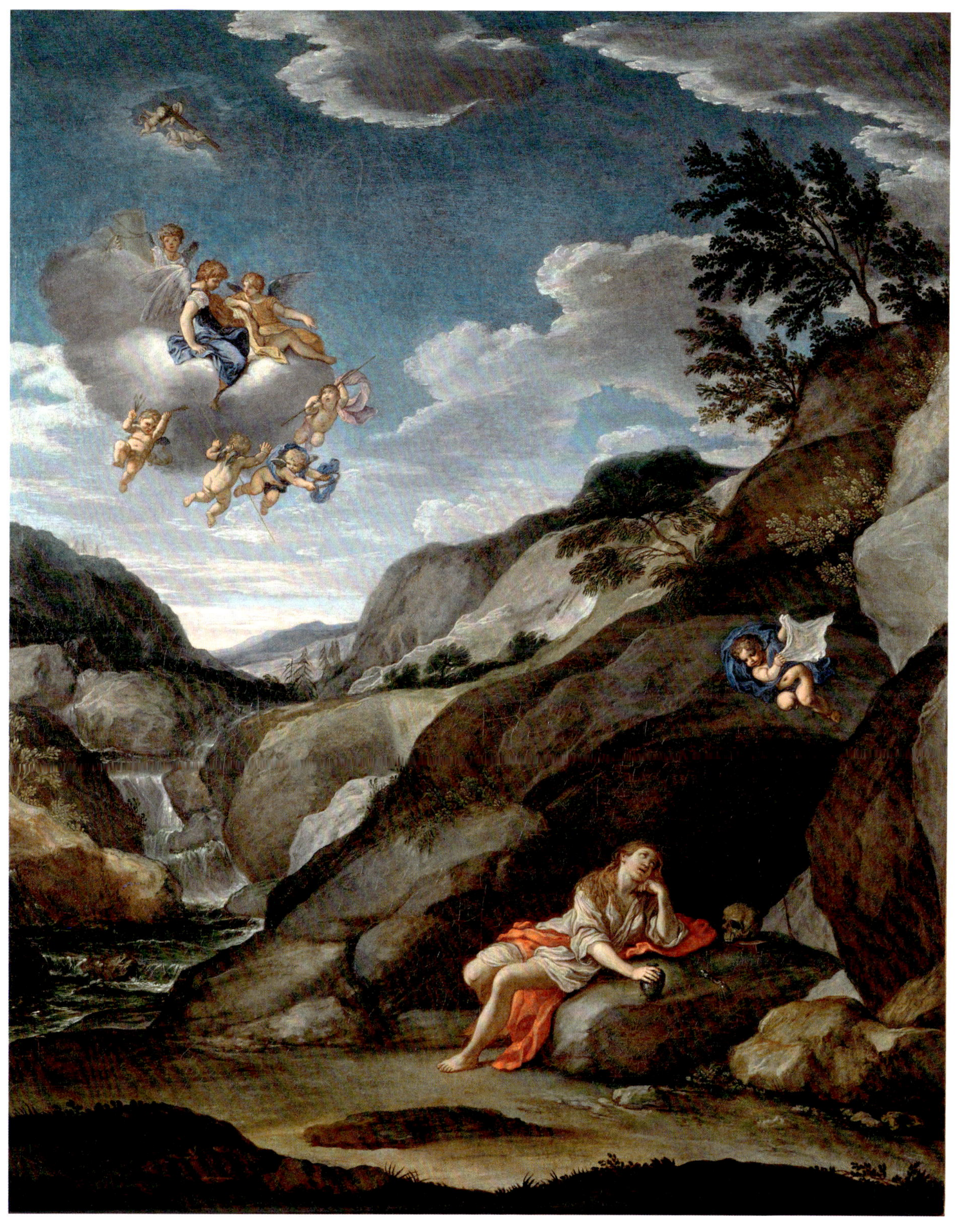

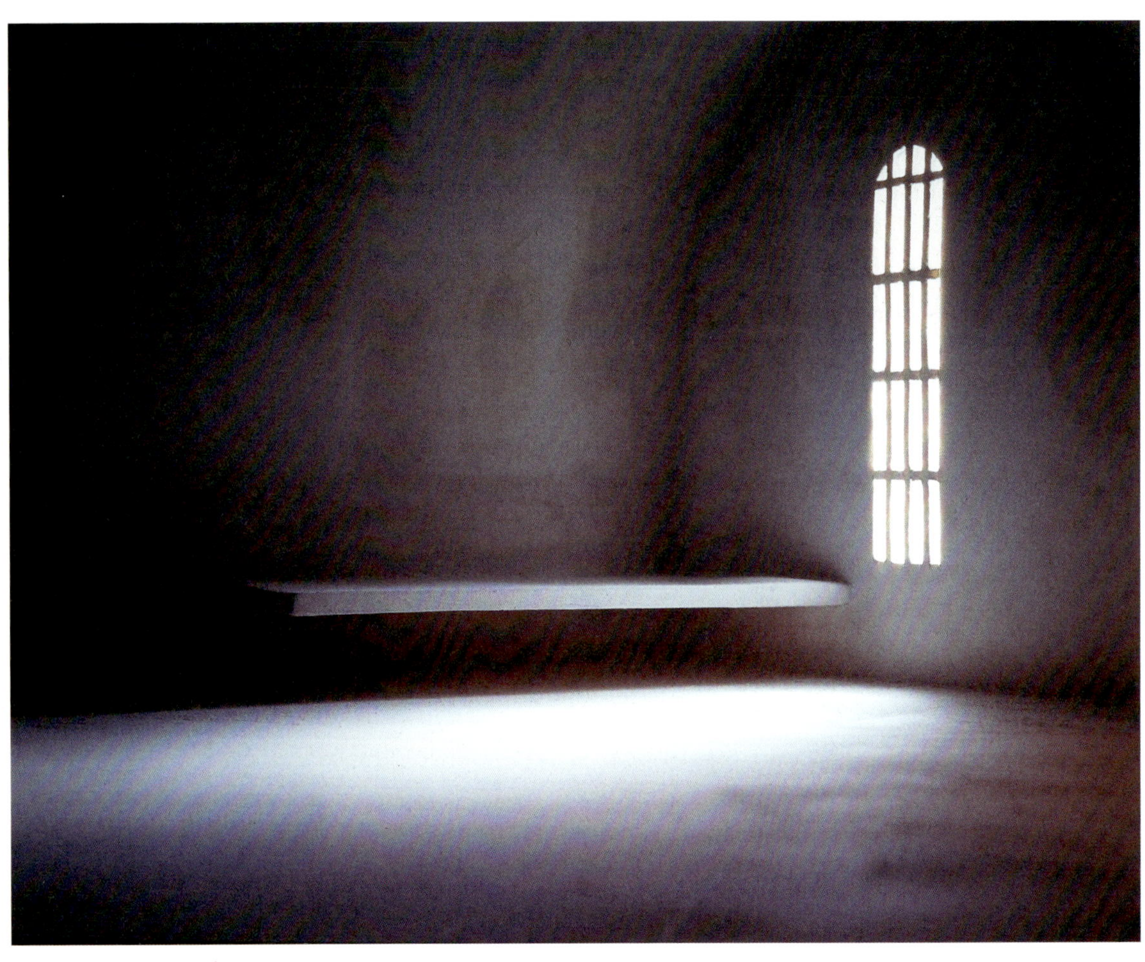

James Casebere, *Asylum*, 1994
Collezione Sandretto Re Rebaudengo

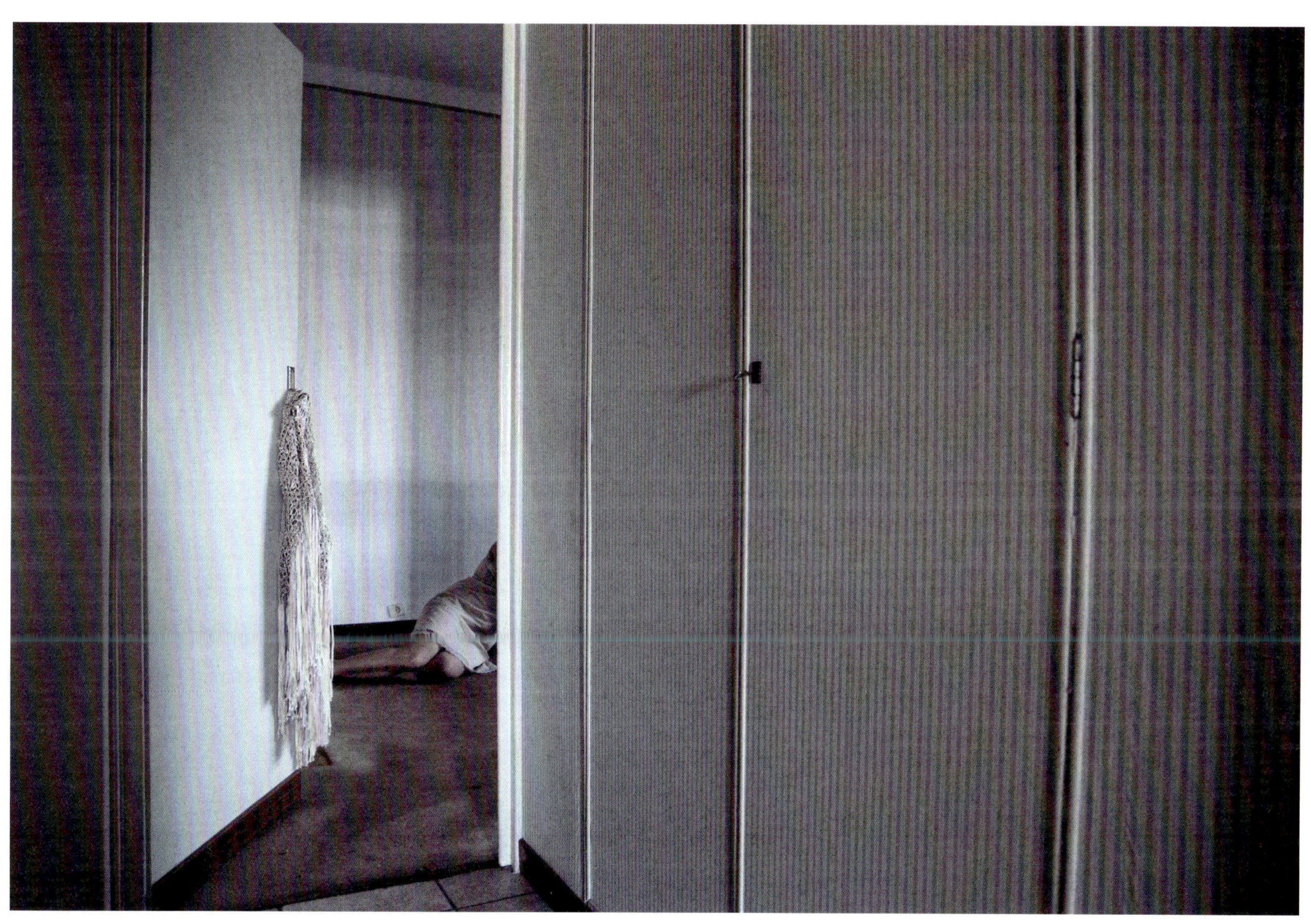

Maria Luisa Calosso, *Via Trieste #1*, 2009
Collezione Sandretto Re Rebaudengo

Esko Männikkö
Kuivaniemi, 1991
Collezione Sandretto Re Rebaudengo

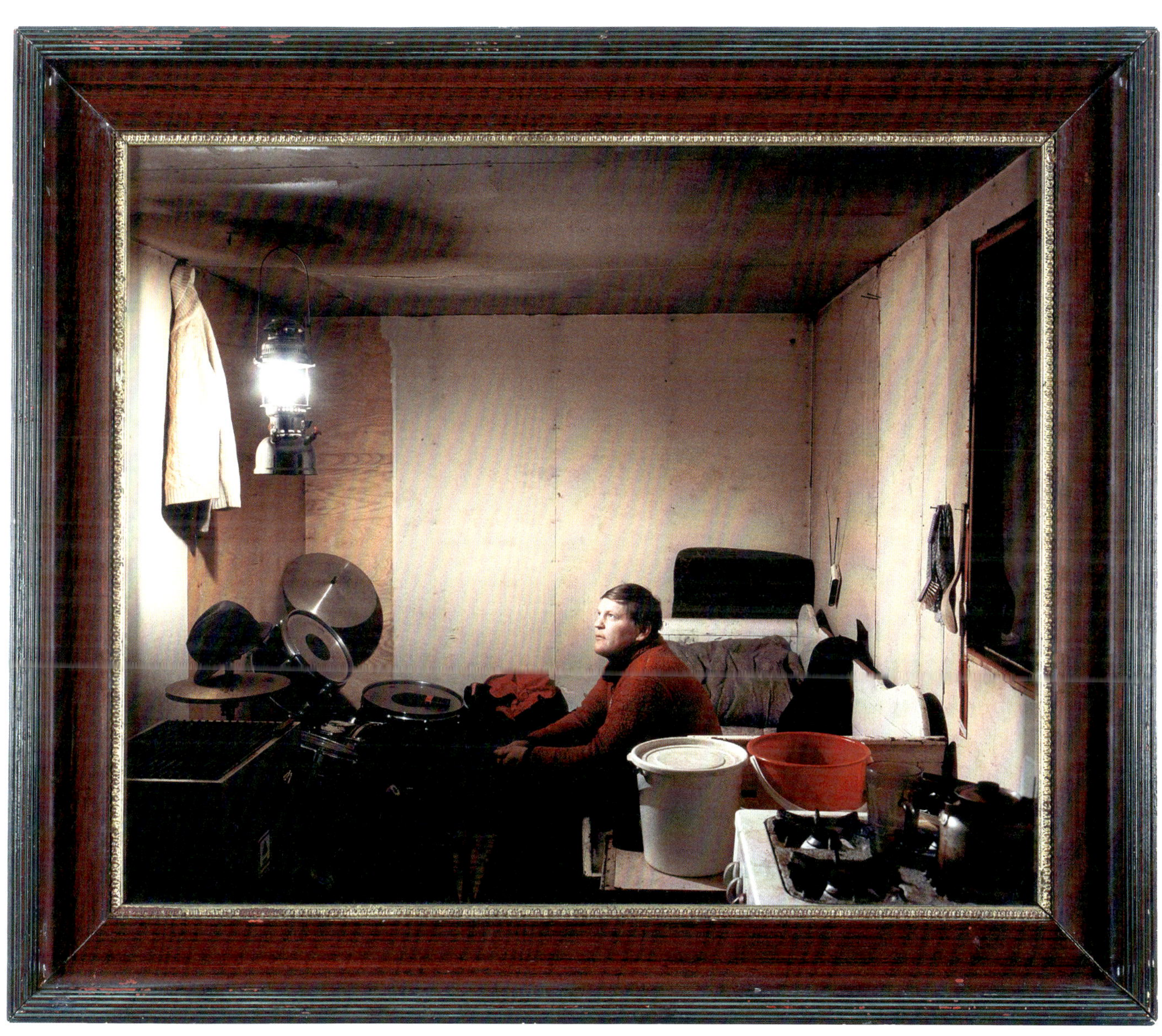

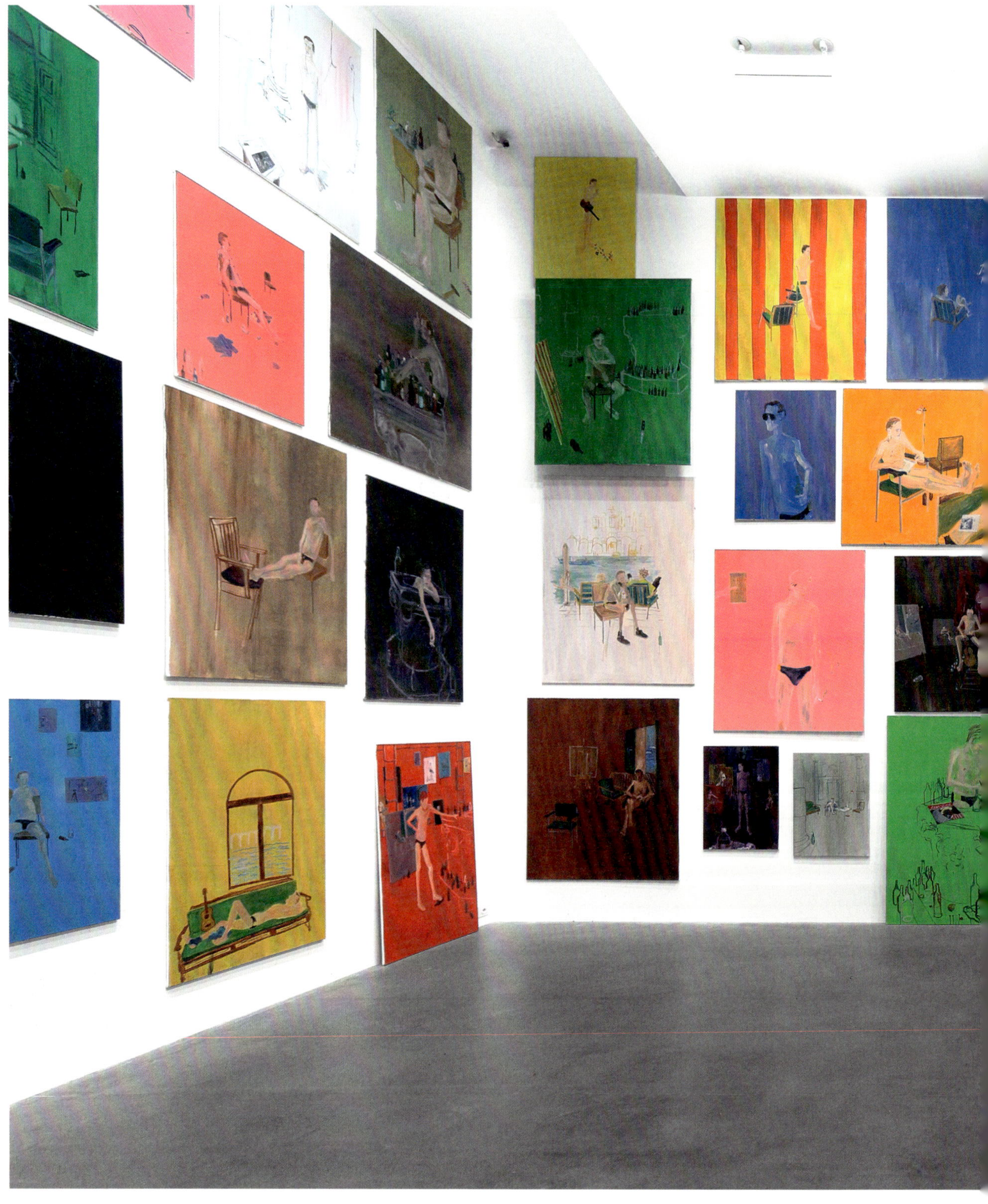

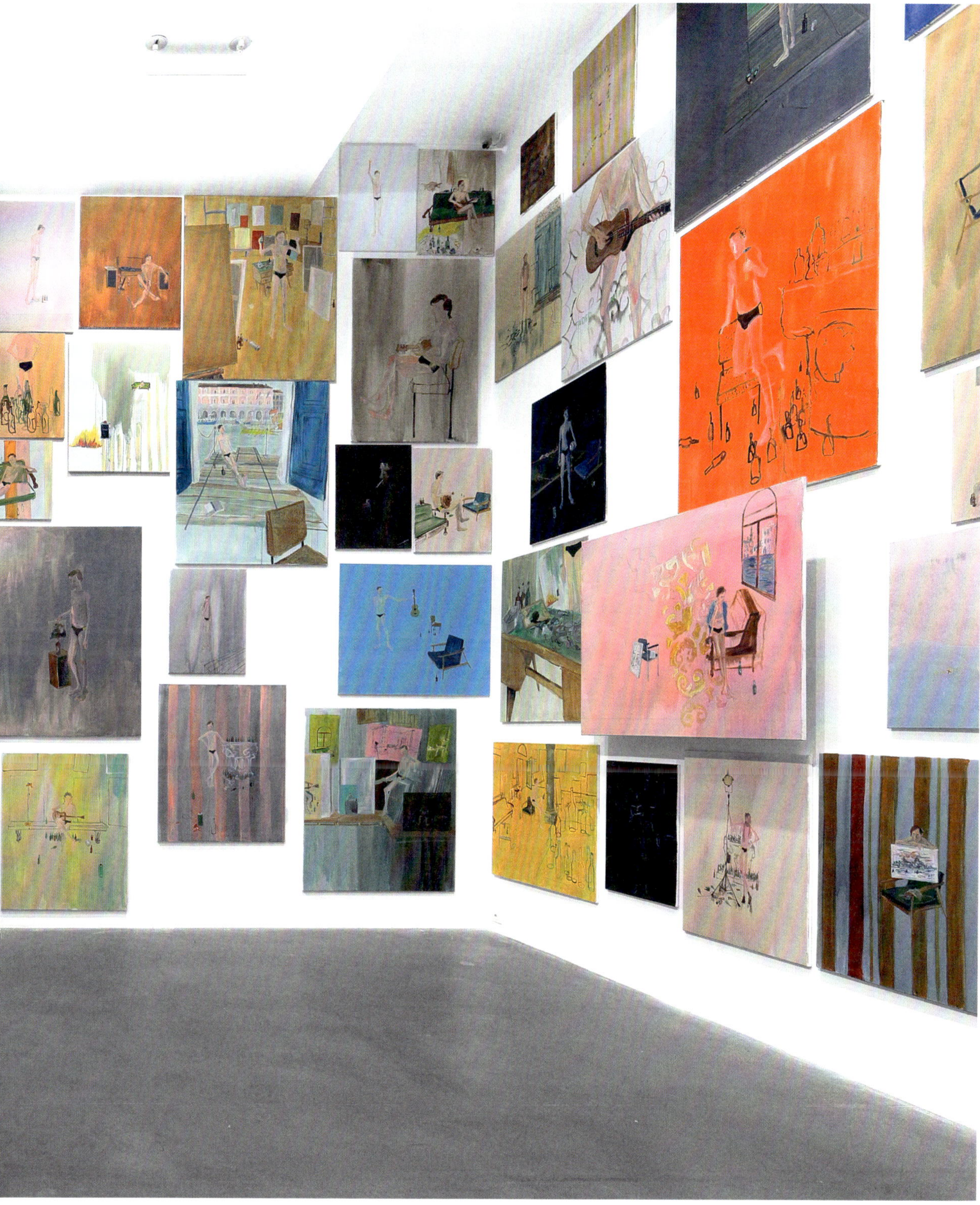

Ragnar Kjartansson, *The End – Venezia*, 2009 (Installationsansicht)
Collezione Sandretto Re Rebaudengo

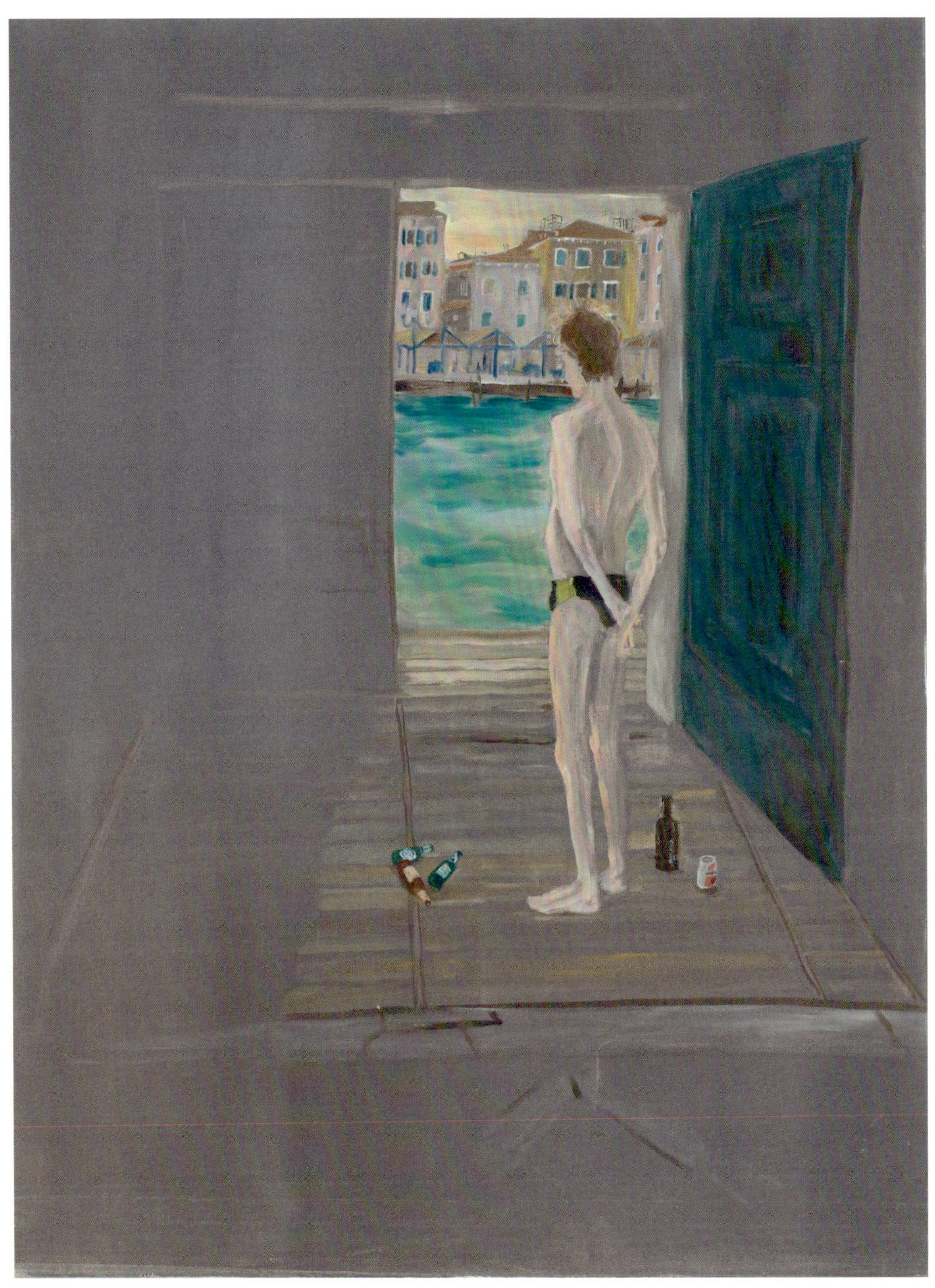

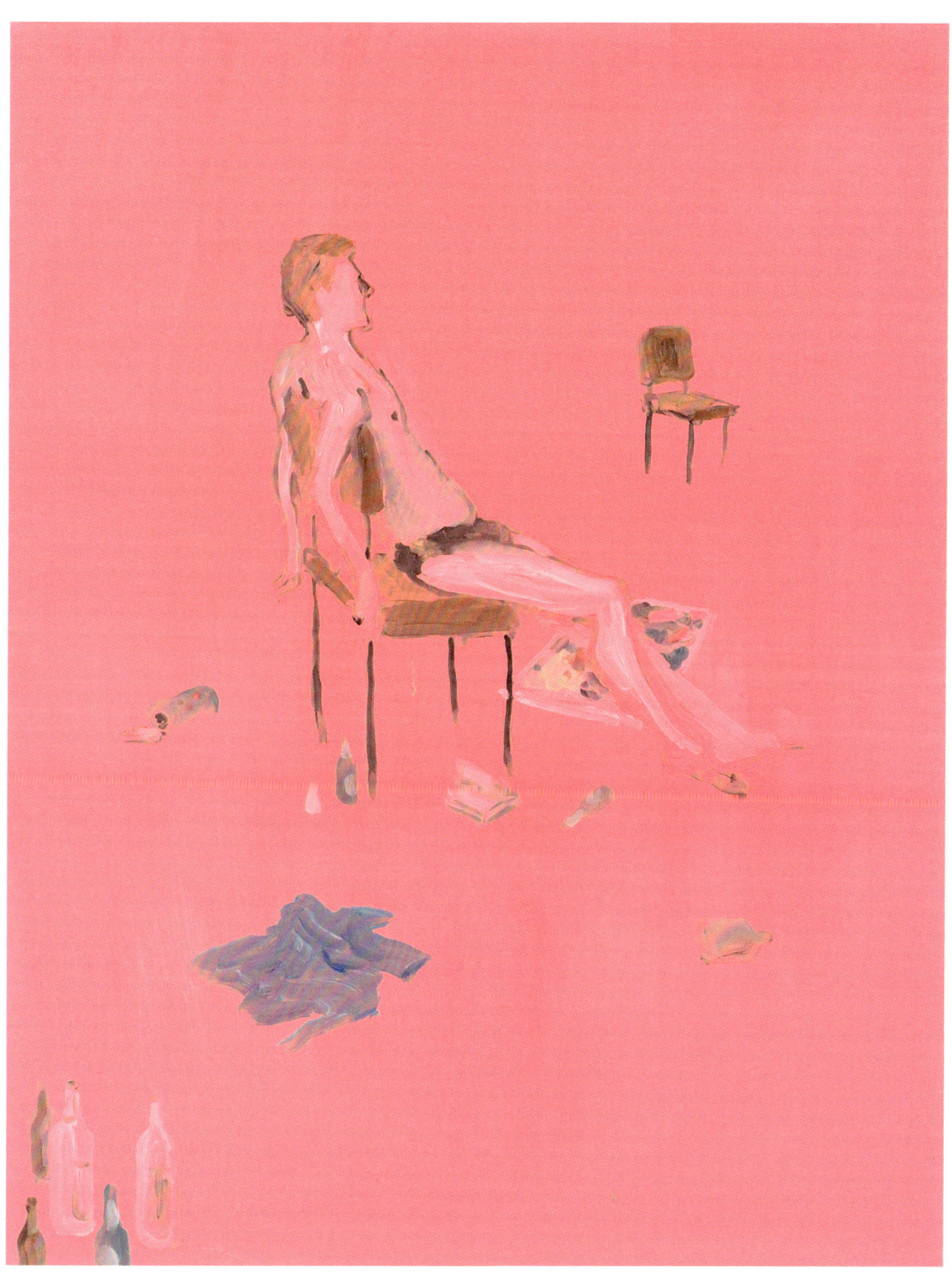

Oben und links:
Ragnar Kjartansson, *The End – Venezia*, 2009 (Detail)
S. 152/153

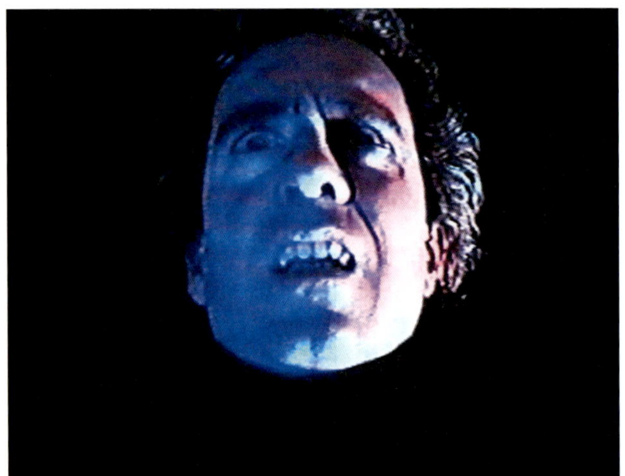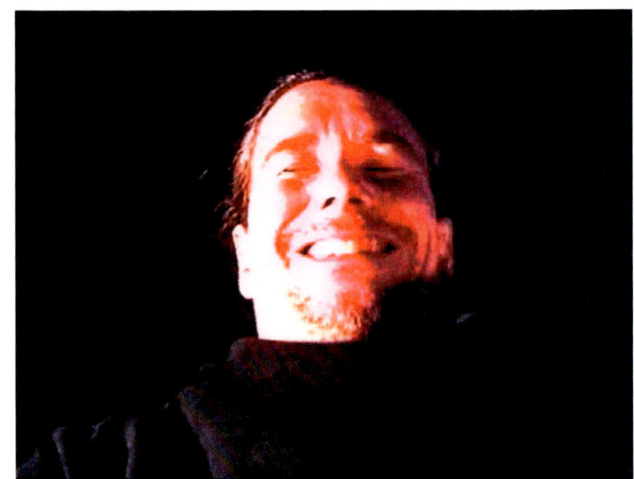

Tony Oursler, *White Trash / Phobic*, 1993 (Videostills)
S. 157

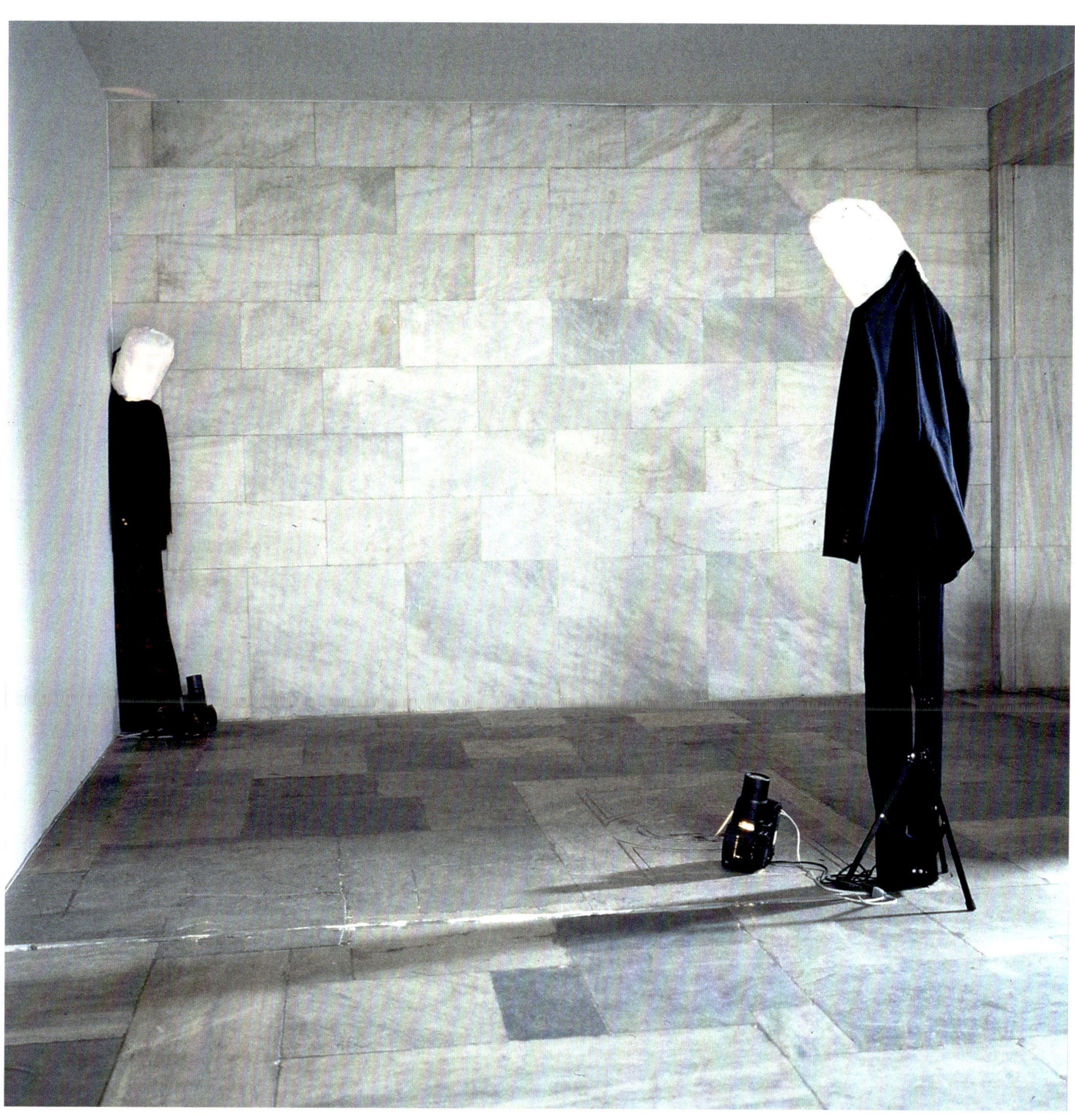

Tony Oursler, *White Trash / Phobic*, 1993 (Installationsansicht)
Collezione Sandretto Re Rebaudengo

Erregung

Alexandra Hennig

In der dialektischen Gegenüberstellung der antiken Statue eines Diskuswerfers vom Anfang des 5. Jahrhunderts v. Chr. – der damalige Inbegriff eines virilen Athleten – und des monumentalen zeitgenössischen Videoporträts des auratischen Fußballers Zinédine Zidane von Douglas Gordon und Philippe Parreno entsteht eine Gemengelage zum Teil widerstreitender Gefühle und Erregungen, die letztlich die Faszination des Sports ausmacht. Nervosität, Angst, Lampenfieber, Erregung, höchste Anspannung und Entladung charakterisieren den Ausnahmezustand der sportlichen Spitzenleistung, wobei die zwei gegenübergestellten Werke unterschiedlicher nicht scheinen könnten. Nicht nur dass Jahrtausende zwischen ihnen liegen und dass das Diskuswerfen eine Einzeldisziplin, Fußballspielen hingegen eine Teamsportart ist, auch formal findet die statische Bronzeskulptur, die einzig mit dem Mittel des Ausdrucks Bewegung und Pathos zu suggerieren imstande ist, im bewegten Medium Film einen Widerpart.

Umso bemerkenswerter ist, dass Gordon und Parreno in ihrem epischen Meisterwerk die mannigfaltigen technischen Mittel des Mediums wie Schnitt, Überblendung, Slow Motion und Sound ausgerechnet dazu einsetzen, die Aufmerksamkeit des Betrachters auf die Absenz von Aktion zu richten. Inspiriert von den Porträts von Königen, Herrschern und Heerführern der bedeutendsten spanischen Meister wie Goya, Velazquez oder El Greco, präsentiert die Filminstallation Zidane im Fokus von 17 Kameras während eines Spiels seiner Mannschaft Real Madrid als entrückte Ikone des Sports – als Musterbeispiel von Selbstbeherrschung und Konzentration. Die zuweilen befremdlich wirkende Vereinzelung des überwiegend angespannt wartenden und beobachtenden Fußballstars im Gewimmel des sportlichen Ereignisses wird wesentlich vom Soundtrack getragen. Im Wechsel zwischen dem tosenden Lärm des Stadions und den entrückt-atmosphärischen Klängen der schottischen Band Mogwai steigert sich die Spannung nahezu ins Unerträgliche. Doch die ersehnte Erlösung bringt nicht ein fulminanter Sieg, sondern – vorausweisend auf den legendären Kopfstoß Zidanes beim WM-Spiel Frankreich gegen Italien im Jahr 2006 – eine irrationale aggressive Affekthandlung des Protagonisten gegen einen Spieler der anderen Mannschaft. Diese so logische wie sportlich unbefriedigende Entladung aufgestauter Emotionen versetzt den Athleten unversehens in die Rolle des Gladiators und katapultiert ihn zurück in die Epoche des Diskuswerfers und der antiken Arenen. Mit *Zidane. A 21st Century Portrait* gemahnen Gordon und Parreno an Juvenals Diktum „panem et circenses", eine Kritik der Vereinnahmung des Sportes durch Politik und Wirtschaft im Dienste der Ablenkung und Umlenkung der Erregung der Massen auf spektakuläre sportliche Ereignisse.

Douglas Gordon und Philippe Parreno
Zidane. A 21st Century Portrait
2005 (Videostill)
S. 162

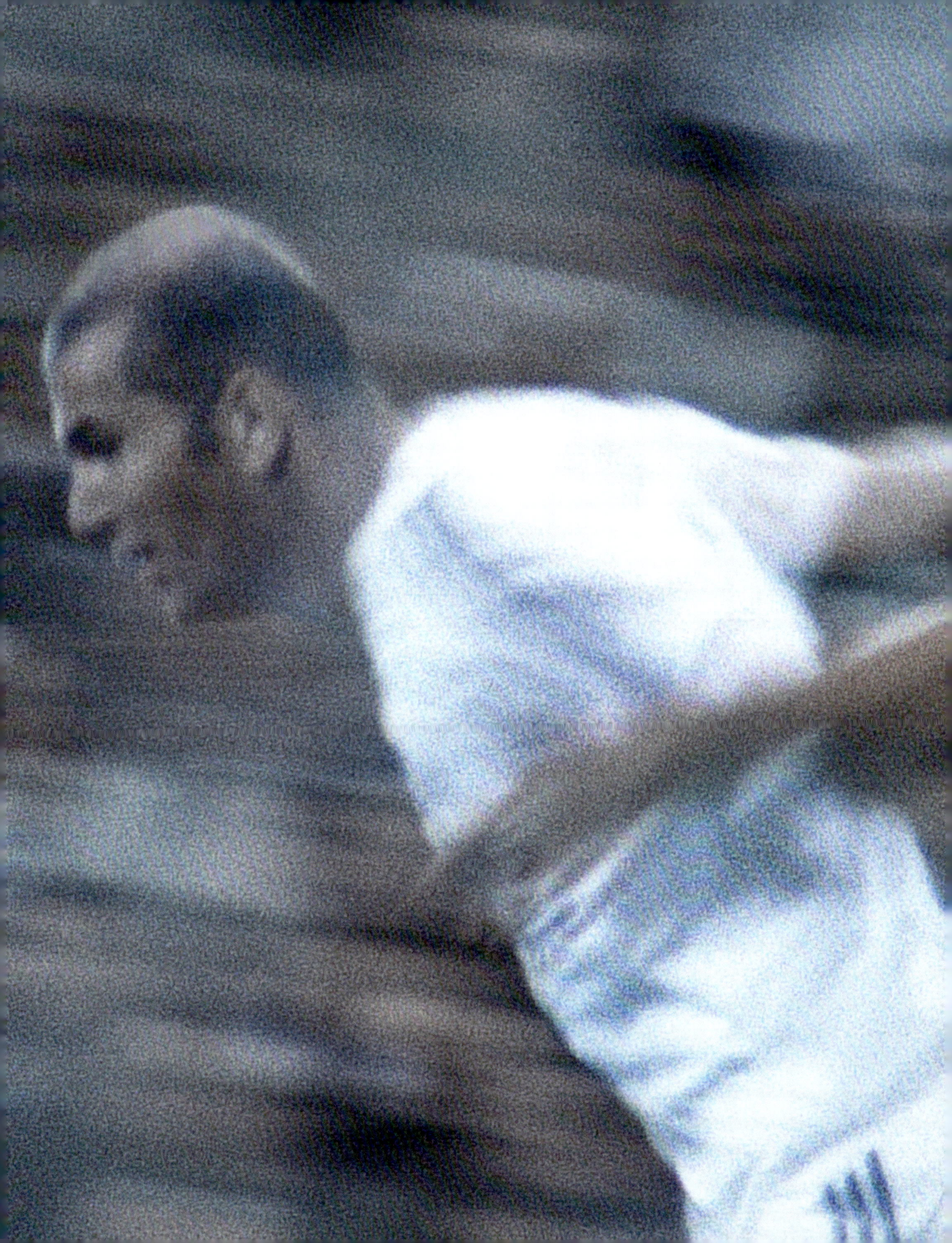

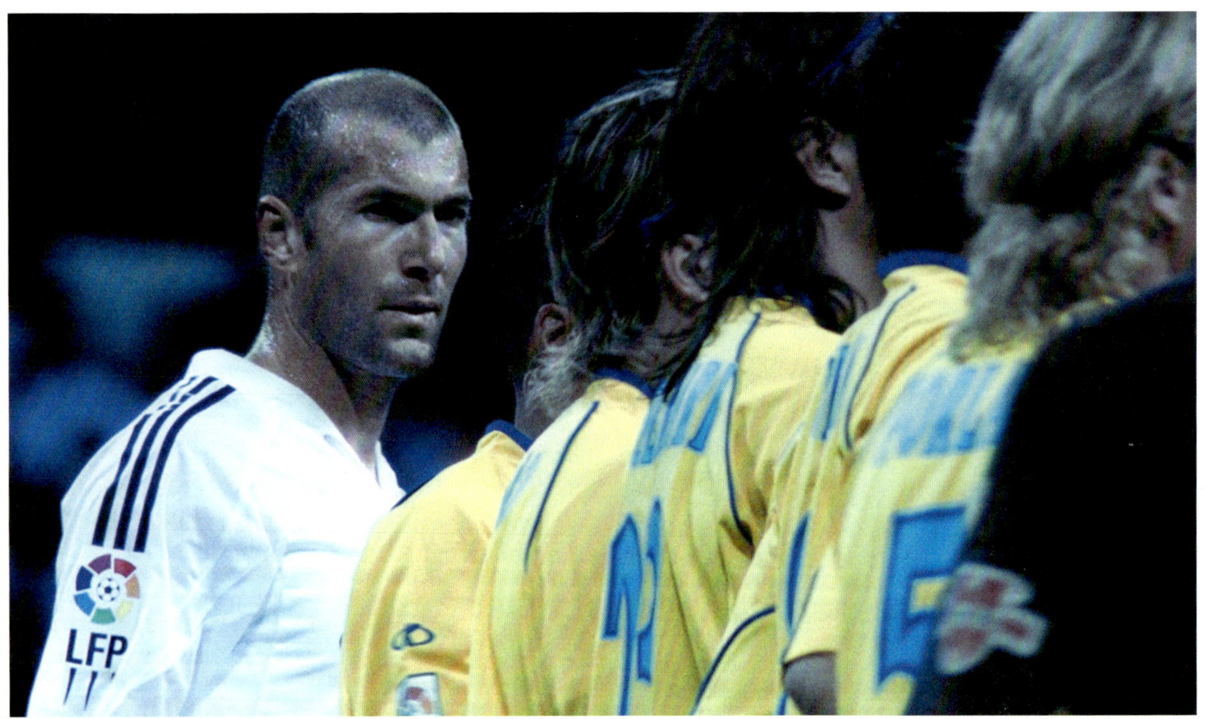

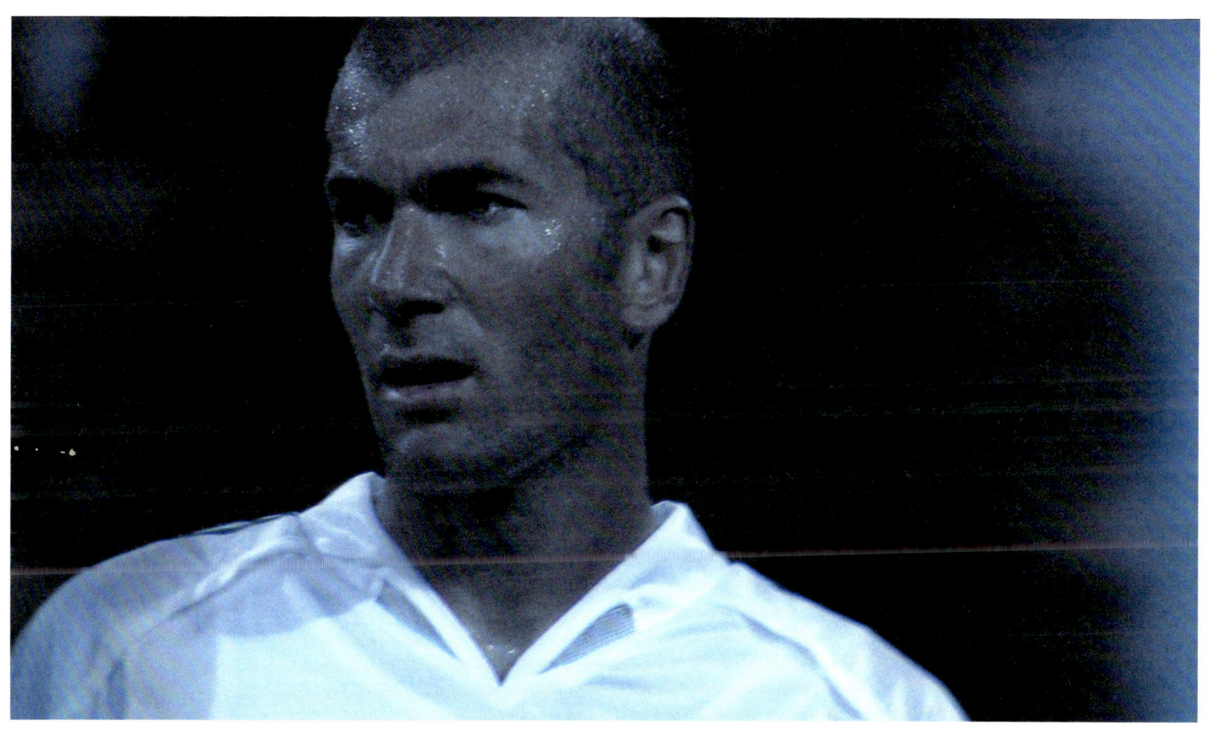

Douglas Gordon und Philippe Parreno, *Zidane. A 21st Century Portrait*, 2005 (Videostills)
S. 162

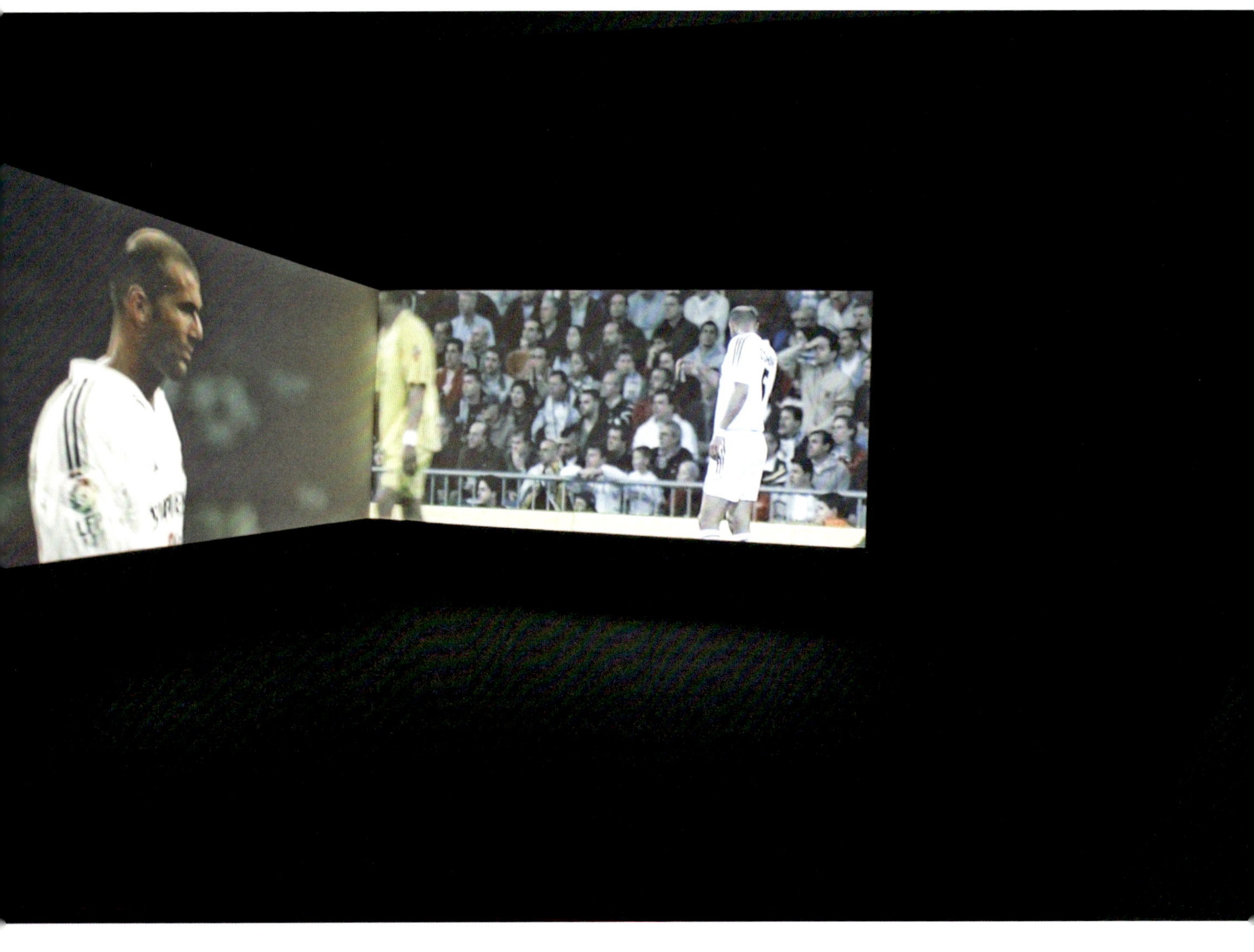

Douglas Gordon und Philippe Parreno, *Zidane. A 21st Century Portrait*, 2005 (Installationsansicht)
Collezione Sandretto Re Rebaudengo

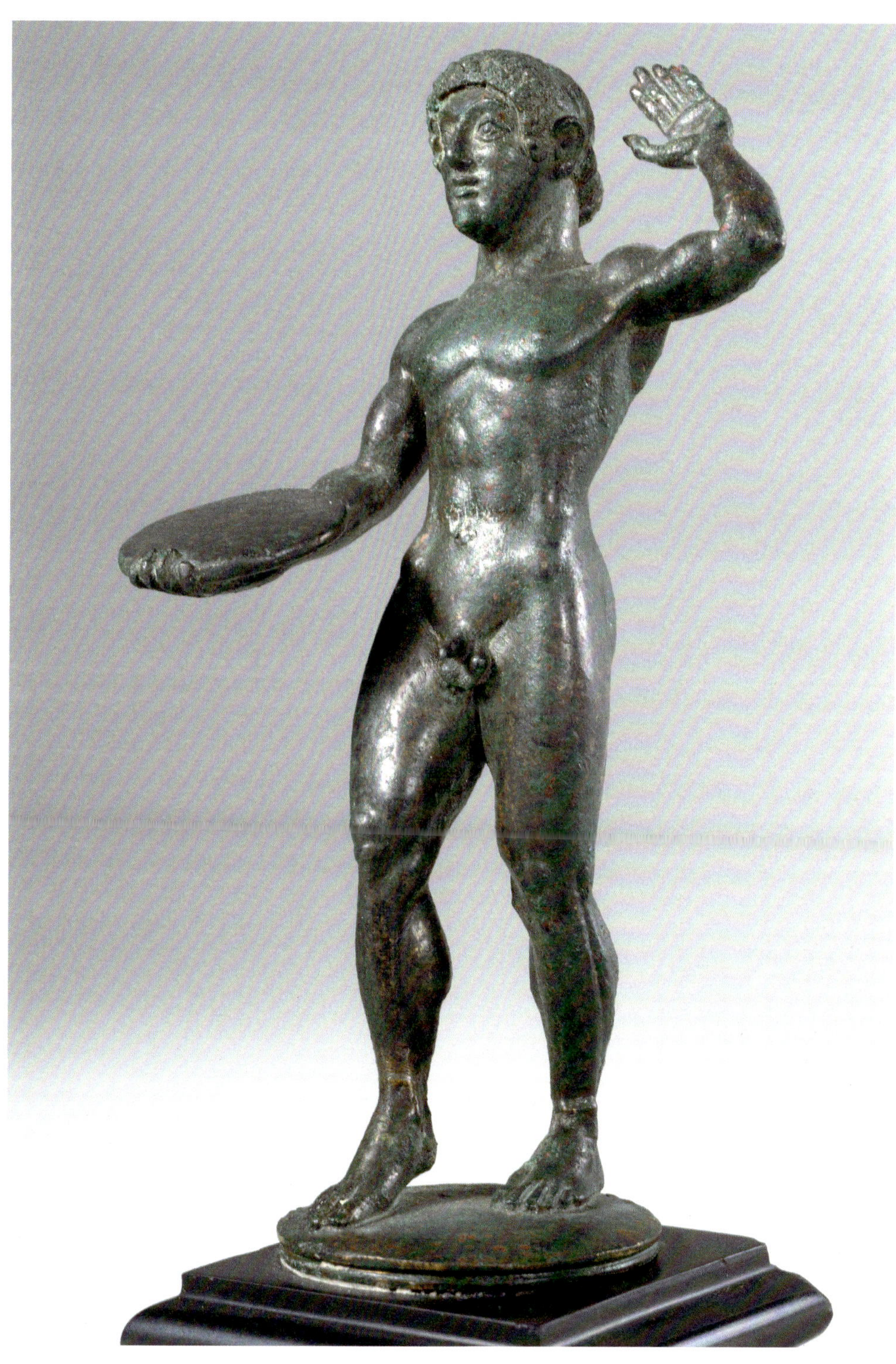

Anonym, Deckelgriff einer kesselförmigen Urne: *Diskoswerfer*, Anfang 5. Jh. v. Chr.
Kunsthistorisches Museum Wien, Antikensammlung/Ephesosmuseum

Das Herz hat seine Gründe,
von denen die Vernunft nichts weiß.

Blaise Pascal

Englische Übersetzungen / English Translations

Prologue
Hans-Peter Wipplinger, Director Kunsthalle Krems

Emotions, which fundamentally influence thought, feeling and action, play a central role in human life and have, for centuries, been a characteristic of individual sensitivities and, to a large extent, also common and societal political forms.[1]
Many academic disciplines, such as psychology, sociology, biology, history, political science, philosophy, communications, and neuroscience have, since the 1980/90s, been researching with renewed vigour into whether and how feelings, sentiments, moods and passions develop and change, over the span of epochs. The current boom in theories of emotion is perhaps due to the fact that emotion has recently gained in value as a constitutive element of cognition, and therefore – contrary to previous opinion – intimately impacts on understanding and reason, generates needs, influences perceptions, imposes ideas and determines thought and decision processes. Between what were once seen as opposites[2] – here enlightened, rational thought, there moody, emotion orientated feelings – there is a continuous interference that characterises the state of an individual, just as it does a society.
Because emotions represent complex dynamic processes, rather than static categories, the research about character, nature, meaning and function of emotions is characterised by its controversial diversity. Evolutionary biologists advance the theory that the primary emotions developed during human history in response to environment, as necessary adaptive behaviour that is genetically fixed, while cultural researchers, among others, emphasise the great importance of language in learning emotions, because any discussion of feelings – which are always also culturally encoded – cannot be separated from cultural mediation. It seems evident that emotions cannot be reduced to either neurobiological processes[3] or cultural constructs, but instead, complex and reciprocally determined biological activities of a biological, psychological, social and cultural nature, are responsible for them.
How far the influence reaches through inborn mechanisms or cultural and social moulding, is hard to determine, because of the complexity and subtlety of mental phenomena. The mediation and representation of feelings, which are historically variable, i.e. depending on time and space for observation, has in recent years become of increasing interest to a general audience, and specifically to researchers of visual culture too. The cultural historian and anthropologist of imagery, Aby Warburg, as one of the main trailblazers in this field of study, is of huge importance to the 'deep feelings' of this exhibition and the accompanying publication, because of the special value he attaches to his 'pathos formulas'.[4]
Warburg used the term pathos to denote internal and external movements, such as grief and excitement, display and movement, which at the same time, through the addition of formulas, implied an ingrained static and enduring momentum. In a nutshell, this is the representation of human passions and human sorrows. Through Warburg's development of his pathos formulas into so-called engrams[5], which can be thought of as inscriptions of unusual reactions to stimuli that leave traces of thought in the brain, memories of images, beyond their role as receptacles of individual or collective memory, gain meaning as a 'fund of human suffering'. Even if the cultural coding of emotional experience in the form of 'outward' expression always also displays discrepancies with the 'inner' experiences of feeling, the findings about quality and intensity of emotions from observing statuary evoke similarities – especially here through an analysis of the recording of energies of expression in the form of hand signs, facial expression and gesture.
It seems that this unique scholar, Warburg, was predestined to be a patron of this exhibition, based on his work, the pathos formula, his diachronic view, his interdisciplinary approach to research, and not least his idea of evolutionary relationships, which offer a comprehensive insight into the impact of formulas of expression that are very well suited as background frameworks for the examination of originals. Because the exhibition organisers, along with Warburg, trust the expressiveness of the material, the art itself, or as Ernst H. Gombrich describes it, 'the genius of imagination' of artists.
The *Deep Feelings* exhibition has been made possible by the interaction of two unusual collections, allowing us to display different forms of emotions and their change within the historic context that spans the ages. The contemporary artworks all come from Fondazione Sandretto Re Rebaudengo Turin.
They are placed in an exciting dialogue with works from the different collections of the Kunsthistorisches Museum. My heartfelt thanks for allowing this exhibition to come into being therefore go first to Patrizia Sandretto Re Rebaudengo, who in the early 90s began to collect contemporary art, and set up the foundation she is now president of, in 1995. In Turin in 2002, she opened a private museum, where she organised numerous sophisticated exhibitions with political, social and philosophical contexts, dedicating herself to discussions, presentations, and other activities, including, above all, to wide-ranging art education. This exhibition would not have been possible without her passionate engagement, her generosity and her faith in our institution. Sincere thanks also go to Francesco Bonami, who has been the artistic director at the Fondazione Sandretto Re Rebaudengo since 1995, and who supported our plans and contributed an insightful text to the catalogue. Very special thanks also go to Irene Calderoni, who has provided her knowledge, both as curator of the collection, and as catalogue author and co-curator of the exhibition.
Thanks go to the Kunsthistorisches Museum, and especially their enormously helpful general director, Sabine Haag, for making it possible for us to cover a wide historical spectrum, from contemporary art back into antiquity, and therefore, despite, or more accurately because of the historic differentiation, allowing us to focus on connecting threads of expression. We must also single out Sylvia Ferino-Pagden, diector of the picture gallery, who signalled her enthusiasm to support us from the initial stages of planning the concept for this project, and along with making available many important loans, provided valuable specialist and curatorial support.
Further heartfelt thanks go to the directors of the different collections: the director of the collection of arms and armour, Christian Beaufort-Spontin, as well as director Matthias Pfaffenbichler, the director of the Egyptian and Near Eastern collection, Regina Hölzl and her colleague Michaela Hüttner, the director of the collection of

Greek and Roman antiquities / Ephesos Museum, Alfred Bernhard-Walcher as well as the director of the Museum of Carriages and Department of Court Uniforms, Monika Kurzel-Runtscheiner. An additional thank you goes to the head of exhibition management at the Kunsthistorisches Museum, Christian Hölzl, as well as Ulrike Becker, for all the help, in all the different areas, they have provided. I would like to give a special thank you to the art historian and independent curator Brigitte Borchhardt-Birbaumer, with whom I had the pleasure of developing the basis concept for this exhibition. Her creativity, her commitment and her expert knowledge have been decisive in realising this show. For contributions to the catalogue, among others, I would like to specially thank the philosopher Burghart Schmidt as well as the specialists at Kunsthalle Krems, Stephanie Damianitsch und Alexandra Hennig.

I would like here to explicitly thank the entire team at Kunsthalle Krems for their commitment in helping to stage this exhibition. To name but a few, managing director Cornelia Lamprechter and head of exhibition management, Katrin Unterreiner as well as project manager Elke Pehamberger-Müllner, head of media and public relations, Katharina Kober, head of marketing Eva Zwirner as well as technical director Walter Lehmerhofer and the entire art handling team. For the graphic design of the catalogue, thanks go to Alexander Rendi, for their collaboration on publishing the catalogue, Silvia Jaklitsch of Verlag für moderne Kunst Nürnberg and to Christof Cremer for the exhibition architecture. Last but not least, thanks go to the province of Lower Austria and the city of Krems, the Verein der Freunde der Kunstmeile Krems and all our private business sponsors, among others, for their financial support in bringing this exhibition to fruition.

1 In psychology and neurobiology no significant distinction is made between emotion and feeling. According to the neurophysiologist Ernst Florey (1927–1997) it is simply the scope of the term that differentiates them. Emotions are 'related to I' and states of personal sentiment, whereas feelings can be related to objects and evaluate every experience as comfortable or uncomfortable, every action as right or wrong. Kunstforum International, Ernst Florey, *Geist oder Automat: Spekulationen über das fühlende Gehirn*. vol. 126, 1994, p. 93. The philosopher Aaron Ben-Ze`ev (1949) sees the characteristic of emotions in their instability, great intensity, partiality and ephemeral nature. He includes in the components of emotion, cognition, evaluation, motivation and feeling. He makes a strict division between the word emotion and feeling: he believes emotions contain both a feeling component and an intentional component, which feelings lack, because he sees these as passive states, localised in space and time. Aaron Ben-Ze`ev, *Die Logik der Gefühle. Kritik der emotionalen Intelligenz*. Suhrkamp Verlag (Frankfurt 2009), p. 72. In everyday speech the terms emotion and feeling are usually synonymous.

2 Cf. Plato, feelings seen as an impediment to thinking, and the strict differentiation of feeling and understanding.

3 Numerous neurologists, such as Walter Rudolf Hess (1881–1973), James Papez (1883–1958) and Paul MacLean (1913–2007) localise emotion in the limbic system of the human brain and have been able to determine experimentally that the limbic area, along with adjacent brain structures, is responsible for emotional reactions. According to Papez, 'the appearance of deep feelings, the emotions, (…) is due to the archaic brain structures, that were introduced into the brain of this animal at the very start of mammalian evolution, millions of years ago, even before a cerebral neocortex was in existence.' (see note 1, Florey, p. 101)

4 Warburg gained valuable insight in this from August Schmarsow (1853–1936), who as a proponent of evolution, taught of the rediscovery of images and ideas from antiquity, with a particular focus on gestures, expressions and poses.

5 A term that Warburg borrowed from the German evolutionary biologist and zoologist Richard Semon (1859–1918).

Foreword

Patrizia Sandretto Re Rebaudengo
President Fondazione Sandretto Re Rebaudengo

From the very beginning my collecting has always been characterised by openness and exchange. I've always thought that an art collection should come from a personal passion, and be a resource for everyone, and therefore should be made accessible to the widest possible audience. For this to be possible, the works must be made visible, and tools should be provided to promote their interpretation and understanding, so everyone can appreciate the constant evolution in the language of contemporary art. In 1995 this vision gave birth to the Fondazione Sandretto Re Rebaudengo, a nonprofit organization that works with the new generation of artists and curators, to design exhibitions and publications, and create art education programmes for all ages.

To be able to present a selection of artworks from my collection at Kunsthalle Krems is a great pleasure, and a rare opportunity to see my works in dialogue with the masterpieces, provided by the Kunsthistorisches Museum. It is an honour to work with institutions of such international importance and reputation. My deepest thanks go to Hans-Peter Wipplinger, director of Kunsthalle Krems, and Sabine Haag, general director of the Kunsthistorisches Museum, for their hard work in putting together this exhibition, and for the conception and curating, my thanks go to independent curator Brigitte Borchhardt-Birbaumer and Irene Calderoni, curator at the Fondazione Sandretto Re Rebaudengo. The intelligence and professionalism of this team of curators has produced an exceptional and sophisticated project that allows an innovative interpretation of the works from the collection, and takes the viewer on a fascinating and exciting journey through time and art.

'The History of Human Culture as a History of Human Passion'
Hans-Peter Wipplinger

Aby Warburg (1866–1929) saw the 'entire cycle of human emotional life, from dejection to extreme excitement'[1] in the works of Sandro Botticelli (1445–1510). But how did the artist manage to give his compositions such emotional expression, that has still lost none of its power? In his dissertation of 1893, on Botticelli's mythology paintings *The Birth of Venus* (around 1490) and *Primavera* (1478), Warburg had already become aware of Italian artists of the Quattrocento's use of motifs – along with Dürer, who, as we will see, borrowed from the forms of antiquity, in order, as Warburg assumed, to lend a 'passionate spiritual excitement'. In other words, the 'external representation of the movement in the staffage – the clothing and hair.'[2]

For Warburg, external movement was from then on evidence of inner turmoil, or, to put it another way, emotion was energy manifested in the 'movement in the staffage'. It was not just the adoption of examples from antiquity, and the mixture of styles this implies, that interested him. The question of what formulas lay at the basis of a pictorial representation of pathos that gave the artist the ability to provide 'empathised experience'[3] to an individual, despite the transit the motif had undergone through cultural and art history. Leon Battista Alberti (1404–1472), in his treatise *De pictura* (1435), had already given pride of place to the importance of hair and clothing, alongside face and gestures, as a mirror on interior psychology[4]. Warburg found a further parallel in the work of one of his contemporaries, Sigmund Freud (1856–1939), who used psychoanalytic techniques in his examination *The Moses of Michelangelo* (1914), and identified 'A lack of appreciation for, or inability to notice, expressions is also usual, a refusal to observe, to deduce the secret and the hidden.'[5] In this case, the hidden is within the beard of the prophet, where Freud discerns the aftershocks of an outpouring of rage.

In support of his thesis of the 'movement in the staffage', Warburg developed his own theoretic ideas into a psychology of empathy and expression.

All his research was influenced by the desire, 'to see the history of human culture as a story of human passion,'[6] according to Erwin Panofsky (1892–1968) in his obituary for his teacher. Anthropology played a role too, especially Charles Darwin's (1809–1882) ideas on expression. For example, in 1888 Warburg made notes in his diary of a lecture on a bestseller of his time *The Expression of the Emotions in Man and Animals* (1872). 'At last, a book that helps me!'[7] he wrote. Darwin's ideas, that human expression was hereditary, and that emotions, as with joy, shock, fear, disgust, anger and sorrow, were constants that spanned culture, were bound to be exciting to Warburg. From today's perspective, we can see that his approach went beyond the theory of primary emotions.[8] The energy of movement, to which Warburg assigned a decisive role, and which brought a temporal direction into play, allows his research to be seen in light of current appraisal theory. Proponents of this theory assume that, instead of specific prototype emotional configurations of expression, emotions are loaded depending on the situation, almost like programs, and that a dynamic appraisal process can cause a multitude of subtly different emotions. Confronted by an unfamiliar stimulus, the person analyses it in a series of appraisals and tests, in order to prepare the best behavioural reaction. The mechanism of emotion therefore encompasses a large number of different expressive movements, such as wrinkling the brow (cognitive process), a wide mouth (physiological process) and the balled fist (motivational process). To capture an emotion in the static form of an artwork is, therefore very difficult, if not impossible. As with the numerous expressive movements, the pictorial representation of emotions can only ever be 'frozen moments in the emotional process' or 'frozen feelings', according to Klaus R. Scherer, head of the Swiss Center for Affective Sciences in Geneva.[9] He comes to the conclusion, 'in painting and sculpture, we do not encounter the prototypical forms of the primary emotions, but instead, the complex, emotional patterns for experience of the individual represented from the point of view of the artist and their special interpretation of the situation.'[10] 'Movement in the staffage', singled out as significant by Warburg, is a possible a way to emphasise the

processual nature of emotions, and the sequential accumulation of emotional expression in the motif.[11] Within the framework of current appraisal theory, flowing hair and billowing clothing can be read as psychoiconographic indicators of physical and mental tensions and profound psychological motor functions that accompany the process of emotion. Yet Warburg went further in his case studies of different icons: based on 'movement in the staffage' he also subjected pictorial representations of expression and gesture to a similar examination. He was primarily interested in 'the limits of facial and physiognomical expressions,'[12] for which he introduced the term 'pathos formula' in his lecture *Dürer and Italian Antiquity* (1905) – and this 'without giving any kind of explanation of the term'[13], as Claudia Wedepohl, of the Warburg Institute in London, notes. 'Superlative forms', however, indicate the end point of an emotional process, the moment of final appraisal of the situation. The drawing *The Death of Orpheus* (1494) by Albrecht Dürer (1471–1528), which Warburg used as the basis of his lecture, shows Orpheus, surprised by furious maenads while playing the lyra. Armed with staves, they club him to the ground. The singer still has his arm raised in a defensive gesture but his instrument is already lying mute on the ground. Taking representations of the same scene from antiquity – on a bowl, vase, chest, or sarcophagus relief – Warburg believed he had proven that Orpheus' defensive gesture was a faithful transfer of a type known since antiquity. This 'travelling superlative of the sign language of antiquity'[14], as he also termed 'pathos formulas' must however be separated into examples from antiquity, which were transferred, rediscovered and copied, and primal images and signs.[15] These type of primal experiences are always connected with certain characteristic events and stories, or mythological material, and have to be 'empathised', as Warburg put it. A marginal methodological approach. For one, there are not inconsiderable pitfalls in using iconography to reveal pathos formulas as pictorial forms with a specific meaning. For another, the empathic experiencing of emotions is prone to disruption, not least because of the different period, different culture, and different mythological world it derives from. We hardly understand our own feelings, so how hard it must be to empathise with Orpheus' emotional plight. As we have seen, different emotions and expressive reactions are produced based on individual evaluations of a situation, depending on cultural setting, personal experience and disposition. As Ernst H. Gombrich (1909–2001) said, not without tongue in cheek, 'there is a difference between the smile of an optimist and a pessimist.'[16] An emotion is often immediately followed, or overlaid, by another. Surprise, pain, and deathly fear are not far apart, as Dürer's *The Death of Orpheus* persuasively shows. What's more, emotional extremes resemble one another, with uncontrollable transitions, especially in the reception of their depictions. The reverse is also true, that the same emotion can be produced by different stimuli. The intensity is the decisive element in both cases. Warburg's term for the power that he saw, the 'energetic inversion in the interpretation of antique pathos formulas'[17], for example in the fury of a maenad, or in the intense expression of grief of Mary Magdalene below the cross, is also illuminating for this discussion. Assuming a knowledge of the narrative, the 'frozen feeling' in a work of art can be empathised, this is how Warburg assigned great value to myth and religion, and the ritual that comes with it. Just as the art historian Jacob Christoph Burckhardt (1818–1897), he was also of the opinion that Greek and Roman myths, which had survived as a mere glimmer during medieval times, had emerged with renewed power in the feasts of the Italian Renaissance. Parades, processions, and especially theatre, with its authentic staging of mythological material, all offered the people of court an 'escape from life into art.'[18] Warburg placed Dürer's Orpheus drawing in immediate succession to the drama *Fabula di Orpheo*, premièred in Mantua in 1472 by the poet, Angelo Poliziano (1454–1494).[19] Warburg described the piece as a 'passionate and insightful, empathised experience from the dark mystery plays of Dionysus'.[20] Warburg thought the origin of emotional experience, the very basis of culture, lay in collective cultural ecstasy, transgression and fury, as well as in archaic ritual, as he experienced it, for example, with the Hopi people in 1895/96 on a trip to New Mexico. Warburg's realisation was important, that people used symbolic and ritual processions to create a space to distance themselves from a universal primal fear, 'conscious distancing between oneself and the external world can be seen as the primary act of human civilisation'[21] he stated in an introduction to his *Bilderatlas Mnemosyne* (1929).To put it another way, the individual event, the subjective experience of heavy blows, which run the gamut from the clutches of death to being carried away in dance, is systematised as pathos formulas. *The death of Orpheus* becomes a pictorial motif that transcends period, that symbolises the constant threat to the process of Western civilisation, from what Nietzsche characterised as the Dionysian principle. Whether the person depicted is Orpheus, Christ on the cross, or a contemporary victim of torture is secondary. Warburg's attention was primarily given to the pictorial representation of a an expression intensified by passion, in this case the defensive pose in the face of pain and death, which becomes a formula that can be copied. The death of Orpheus, the constant return of ever the same beast, gen. Homo sapiens,'[22] noted Warburg, about a newspaper cutting from the Frankfurter Zeitung that he attached to his manuscript for *Dürer and Italian Antiquity*. The story described a gruesome crime that had happened in Russia, shortly after Warburg's lecture in 1905. A young woman teacher in the Caucasus had been beaten to death with hammers by Cossacks for her love of freedom. Warburg's insightful warning has lost nothing of its relevance for our times, in view of recent historic evens. The pathos formulas have also lost none of the 'detoxification function'[23] that Warburg ascribed to them. Horst Bredekamp, art historian and winner of the Aby M. Warburg Prize, sums it up as follows, 'the pathos formulas were the basis for Warburg's understanding of the possibility of expressing unmanageable, destructive psychological and social energies through visual forms, and, in so doing, make them controllable.'[24]

1 Aby Warburg in a text from 1898, from: Claudia Wedepohl, *Von der „Pathosformel" zum „Gebärdenatlas". Dürers Tod des Orpheus und Warburgs Arbeit an einer ausdruckstheoretisch begründeten Kulturgeschichte*, in: Die entfesselte Antike. Aby Warburg und die Geburt der Pathosformel,Thomas Ketelsen/Andreas Stolzenburg ed. (Cologne 2012), p. 35.

2 Aby Warburg, Dissertation 1893, from: Georges Didi-Huberman, *Feld und Vehikel der Bewegungen des Nachlebens: Die Pathosformel*, in: Das Nachleben der Bilder. Kunstgeschichte und Phantomzeit nach Aby M. Warburg (Berlin 2010), p. 213.

3 Aby Warburg, *Dürer und die italienische Antike*, (Leipzig 1906), in: Ketelsen, as note 1, p. 88.

4 Cf. Horst Bredekamp's remarks in: Horst Bredekamp, *Die Pathosformel als Distanzmacht*, in: Theorie des Bildakts (Berlin 2010), p. 300.

5 Sigmund Freud, *Der Moses des Michelangelo* (1914), cited from: Studienausgabe, Band X, Bildende Kunst und Literatur (Frankfurt 1969), p. 207.

6 Erwin Panofsky, cited from: *A. Warburg (Nachruf)* in: Erwin Panofsky: Deutschsprachige Aufsätze II, Karen Michels/Martin Warnke ed. (Berlin 1998), p. 1111. The obituary was first published in the Hamburger Fremdenblatt, 28.10.1929.

7 Aby Warburg, cited from: Perdita Rösch, *Aby Warburg* (Paderborn 2010), p. 26.

8 René Descartes (1596–1650) spoke in his treatise about 'The Passions of the Soul' (1646) about six basic emotions: shock, love, hate, desire, happiness, sorrow. The noted American emotions researcher Caroll E. Izard (1924) speaks of ten fundamental emotions in 'Human Emotions' including: interest/ excitement; happiness/ enjoyment: surprise/fright; sorrow/pain; anger/rage; disgust/repulsion; belittling/ contempt; fear/horror; shame/shyness; guilt. The Swiss psychologist Klaus R. Scherer (1943) enumerates seven feelings that all the others can be derived from: happiness, disgust, fear, anger, grief, shame and guilt. The classification of these base emotions vary a little according to scientific discipline.

9 For more detail, see: Klaus R. Scherer, *Gefrorene Gefühle: Zur Emotionsdarstellung in der bildenden Kunst* in: Movens Bild. Zwischen Evidenz und Affekt Gottfried Boehm, Birgit Mersmann, Christian Spies ed. (Munich 2008), p. 249 ff.

10 Klaus R. Scherer, cited from: Boehm, as note 9, p. 268.

11 Klaus R. Scherer, cited from: Boehm, as note 9, p. 265.

12 Aby Warburg, cited from: Aby Warburg, *Dürer und die italienische Antike* (1906: Leipzig), in: Thomas Ketelsen, as note 1, p. 91.

13 Claudia Wedepohl, cited from: Thomas Ketelsen, as note 1, p. 42.

14 Aby Warburg, cited from: Aby Warburg, *Dürer und die italienische Antike* (1906: Leipzig), Thomas Ketelsen, as note 1, p. 92.

15 Cf. Claudia Wedepohl in: Ketelsen, as note 1, p. 44–46.

16 Ernst H. Gombrich, cited from: Ernst H. Gombrich/Julian Hochberg,/Max Black ed. *Kunst, Wahrnehmung, Wirklichkeit* (Frankfurt 1977), p. 48.

17 Aby Warburg, cited from: Uwe Fleckner/ Isabella Woldt ed. *Aby Warburg. Bilderreihen und Ausstellungen, Gesammelte Schriften* (Berlin 2012), p. 307.

18 Jacob Christoph Burckhardt cited from: Bernd Villhauer, *Aby Warburgs Theorie der Kultur* (Berlin 2002), p. 37.

19 Cf. Marcus Andrew Hurttig, Aby Warburg, *Dürer und die italienische Antike*, in: Ketelsen, as note 1, p. 24–26.

20 Aby Warburg, cited from: Aby Warburg, *Dürer und die italienische Antike*, in: Ketelsen, as note 1, p. 88.

21 Aby Warburg, cited from: Martin Warnke ed. *Aby Warburg. Der Bilderatlas Mnemosyne, Gesammelte Schriften* (Berlin 2008), p. 3.

22 Aby Warburg, cited from: Aby Warburg, *Dürer und die italienische Antike*, in: Ketelsen, as note 1, p. 30.

23 Aby Warburg, cited from: John M. Krois, *Die Universalität der Pathosformeln. Der Leib als Symbolmedium* in: John M. Krois, Köperbilder und Bildschemata, Horst Bredekamp/Marion Lauschke ed. (Berlin 2011), p. 81.

24 Horst Bredekamp, from: http://www.zeit.de/2005/15/Interv_Bredekamp

Deep Feelings from the Preserved Energies of Pathos Formulas[1]
by Brigitte Borchhardt-Birbaumer

Kunsthalle Krems has, in contrast to every other previous exhibition around the subject of emotions, brought together originals from Ancient Egypt to 1880, provided by the Kunsthistorisches Museum and displayed alongside select works of contemporary art from the Fondazione Sandretto Re Rebaudengo in Turin, all connected to our constantly changing feelings, the feelings provoked by love, grief, sorrow, melancholy as well as displays of force and power.[2]
The first part of the show is about apolitically suicidal acts and brings

into play the polysemous term 'pathos formula', via the subjects of three artworks from the Baroque period and the present. Pathos, in its Greek roots, means two types of sorrow: that positive emotion moved by passion, and a negative abundance of emotion. For the first time, in 1905, Aby (Abraham Moritz) Warburg (1866–1929) attached the term 'pathos formula' to this ambivalence in passion, and it has gone on to become an established polysemous term. [3]

Sorrow Through the Ages

The first painting tells the story of Samson, a Biblical Hercules. He predated Christ as a paragon of virtue, and his salvation, as a judge of Israel from the tribe of Dan, was the delivery of Israel from its oppressors. His hair was the secret source of his strength, after an angel made his mother vow never to cut it. After Samson had worked miracles in battle against the Philistines, Delilah cut his hair in his sleep and delivered him to his enemies. He sat imprisoned in Gaza, with his eyes put out, until the Philistines brought him to their temple to taunt him with their triumph. The last demonstration of his power, at the Lord's bidding, was to collapse the columns of the temple, bringing down the entire building, with at least 3,000 people on the roof alone.[4] *Simson Taking Revenge on the Philistines* by Johann Heinrich Schönfeld, painted 1633/34, shows the aftermath of this suicide attack. The temple ruins are reminiscent of the, then newly-constructed, Baroque facades of Roman churches.

The painting is next to an artwork from 2001 by Hans-Peter Feldmann, a collection of hundreds of newspaper cuttings of the recent 9/11 attacks in New York. With Valerio Castello's *The Massacre of the Innocents*, from around 1650/55, we return to Warburg and his lifelong collection of images, spanning thousands of years, corresponding to individual bodily poses, gestures, expression, facial hair, hairstyle and drapery. He studied in Hamburg and, between 1924 and 1929, mounted real photographs, engravings and their reproductions, book and newspaper cuttings, and maps on cloth-covered boards, in a parallel of the art practice of montage in Surrealism, and the five years they span can be divided into at least four groupings.[5] His 'dynamograms' of human emotion are nomads in the changing media of a disparate laboratory of images. Warburg's experiments in cultural theory went back to antiquity and, from Ancient Egypt to Asia, were spread so wide that, along with the shock of World War I, they led to him having a nervous breakdown, of which his scholarly and ironic analysis was, 'Humanity has always been, and will always be schizophrenic'.[6]

It is in just this subject of infanticide in Bethlehem, according to Warburg, where the Christian mothers are descendants of the speeding Dionysian maenads, who strike down the singer Orpheus, but also near Daphne who is fleeing the god Apollo, and, with Herod's pursuers, they dance a dance of both triumph and despair. Yet such physiognomical experiences of the outer limits, at first glance produce great excitement (pathos) but, on extended viewing, a descent into the contemplation of sorrow (ethos).[7] Warburg's process of contemplation had a moral predecessor in antiquity in the religious practice of the Counter-Reformation, in which painting was intended to elicit a feeling of empathy and promote belief.[8]

The extreme gestures of sorrow of the mothers in Castello's *The Massacre of the Innocents* have a theoretic basis in Spinoza's contemporary theories of emotion and their code of practise in art by Charles Le Bruns, Domenichino or John Bulwers.[9] Another of the exhibition's vibrant associations of works, which is reminiscent of Warburg's collection, on board 5, of images of Niobe taken from antiquity, is based on the martyr Sebastian. Paolo Veronese painted him, in 1565 in Venice, with sensual brush strokes as an elegant, yielding figure loosely bound to a column, defending himself. The arrows, which spared him, brought death's agonies, in all it's variations, to Niobe's children, just like the children of Bethlehem in Castello's painting. Fiona Tan's video work *Saint Sebastian* from 2002, next to Albrecht Dürer's Apollo, following the antique ideal of the Belvedere Apollo, according to Warburg, shows the aggressive tension of the attacker, in the form of female Asian archers, before the arrows are released.[10] Even in Schönfeld's images of catastrophe, two foreground scenes referencing classical pathos formulas can be seen: the carrying of a dead body by two men and the loading of a corpse onto a cart, are recurrent Meleager motifs, straight from ancient sarcophagi from various periods found on Warburg's boards 5 and 42.[11]

The Varieties of Love

In Ancient Egyptian art the relationship between mother and child was considered intimate love – in this case, The Goddess *Isis with Harpocrates*[12] a divine mother who can be directly compared with Mary, breastfeeding Baby Jesus.[13]

Because pathos formulas do not in any way create a fixed grammar of expression, the opposite meaning to the original words is included, according to Warburg, and according to Goethe and Freud.[14] The intimacy of the 'love motif' comes, from Warburg's social memory, into Carlo Dolci's painting *The Virgin and Child* 1660/70 via the gestures of the mother coming from the right. The Child Jesus is active because of the lunging forward stride and gesture of victory with an upraised arm.[15] Dolci's chill, sweet and smooth surface was fashionable in the Baroque period, based on a 'doctrine of realism' that we find uncomfortable today, and which was demanded of artists by theologians like Gabriele Paleotti, in order to reinvigorate religious painting.[16]

Eros/Cupid spurs on the love between the sexes: actively between his parents, in Titian's work *Mars, Venus and Cupid* (around 1550) in the 'poesie' series for Philip II. For Sylvia Ferino-Pagden, his 'sense of naturalism' is in contrast to Dolci's coolness, with its hot 'sfumato' atmosphere wreathing the figures.[17] Yet even the bodies of divine lovers, such as *Jupiter and Antiope* 1596 by Bartholomäus Spranger for Rudolf II, are erotically entwined, in order to hide earthly desire behind mythology. Pathos formulas here too meet a delicate, sensual painting technique. Titian's expressive open brushwork is vibrant and skilfully deflects rational understanding of the exaggerated movements of Cupid as he flees a 'low blow' from Mars, against a hot palate of colours that help define the painting's mood.[18]

In Spranger's painting, the cloven hooves of a Bacchanalian Satyr allow Jupiter to display earthly love and return, mirrored in an

imperfect composite being, from the contrived Mannerist pathos formula of 'the serpentine figure', given an ironic twist in Sarah Lucas' sculpture turning on a chair *Love Me* 1998.[19]
Perfect love turns out to be a theatrical effect, with couples and dancers, in Paolo Fiamingo's *Goldene Zeitalter* (Golden Age) after Agostino Carracci's Amori series of prints, which Warburg would have no hesitation in describing as 'empty pathos'.[20] The first in a cycle of four paintings from between 1585 and 1589, which also exhibits the chaste side of Cupid, illustrates not only Francesco Petrarca's 'triumph' of chastity over the excesses of love, but also the bias against the erotic in commissions for court. The painting is after a sketch by Giorgio Vasari, which relates harmonious good manners with the good Medici government in Florence.[21]
Thus eroticism revealed itself under the vigilance of society as a controlled 'grammar of volition'.[22]

Violence, Followed by Melancholia
Salome, who Warburg described as a modern 'headhunter', in Andrea Solario's painting from 1520/24, shows the crisis of unfulfilled love. The victory gesture in the powerfully gripped head of the enemy is inverted into a passive, receptive stance, as an insight into the hopelessness of love at the killing of St. John the Baptist. Horror and melancholia are connected here, as two opposite sides of the same emotion. For Christians, Salome's crime is juxtaposed with Veronica's act of charity, the head on a platter and the image on the veil united in grimaces of pain. Another head cut from its body, that of Medusa on the parade shield made for Charles V around 1541, can all the more beguile us with its beauty, yet it also displays Warburg's open pathways and their affinity for the hero appearing in heaven, Perseus.
The religious superheroine, Mary Magdalene, is the textbook example of the pathos formula of melancholy. Following resting Bacchanalian priestesses of Dionysus' entourage, she shows a residual demonic, lascivious sensuality. In Francesco Furini's painting she is shown, not gazing heavenward or in terrible pain over the death of Christ, but with darkness descending in a melancholy pose where her heavy head is resting on her hand.[23] Her penitence is like a dancing dialectic spark that jumps back and forth between picture and and viewer, powered by erotic nakedness and unbound hair.[24]
In Titian's *The Deposition* after 1557 she plays a supporting role as a hand-wringing observer of the dead body's silent cry of pain, like the Madonna screaming among the otherwise subdued actions of the others present.
Cave or tomb as places of darkness have now become ill-defined cells of voluntary solitude in the twilight, for which the agony of *The Penitent Mary Magdalene*, by Francesco Albani (around 1640) in a rocky desert with waterfall, could also be an inspiration – because here is the melancholy pose with visionary eyes directed upwards by angels, in a foreshadowing of her assumption into heaven. The landscape and the way she holds the vessel of ointment is reminiscent of the deposition of Christ, where she was the first to discover the resurrection. Jacob van Ruisdael's *Mountain Landscape with Waterfall* 1670/80 is a reflection of this

desolate solitude, displaying the grandeur of the mountains and the danger of paths with unstable bridges over roaring waterfalls. 'Exposed on the mountains of the heart,' as Rilke poetically stated the preeminent mood following Romanticism in the twentieth century, while in *The Jewish Cemetery* (1980) Jeff Wall follows Ruisdael's gaze and other traces from the history of art.
The Venetian painters reinterpreted the disparaged art of portraiture as images of longing, as particularly well exemplified in the portraits, from around 1510, of a young Venetian in the tradition of Giorgione. This long-haired youth wearing a wide-brimmed hat, with incomplete areas in the clothing, stands before a twilight landscape with watery eyes fixed on the distance. The lopsided smile on his mouth references Leonardo, and the incomplete areas reference Titian, the hand resting on an edge of the foreground table, is Girogione's gesture. Here the painter lacks great inspiration to act as examples, but does not lack in power of lyrical expression.[25] Love, sorrow and solitude end up unified in desperation in William Kentridge's *History of the Main Complaint*, and the horror overload in *Cyber Iconic Man* by Jake and Dinos Chapman is given a humorous twist in the model-like suicide of Maurizio Cattelan's *Bidibidobidiboo*. Old gestures of sorrow seem frozen in 'images of emotion'[26] in the photographic works of Anna Gaskell and Sam Taylor-Wood. Fragmentation and the huge void of space dominate, as in *Untitled (Baum)* by Urs Fischer. It is no accident that Fischer and the Chapmans' associations reach back to Goya's war prints, because his search for new civil gestures, motivated by their petrification at the end of the aristocracy, paradoxically brought their reversal, in the form of revolution.
The paradigm shift to Modernity brought, along with sensitive men and masterful women, also brash virile display and the long-repressed depths of mental processes. Goya's deafness strengthened his understanding of basic emotions, which still today have the effect on us of 'vital gestures'.[27]

Rage and Representation, the Brink of Vanity and Embarrassment
An Egyptian married couple stand at the start of another series of Warburg's 'mental shifts'. In lockstep forwards, they don't display love, but instead represent a doctrine of salvation as political propaganda. The head of Emperor Commodus, as a philosophical type with melancholy eyes, refers to the stoicism of his father, Marcus Aurelius, and shows no trace of the libertine who would have his life ended by murder. Adriaen van der Werff's *Male Portrait* combines an austere dress code and wig with the non-chalance and self-confidently posed arm expected of the nobility. With the elbow of the other arm, the 1694 client is indicating a stone sphinx in the foreground while his outstretched index finger points instructively to the pyramids through the window. Along with an interest in Ancient Egypt, the eerie clouds could be a reference to the secrets of freemasonry.
This educated noble had already laid aside his arms, because Athena, playing her role as protector in war, becomes a natural patron of universities during peace. The martial arts, which used to be held as a ritual in her honour, are mirrored in a confusing

abundance of emotions in the face of a football star such as Zinédine Zidane in *Zidane. A 21st Century Portrait* by Douglas Gordon and Philippe Parreno.Beautiful and erotic women in the Venice of the 1550s could adhere to the allegory of vanity, just as in Paris Bordone's *Portrait of a Woman in a Green Coat*, despite its tentative gestures towards the *Medici Venus* and a possible context of love poetry. The partly braided hair, fashionable at the time, the bared breast, and also her pearl-garlanded left arm are an eloquent embodiment of vanity. However, the energetic pose of the right arm, combined with self-confident gaze to the side makes the image an unusual and innovative, for the sixteenth century, type of portraiture.[28] It wasn't until the religious knee-length portraits of Baroque that medieval allegories of vanity were added to produce the conceited images we still know today.

The skull cherished by Mary Magdalene is in Francesco Albanis painting and the still life by Pieter Claesz reminiscent of the finiteness of our lives, along with the hourglass, recently extinguished oil lamp, clock and quill. In 1656 the artist added his initials next to flaring lights as a gesture of self confidence in something that was nothing more than wood and paint, to show that an image, in all its emulations, was equivalent to reality. For Giorgio Agamben, the image, in an extension of Warburg's thought, is itself the emotion, the pathos experienced and the thought, the space between, and thus a form of Medusa head.[29] The impressively sized mourning clothes of Empress Elisabeth, after 1877, as representative elements of fragile death rituals, are contrasted, in a way that equates exactly to Warburg's idea of the extension of art media uncoupled from the emotions of the person, with current images of disruption and decay by Shirin Neshat, Margherita Manzelli and Zoe Leonard. The laughter remains until the end, as a turn away from an excess of sorrow or vanity, in Hans von Aachen's *Laughing Couple* that is enriched by the knowledge of what the artist himself, with his wife Regina di Lasso, daughter of famed composer Orlando di Lasso plan to do.[30] The purse in the man's hand and the board with writing behind the woman lend an undertone of the Biblical moral allegory of the prodigal son, transferred to the exuberant laughing and erotic charge of the brothel.[31] In current times, Donghee Koo uses irony combined with pity and turns it into embarrassment, among the sorrow of the sobbing competition filmed in *Tragedy Competition* (2004).[32] The fear of madness accompanies the desire for knowledge and profound understanding of feelings, already noted by Warburg as an outgrowth of pathos formulas, since long before the 'affective turn' that Marie-Luise Angerer recognises as a current malady in art, science and politics.[33] In the new interdisciplinary language spanning art and cognitive research, pathos formulas have become very communicative tools.[34]

1 *Große Gefühle* (deep feelings) was the title of the 126th edition of Kunstforum international magazine, June 1994. 'Preserved energies' is another word used by Warburg for his 'pathos formulas'. Ernst Gombrich, *Aby Warburg. Eine intellektuelle Biographie* (Frankfurt: 1984 (London: 1981), 327 ff. *Aby Warburg, Werke*, ed. Martin Treml, (Berlin 2010), 31 ff. and 306 ff.

2 I would here like to thank Sylvia Ferino-Pagden, Hans-Peter Wipplinger and colleagues for their stimulating support.

3 Warburg used idiosyncratic terms for pathos formulas and the Mnemosyne-Atlas and he mentions many, including impression inherent masses, development board, automobile vehicle images, engram, dynamogram, and Ninfa, his nickname for the Nymph who acted as servant in the fresco *The Birth of John the Baptist* by Domenico Ghirlandaio in S. Maria Novella in Florence. Warburg, p.15 and 155.

4 Old Testament, Judges 13–31.

5 Warburg gained the inspiration to see the boards as an atlas from a Viennese art historian, Fritz Saxl, who was inspired by the Vienna Circle, especially by Otto Neurath and his 'pictorial statistics' on boards and atlases, Christopher Burke, Die *„Wiener Methode der Bildstatistik"*, in: Zeit(lose) Zeichen. Gegenwartskunst in Referenz zu Otto Neurath, ed. Maria Christine Holter/Barbara Höller (exhibition catalogue Künstlerhaus Vienna, Bielefeld 2012/13), p. 25.

6 Gombrich, as note 1, p. 301. The sentence indicates the hope for redemption through the act of sublimation, according to the ancient idea of Sophrosyne. For pathos formulas as dynamograms see Ibid. pp. 232, 330, 383 and p. 412.

7 Cf. Gombrich, as note 1, p. 230. In the variations of Warburg's boards, the boards from 1927 form the grouping 'sacrificial victims', 'grab for the head', 'defensive poses of the fallen' and 'chase and flight'. Ilsebill Barta-Fliedl, ed., *Die Beredsamkeit des Leibes. Zur Körpersprache in der Kunst* (Salzburg 1992, Albertina Vienna exhibition catalogue 1992), pp. 156–173.

8 Sophrosyne as a means of moderating ecstasy, see Gombrich, as note 1, p. 316, and Gabrielis Paleotti, De imaginibus sacris et profanis (Inglostadt 1594).

9 Spinoza, The Ethics (Stuttgart 2010), p. 110 ff. For further information on physiognomy, hand gestures and gaze see, Andreas Henning/Gregor J.M. Weber, Der himmelnde Blick (Emsdetten-Dresden 1998).

10 Ilsebill Barta-Fliedl, ed. *Rhetorik der Leidenschaft. Zur Bildsprache der Kunst im Abendland* (Hamburg-München 1999 (exhibition catalogue Tokyo 1999)), p. 38 and pp. 164–170.

11 Barta-Fliedl, as note 10, p. 190 and 202. The pathos formula, related to Freud's terms for symptoms, is employed as a psychological, rather than stylistic journey through periods in art history as 'forcefields'. See: Gombrich, as note 1, p. 426, and Sigrid Weigel, *Zur Archäologie von Aby Warburg*, in Die Aktualität des Archäologischen, Knut Ebeling ed. (Frankfurt 2004), 185 ff.

12 Harpocrates is a manifestation of the young Horus in late Egyptian periods.

13 On 'offerings of milk' see: Christoph Geissmar-Brandi ed. *Glaube Hoffnung Liebe Tod*, (Klagenfurt 1995 (exhibition catalogue Kunsthalle Wien 1995), p. 321. From Isis to Maria see: Harald Haarmann, *Die Madonna und ihre griechischen Töchter* (Hildesheim 1996).

14 Gombrich, as note 1, p. 243.

15 Occasionally the love motif of mother, her gestures and holding of the child reference her passion, see: Hans H. Aurenhammer, *Das Christuskind als tragischer Held? Eine antike Pathosformel in Giovanni Bellinis 'Lochis Madonna'*, in: Fremde Zeiten. Festschrift für Jürgen Borchhardt, Fritz Blakolmer ed. (Vienna 1996), p. 377.

16 Günther Heinz and Carlo Dolci, "Studien zur religiösen Malerei im 17. Jahrhundert", in: JB d. kh. Slgn. 56, (1960), p. 197 ff.

17 Sylvia Ferino-Pagden ed. *Masters of Venice. Renaissance Painters of Passion and Power* (Munich/London/New York 2011), p. 72.

18 Karin Gludovatz, *Ästhetische Widerständigkeit. Tizians produktive Dissonanzen*, in, Empfindung oder in der Nähe der Fehler liegen die Wirkungen Agnes Husslein-Arco ed. (Vienna: exhibition catalogue Belvedere Augarten 2009), p. 30 ff.

19 For the serpentine figure as a pose representing extremity see: Jacques Bousquet, *Malerei des Manierismus* (Munich 1963), p. 129.

20 Cf. Gombrich, as note 1, p. 318.

21 Werner Hofmann ed. *Zauber der Medusa. Europäische Manierismen* (Vienna: exhibition catalogue Künstlerhaus 1987), p. 184.

22 Barta-Fliedl ed. As note 10, p. 42.

23 For Warburg on this emotion in victory gestures of headhunters see: ibid, as note 10, p. 23.

24 Cf. Günther Heinz, *Das Bild der heiligen Maria Magdalena von Luca Cambiaso in der „Galeria" des Giambattista Marino*, in: JB der kh. Slgn. (Vienna 67, 1971), p. 105 ff.

25 Cf. Marianne Koos, *Bildnisse des Begehrens. Das lyrische Männerporträt* in: der venezianischen Malerei des frühen 16. Jahrhunderts. Giorgione, Tizian und ihr Umkreis (Emsdetten-Berlin 2006).

26 On terms used by Deleuze see: Gilles Deleuze, *Das Bewegungs-Bild*, (Frankfurt 1989). See also: Giorgio Agamben, *Noten zur Geste*, in Dass die Körper sprechen, auch das wissen wir seit langem, Hemma Schmutz ed. (Vienna: exhibition catalogue Generali Foundation 2004), p. 39 ff.

27 Martin Warnke, *Goyas Gesten*, in: Goya. Alle werden fallen, Werner Hofmann ed. (Frankfurt 1987), p. 115 ff.

28 *Bellini. Giorgione. Titian and the Renaissance of Ventian Painting* (Washington/ Vienna: exhibition catalogue National Gallery of Art/ Kunsthistorisches Museum 2006/2007), p. 190 ff.

29 Giorgio Agamben, *Nymphae* (Berlin 2005), particularly p. 9 ff.

30 Thomas Da Costa Kaufmann described it most recently in: Thomas Fusening, *Hans von Aachen 1552–1615. Hofkünstler in Europa* (Berlin: exhibition catalogue. Suermondt-Ludwig-Museum Aachen/ Císarská Konírna/ Gemäldegalerie des Kunsthistorischen Museums Wien 2010/11), 213. And in: Thomas Da Costa Kaufmann, *The school of Prague. Painting at the Court of Rudolf II.* (Chicago/London 1988). Music as an art form that speaks directly to emotion related to thoughts of vanity is only hinted at here.

31 *Prag um 1600. Kunst und Kultur am Hof Rudolfs II.* (Vienna: exhibition catalogue Kulturstiftung Ruhr, Villa Hügel, Essen 1988) und Henri Bergson, *Das Lachen. Ein Essay über die Bedeutung des Komischen* (Zürich 1972).

32 Tanja Widmann, *Im Affekt sind wir nie allein. Peinlichkeit als Chance*, in: Filmavantgarde Biopolitik, Sabeth Buchmann ed. (Vienna 2009), 392 ff. Also see: Hemma Schmutz, p. 17 ff.

33 Marie-Luise Angerer, *Vom Begehren nach dem Affekt* (Berlin/Zürich 2007).

34 Kathi Hofer, *Gesichtsverlust im Close-up. Zwei philosophische 'Selbstporträts'*, in Husslein-Arco, as note 18, p. 6 ff.

Mediating Emotions
Irene Calderoni

The exhibition begins from the end, accompanied by the roar of an explosion and the flash of apocalypse. A contemporary narrative of feelings therefore seems as though it must start at the outer edges of the spectrum of human feelings, to be one of terror and horror in the face of the threat of total annihilation. The focus of this threatening overture is the work *9/12 Frontpage* by Hans-Peter Feldmann, a monumental archive of front pages that were published by newspapers around the world on the day after the attack on the Twin Towers in New York. In a significant sense, this work not only evokes one of the most shocking and defining events in world history, but also its representation in the media emphasises the necessity of appealing to today's society via a mix of feeling and spectacle or – more specifically – the mix of representations of violence and entertainment. September 11 is the ultimate iconic event, a real and horrific deed transformed in real time into a TV show, images in a newspaper, a spectacle with a global audience. A transformation simplified by the fact that the world's imagination had been thoroughly prepared for disaster, and the collective conscious assimilated by the entertainment industry. The structure of Feldmann's work, based on the accumulation, classification and museum-like ordering of the found objects, reflects the mechanism behind the pathos in the violence of these images, reproduced and viewed innumerable times, to foster an ambiguous feeling that makes it impossible to tell horror and enjoyment apart. In this sense, the work becomes a mirror that reflects our voyeuristic image back at us, enchanted by the images of destruction. The installation offers the viewers space to think about themselves, to engage with their own, and the collective, memory and with the complexity of their own feelings in the face of these images, which leads to contemplation of the responsibility of the gaze.

A walk round the exhibition ends in a mirror image work that raises the issue of the gaze, by bringing together the subject of feelings and contemporary media culture. *Zidane. A 21st Century Portrait* by Douglas Gordon and Philippe Parreno is a video installation that shows the international footballer Zinédine Zidane during an entire football match. In contrast to the usual kind of TV report, where the cameras follow the play, the view here is exclusively of a single player, it captures his every mood, gesture and movement, not only in intense moments, but also the lulls in the game, in tiredness and even periods of boredom. It seems to lack spectacle and heroism because it dilutes the epic of the battle and the myth of the champion to the utmost, and yet, despite this, is completely encompassed by the contemporary logic of a reality show, where the lack of a classical storyline leaves space for purely voyeuristic enjoyment and alleged access to the performers emotional authenticity. It is obviously a staging of reality, in which the availability of camera and broadcasting equipment already contains within itself an important element of the fictional. The state of taking a step back, to observe consciousness, doesn't just make authenticity impossible, but also the expression of expressiveness itself, the human ability, something beyond a simple exposure to gaze. Giorgio Agamben states in *Elogio della profanazione*: 'But it is perhaps only in the sphere of the human face that the mechanism of exhibition-value finds its proper place. It is a common experience that the face of a woman who feels she is being looked at becomes inexpressive. That is, the awareness of being exposed to the gaze creates a vacuum in consciousness and powerfully disrupts the expressive processes that usually animate the face. It is this brazen-faced indifference that fashion models, porn stars, and others whose profession it is to show themselves must learn to acquire: they show nothing but the showing itself (that is, one's own absolute mediality). In this way, the face is loaded until it bursts with exhibition-value.'[1]

From this point of view, a work like *Zidane. A 21st Century Portrait* confronts us with the very paradox of our time: the ability to display the human soul, in all its facets, in every transformation, with the immediacy of ever faster tools, with the insistence of ever encroaching close-ups, which implies a diminishing of the expressiveness of the subject depicted.

This theme is one of many running through the *Deep Feelings* exhibition. The exhibition reflects the complexity of the relationship between the world of feeling and the edicts of images, as art history unfolds. On the other hand, it is very meaningful that the narrative running through the exhibition, with reflections at either end, has at its core the problems of the contemporary system, but also the engaged and critical spirit that art has always been.

1 Giorgio Agamben, *Profanations* (Brooklyn: Zone Books, 2007), p. 90.

Emotion is Commotion
Francesco Bonami

We witness cruelty, sadness, violence and even happiness on a daily basis. Feelings of any nature have been downgraded to a tool for communication. Horror is nothing more than another marketing device to reach out to a larger, broader, more and more jaded audience. We consume pathos by the hour, robbing art of one of its fundamental reasons to exist. Pathos has been replaced by provocations and spectacle. The image of Cattelan's hanged children went around the world even if, as a work of art, it was poor, but *Bidibidobidiboo*, when presented in 1996, went almost ignored even though it was loaded with pathos.
It is the destiny of most contemporary art to be challenged by the language of advertising. We could say that visual art has been contaminated by the "Toscani Syndrome", echoing the strategy used by the fashion photographer Oliviero Toscani. The strategy that turned him into one of the most brilliant ad men to appear on the media stage, from the early 70's well into the early 90's. His work is not really art and yet it transformed the way contemporary art has manifested itself in the last two decades. The crisis of Pathos in a work of art has been exacerbated by the immediacy of a world capable of producing poignant images instantly. Théodore Géricault, painting the *Raft of the Medusa* (1819), was acting as a reporter exposing one of the scandals of his time, but still his method was slowed down by his medium, painting. Today no painter can produce a work of that calibre when addressing some issue of contemporary society. Gerhard Richter took ten years to be able to address the subject of terrorism via his work. His *18. Oktober 1977* (1988) series about the death of some of the Baader Meinhof group is full of pathos because they are detached from the immediacy of the media. No painter has been able to address the 9/11 tragedy, but Hans-Peter Feldman successfully did so by simply using the front pages of daily papers. In this case the pathos is produced by the coincidence of the same subject processed through many different languages. The Pathos produced by an image instantly transforms it into an icon capable of unifying and simultaneously making language obsolete. The emotional state which Feldmann's space puts us in, is the result of the power of a work of art to activate our collective memory and our collective, but remote, sorrow.
Art has lost, or has changed, its ability to generate emotions. The approach of intimating emotion and pathos that is present in old master paintings is now replaced by the artist's awareness that intimating their message won't work, if an impact on the viewer has to be produced. Emotion is commotion in the sense of common emotion. Together we can feel it, alone we lack it. Art has been for a long time a stage. The roles of the actors and of the public are very clear. Today Art is a window open simultaneously on two worlds, that of the artist and that of the viewer. Both have the same information. In ancient times no artist had actually seen the martyrdom of Saint Sebastian happening. The artist could only have imagined the pain of the Saint, and he didn't even have to do that. Emotion was the result of invention. Today all of us have seen the hooded Abu Ghraib prisoner, and the author of the horrific picture saw it live. How can that experience be transformed into art? It's almost impossible.
Reality has acquired the same power as artistic endeavour. The road of pathos and emotion has been split in two. On one side, art is sliding into utter documentation, reporting on emotions and pathos rather than interpreting. On the other side, art is going deeper and deeper into fiction, fantasy, grotesque, setting reality adrift to find its own destiny. The effort to combine and bring back together those two roads verges on some kind of Fitzcarraldo task, such is the case of the titanic effort by Douglas Gordon and Philippe Parreno in composing a portrait for the 21st century, based on the football hero Zinédine Zidane. That double video projection is perhaps one of the most successful cases of documentation being capable of producing a pathos and an emotion similar to that brought to life by a great and heroic painting. The challenge is most tasking for video artists. How do you avoid some kind of Bill Viola-esque embarrassment, trying to be a contemporary Pontormo upgraded to the latest digital device, and still be able to create an experience that can sustain comparison with the great art of the past? One way is Gordon and Parreno's fascination with contemporary mythology and heroism. Another could be Fiona Tan's search for inspiration in the survival of ancient rites of passage, as she does in *Saint Sebastian* where young Japanese archers become the imaginary executioners of an invisible victim. Or you push the medium to the radical extreme, the reality show, as done by Donghee Koo in her *Tragedy Competition*. Here, what could have been a boring exercise in reality TV, becomes a true drama, captivating the viewer, bringing real pathos and emotion back to life through the simplicity of the medium, its use and its execution. Donghee Koo proves that no matter how much hype has destroyed the capacity to experience, not to speak of sharing our true feelings, given the opportunity to create the simplest stage, art can again offer the opportunity to reach inside ourselves, leaving the world of media with its artificial and digital emotions outside.

**'Faith, Hope and Charity' – Despair, Grief, Depression.
Examining the Deep Feelings as Material for Art**
Burghart Schmidt

It isn't possible, on a basic level, to agree on art. However, some characteristics of what art was created to accomplish are undeniable. One of these is that art serves to emphasise elements in what it represents. What's more, it also cannot be denied that this function of emphasis in representation in art is related to the circumstances in which these emphases are based, and from which they gain their motivation. The subject here, in very relative terms, is an anthropological constant that has to be acknowledged, even if everything that a person is, could, since Hegel, be considered historically created by them. Though what is meant by 'very relative' is, that despite 40s and 50s French Structuralism in anthropology and ethnology (Claude Lévi-Strauss), the fact that art emerging very late in our history, 35,000 to 40,000 years ago according to research, is a constant – Jürgen Habermas, for instance, added the idea of working to maintain existence. Humanity managed for an enormously long time before this, obviously unseen, without art. But once art had emerged, it could be seen in every zone of human society.

And the other side of 'very-relative', within the constant, is the monstrous history of change in what is emphasised, how it is emphasised, and what circumstances or motivation is emphasised. It becomes apparent that emphasis within motivational circumstances, which endures through every process of transformation, gives art its rhetorical component, conveyed or confronted by the narrative component. This would make art a type of interpretation, one of the hermeneutic processes, except that, as Michel Foucault's criticism of hermeneutics shows us, every interpretation demands, in turn, another interpretation because interpretations seek the implied depths beneath the surface, but in doing so, themselves create a surface with the promise of hidden depths beneath.

This is what Foucault meant by his phrase 'archaeology of knowledge', the unchanging role of archaeology as the epitome of the professional role of all researchers. This does not deny any role for in-depth hermeneutic analysis, but it simply becomes something intentionally accepted, not something resultative, as if the depths had become accessible through some kind of interpretation. Due to the hermeneutically interpretive character of art, philosophers from Friedrich Schelling (early nineteenth century) to Richard Rorty (late twentieth century) have assumed, with a hint of the spirit of Romanticism, that art could become the instrument of philosophy.

I would now like to explain, or at least shed more light on, what could be implied by the function of emphasis in referencing motivating circumstances, using what seems to be an almost wholly unconnected example. We will take the self-styled Concrete Art movement of twentieth-century Europe and America, which is usually described as abstract or non-representational. They emphasised abstraction itself, little wonder in the self-intellectualised society of Europe and America. But art illustrates that this is not just about the ideology of intellectualisation, it is about abstraction and rationalisation of life in a society, and therefore individual existence as a whole, as it effects everyone. Everyone exists, feels and experiences, but now only in abstractions and rationalisations, from breakfast to dreaming.

The appearance of mass societies has always been accompanied by a certain rationality, thus the abstractivity of cultural phenomenon, including art, at least in the West, even in its earliest times. This was the process in Classical Greece, and in Ancient Rome, not to speak of Ancient Egypt with its geometric style. Even though there then followed the excesses of Hellenism and later Roman art, the basis of classical rationalism remained. The abstractive had simply pushed itself into complexity, carried by spurts of imperial expansion. The abstractive in general and in

essence, in its early stages, tends to be enormously simplified, but then becomes hugely complex, as the history of ornamentation shows us. The abstractive in the simple lintel carving is the perfect example of the tendency to the labyrinthine, it becomes a chaotic labyrinth through elaboration of the simple.

This pattern was repeated during the development of the modern mass societies of Europe and America. This was, however, a different type of mass society to that of Ancient Greece and Rome. The first mass societies to appear in Europe, through the organisation of, and battles between, the great powers, established laws unified to the point of absolutism, in contrast to the medieval patchwork of many regional laws, autonomous regions and autonomous states. And then came the most profoundly simplifying abstraction and rationalisation in thought and image making, the Renaissance. At the height of this absolutism, however, a fancy without equal unfurled. It was based on the abstraction and rationality that the Renaissance had brought, and used absolutism as the basis for the new culture, in other words, it was an increase in complexity, or a differentiation caused by refinement. It took the form of Mannerism and Baroque, a fancy based just as rigorously in mathematics, and just as well supported by mathematics, in a similar fashion to Hellenism and later Roman art.

We must, however, differentiate between the mass societies of absolutist great powers in Europe and America and the nineteenth century mass societies that were developing into cities that sprawled to become metropolises, or cities founded for heavy industry, big business, and mass markets, with the construction of huge rail and canal transport networks, followed by roads. And yet this was also accompanied by spurts of simplifying abstraction and Classicism, the same Classicism, in turn, which escalated, in a frenzy of ornamentation, to produce Baroque, or even Baroque Revival and Victorian Gothic. The emphases of the abstractions of Concrete Art express the regimen of rationalisations in the modern mass society at their most unwavering and stark. In this respect, Siegfried Kracauer and Elias Canetti were right in their opinion that Concrete Art was art for the masses, it was expression. It's just ironic that the masses have always paid so little attention to what they themselves expressed, and to this very day. And the other, non-concrete twentieth-century art movements, some of them heavily packed with photos, realism and fragments of reality, owed a debt to abstraction, in the sense of an interplay of analysis and montage, including Expressionism. Expressionism seems to be much closer to the theme of deep feelings than Concrete Art. Yet, are not the clarity, purity and structure of deep feelings also an aesthetic rather than accuracy, in the same way that mathematicians celebrate the most beautiful solution to a problem?

After this discussion of the emphasis in Concrete Art, as they apply to deep feelings, the rhetorical factor is just abstraction itself as the means of socialisation within everything. But how is the narrative element, which refers to circumstances, removed in order to validate the emphasis itself? Through the adventure of colours interacting in our vision, and in their sensual associations, which are the adventures of interacting mathematical figures in our vision, and their associations, the spatial effect of the linear constructions and the spatial effect of the relationships between colours, so that the surface can become newly plastic, a precursor of the close relationship between photography and sculpture. And, of course, these adventures are related to deep feelings, from the celebrations of aesthetic mathematicians to the astounding plasticity of the surface, which suddenly rips up screens and gallery walls, tempting people into the depths, intensifying longing. The now publicly paraded ability of art to emphasise is only lastingly displayed in just a single one of its main materials, deep feelings, which need be specifically explained only in one movement, which in its coldness, sobriety, dryness and reserve, its proximity to being structured thought, seems furthest removed from deep feelings, that when juxtaposed against them, seems to be the opposite. Even here, we find deep feelings.

Now to the material of the profound emotions themselves. Aby Warburg, by talking of pathos formulas, finally made it possible to follow them through art history, to identify them against the backdrop of the ongoing processes of transformation in art. But first it is necessary to make clear that emotion is always more than is apparent. This is what distinguishes it from experience, or more accurately, this distinction can be introduced. Immediate experience, even in its empathic dimension, keeps itself to itself, while emotion does not keep itself to itself. Emotion does not, however, extend in a single dimension, but in many directions, in all directions, creating a mantle of diffuse rays, in other words, a projected sphere, but this would be too smooth and round to allow differentiation between its diffuse rays. This can be closely examined, even in the ancient works of art displayed in the exhibition and in this catalogue.

This leads us to the next milestone in our journey to profound emotion. The way that their different types are separated and categorised, almost as if they were chapters in a book, in general is according to relative anthropological constants. 'Faith, Hope and Charity', Paul's three profound emotions, appear in the famous work by Ödön von Horváth, and he didn't want to see them from the worm's eye view employed by Nestroy, importantly for deep feelings, he wanted to see them from their dark, abandoned, lost underside, and these feelings must be able to bear this, just as they must bear being used by Nestroy, because otherwise they are worth nothing and are in no way profound – but let's take these as an example to explain relative anthropological constants as they apply to deep feelings. Science seems to want to disassociate itself from belief, the better to pursue knowledge. And yet, there is a huge element of belief in all sciences. Since Charles Sanders Peirce's philosophy of science, since the nineteenth century, scientists have believed in the methods and criteria of the scientific establishment, because its findings are agreed upon by corporate scientists around the world. And so we believe it is safe to use data approved by this establishment, then work with it in a feeling of security. But how much does the above-mentioned justification differentiate this belief in science from religious belief? And then there is belief itself, as a basis for self-evaluation, self-assurance, but also an inflated sense of self and inferiority

complexes. Many different types of belief have appeared, which demonstrates the historicity of belief. Love, how recent is our Romanticism-influenced erotic and sexual understanding of it? Simply consider platonic love, which to our contemporary eyes is a product of Christian bigotry.

In the original Plato, if the *Symposium* is taken at its word, the subject is very much erotic and sexual love, particularly in the complete equality of homosexuality. Even if Plato's exaggerated ending lets this slip through its grasp, Christian interpretations grabbed it by the horns, in order to bring to the fore emasculated/defeminised, ascetic and chaste love, and convey this message. But the core of Plato is a charging of the higher characteristics of beauty, the love of truth, kindness and the thirst for knowledge with the energy of erotic, sexual love, Plato sees connections, not enmities. And also note that Foucault talks about the institutional transformation of love as an issue related to history (*Histoire de la sexualité*). Hope – there was a disagreement in translation, even though the most precise language was being used, which helps clarify how the historicity of hope developed. The incident involved the translation of Ernst Bloch's *Das Prinzip Hoffnung* into French.

Gallimard wanted to publish it in the spirit of French Existentialism under the title *Le Principe d'espoir*. That translation would have been ridiculed by Adorno, hope could be anything, except a principle. But Bloch was investigating, as he himself described, academic hope, not existential, combing cultural history for images of hope. Therefore the translation had to be, *Le Principe Espérance*, so diffusing Adorno's ridicule. Gérard Raulet and I successfully demanded the more appropriate translation from Gallimard, and therefore also the historicity of hope, however much it seems to be directed towards the future. This too is how it is with the other deep feelings, despair, horror, grief, depression, longing. Not everything can be wanted or desired in every period, as Bloch would very pertinently say. And yet we find enduring constants running through what it is to be human, and therefore through the universality of deep feelings.

The exhibition presented in this catalogue represents the start of an experiment, to investigate the historic change from simple relative constants of anthropological evolution in areas relating to the world of deep feelings within art production. Therefore we are talking about undertaking a form of testing of historicity, via the transformativity revealed by Aby Warburg's pathos formulas in artistic expression, and the degree to which they are present in quotation, reproduction and invention.

Now, even if it is evident that deep feelings, by the simple fact of the emphasising character of art relating to them, are a very special material for this testing, this allows us to discard another relative constant of artistic production, if the material of deep feelings is to be taken as an absolute in art and defined without reference to anything else. What is meant, by other relative constant, is revealing the hidden, and this is more directed towards the extraneous, the small, fine distinctions, as expressed by Bourdieu, or as Max Bense said, it is also about 'precise enjoyment', not the noise of the large and the excitement of profound emotions.

Art has many different tasks, and this alone requires today's irreversible return of pluralism. Although this is bewailed in the art world as an absolutely disorientating arbitrary. This is not in itself true. Today's pluralism, on close examination, means only the thorough hypothesization of our certainties. A multifaceted, polymorphic perspectivism (see the philosophy of Ortega y Gasset) in no way precludes consciously adopting a certain perspective and testing it. This is precisely how hypotheses gain in certainty, by adopting the mantle of certainty, the utopian power that lies within all hypotheses. And so, Oskar Negt diagnosed our time, very accurately, in the book title *Nur noch Utopien sind realistisch* (Only Utopias are Still Realistic).

Granted, against a backdrop of today's rapidly changing values it is imperative to understand utopia as a range, from dystopia to desirable. Even the so-called 'Chicago school of economics' (Milton Friedman et al.) has their utopia, a dystopia for the majority. Therefore it is, to a large extent, possible to demand precise enjoyment from art in the name of pluralism in its truest sense, one in which 'anything goes' (Paul Feyerabend) not doing nothing, letting things happen, and getting things going. They are offered here by the exhibition represented in this catalogue, to travel through the net of narrative, within which the emphases are trapped and which qualifies their relevance, meaning being hypothesised, instead of, based on their intrinsic value, standing in isolation. After all, the entire exhibition is a huge narrative of narratives. But it is also absolutely true that an art that shuns deep feelings, avoids them, or turns its back on them, and instead gives its undivided attention to precise enjoyment, in wanting to reveal the hidden, demonstrates the necessity of these feelings and appropriates them.

aesthetic device, that fascinates artists to this very day because of its ability to provide an experience of empathy. It is only this context that explains Damien Hirst describing the falling skyscrapers as 'an artwork in its own right', while for Karlheinz Stockhausen they are even the 'greatest work of art' ever.

However, aside from this aestheticising of horror, art works also have, according to Aby Warburg, the power to allow already-experienced stimuli and feelings to be objectively understood. 'That's why Warburg talks about images as "preserved energies": they are containers and transformers of strong waves of emotion that form them and isolate them (…)'.[3] Emotions are conveyed in forms and expressive acts, the 'pathos formulas', that span epochs, and at the same time keep these feelings fresh for our times. The dialogue between Hans-Peter Feldmann's *9/12 Frontpage* and the fear, pain, desperation and sorrow of the 17th-century biblical catastrophes – Johann Heinrich Schönfeld's *Simson Taking Revenge on the Philistines* and Valerio Castello's *The Massacre of the Innocents* – brings this dialectic into sharp focus. The moment of shock, as it is shown in all these works and the interplay between them, evokes from our memories a dialogue between past and present, similar to what Walter Benjamin called 'Eingedenken' (communal recollection) and underlines the great importance of shared memories for the representation of emotion in art.

1   Cf. Aaron Ben-Ze'ev, *The Subtlety of Emotions* (Cambridge: MIT Press, 2000), p. 18.
2   Lucretius, *On The Nature Of Things*, trans. Cyril Bailey (Oxford: The Clarendon Press, 1910), Book III.
3   Hartmut Böhme, *Aby M. Warburg (1866–1929)* in: Klassiker der Religionswissenschaft. Von Friedrich Schleiermacher bis Mircea Eliade, ed. Axel Michaels (Munich, 1997), p. 20.

Shock
Stephanie Damianitsch

Feelings are a characteristically human way of reacting to significant changes in personal situations.[1] When daily life is shaken by profound experiences, a whirl of intense emotions is immediately felt that is generally referred to as shock (Latin name: terror). Lucretius vividly described how, in such situations, 'sweat and pallor break out over all the body, and the tongue is crippled and the voice is choked, the eyes grow misty, the ears ring, and the limbs give way beneath us.'[2]

The attack on the World Trade Center was an example, from recent history, of a pivotal moment of shock for an entire society. Reaction to the images, transmitted around the world that day, and hung side by side, by Hans-Peter Feldmann, in his iconic work *9/12 Frontpage*, ranged across a spectrum of emotions from horror to fascination. Hans-Peter Feldmann's work raises the issue of art's role, in relation to the representation of 'deep feelings'. It is just this combination of emotions accompanying the feeling of shock, already employed by art's avant-garde as a central

Melancholia
Stephanie Damianitsch

Anxiety, despair and exhaustion have, since the 5th century, been described as symptoms of melancholia (literally: black bile), which was first mentioned as an illness in the Corpus Hippocratium. Christian theology added the vice of acedia (commonly known as spiritual torpor) to the purely medical term. This was understood as a spiritual crisis, doubt or melancholy about God's creation, which, however, was also used in a positive sense to denote release from the veil of earthly pleasures. An example of the close relationship between melancholia and remorse can be seen in Francesco Furini's *The Penitent Mary Magdalene*, where the saint's head is shown resting on her hand in a pathos formula signifying melancholia, as also displayed for example in Albert Dürer's engraving *Melencolia I* (1514), described by Aby Warburg as a, 'panorama of heterogeneous characteristics of melancholia'.[1]

In the modern period, melancholia has gained the figurative meaning of a feeling, a mood, which Sigmund Freud characterised as, 'a profoundly painful sense of dejection, a cessation of interest in the outside world, loss of capacity to love, inhibition of all activity, and a lowering of the self-regarding feelings.'[2] It accompanies existential crises characterised by the hopeless appearance of the past and the 'yet to be' of a better future.[3] Titian's *The Deposition*, which mourns the yet to be resurrected Christ, and Anna Gaskell's melancholy view of lost childhood innocence transforming into adulthood, take these intermediate stages as their theme and display astonishing parallels in their iconography of melancholy, despite their difference in theme and period.

In the 20th century, melancholia was replaced, as a description of illness, by the term depression. In Margherita Manzelli's image of an emaciated, pale woman staring fixedly out of the picture, the depressive feeling of hopelessness takes on a frighteningly vivid presence, an emotion that could lead to suicide, as shown in Maurizio Catellan's installation. The oppressive silence in these works expresses the impossibility of talking about crises of melancholia, and stands in contrast to Donghee Koo's video work *Tragedy Competition*, in which several people surrender to unrestrained sobbing and weeping, expressing their sadness through sound, gesture and action. However, all these works have in common that the melancholia has a hint of irony, whether this is because the person committing suicide is a squirrel, or the fact that the person that wins the competition documented in Donghee Koo's work is the one that can keep their fits of weeping going the longest. The works emphasise, without caricaturing the world weariness of those experiencing melancholia, that there is a 'structural relationship between melancholia and humour, disdain for the world constantly descending into derision for the world (...).'[4]

1   Aby Warburg, cited by: Eckart Goebel, *Schwermut/Melancholie*, in Ästhetische Grundbegriffe, vol 5, ed. Karlheinz Barck (Stuttgart/Weimar, 2005), p. 461.
2   Sigmund Freud, *Mourning and Melancholia*, in The Standard Edition of the Complete Psychological Works of Sigmund Freud, vol. 14, On the History of the Psycho-Analytic Movement Papers on Metapsychology and Other Works, ed. James Strachey (London: Hogarth Press, 1914–16), p. 244.
3   Cf. Goebel, *Schwermut/Melancholie*, in Ästhetische Grundbegriffe, vol 5, ed. Karlheinz Barck (Stuttgart/Weimar, 2005), p. 451.
4   Goebel, *Schwermut/Melancholie*, in Ästhetische Grundbegriffe, vol 5, ed. Karlheinz Barck (Stuttgart/Weimar, 2005), p. 451.

Love
Alexandra Hennig

The character of love is elusive and ambivalent and finds expression in many different forms, including selfless maternal love, romantic love, passionate erotic love, articulated through desire and lust, as well as vanity and self-love. The maternal love encountered in the Egyptian statue of Isis, with Harpocrates feeding at her right breast, provides a good example, an image that was to prove inspirational for the Christian iconography of the so-called 'Maria lactans' – the nursing Madonna. What is remarkable in this example is the combination of representations of power and motherhood,

which are in stark contrast to the Christian-influenced image of the self-sacrificing, intimate love of the virgin mother, as shown in Carlo Dolci's *The Virgin and Child*, which is still a great influence on ideas of motherhood today.

Marital love and affiliation is epitomized by the simple and touching gesture of holding hands in another Egyptian statuette of Nefer-heb and Dedet-nebu. A vibrant contrast to the static Egyptian couples, frozen forever in their representation, is provided by the passionate compositions of the three renaissance paintings, Paolo Fiammino's playful Dionysian allegory of love in a landscape abloom, Bartholomäus Spranger's *Jupiter and Antiope*, and Titian's work, which all reference patterns and mythological motifs from antiquity.

Titian's naked Venus, at the centre of the composition in *Mars, Venus and Cupid*, is the embodiment of love, lasciviously turning toward Mars, the god of war. The love scene between Jupiter and Antiope is just as dramatically composed, with Jupiter approaching the princess of Thebes in the guise of a faun. Spranger here proves himself a master of complex, convoluted composition, suggestive of a specifically erotic power. In contrast to his muscular, active upper body, Jupiter's animal extremities correspond in their passivity to the papier-mâché legs of Sarah Lucas' work *Love Me*. Lucas' metaphorical representation of the unthinking body of the woman-object, exposed to the voracious male gaze, can be understood as a biting criticism of the still common stereotype of the 'docile woman'.

Relationships, buffeted by crises and meandering across the thin divide between love and hate, are exemplified in Sam Taylor-Wood's video installation, *Travesty of a Mockery*, which literally catches the viewer in the crossfire of a bitter argument. The artist reveals the reality of how disturbed and riven the relationship is through a constant intensification of the drama.

According to Erich Fromm's *Die Kunst des Liebens*, self-love and love are mutual prerequisites. Unlike self-love, pride can easily lead to egotism, arrogance and vanity. These are the characteristics examined in the selected images by Adrian van der Werff and Paris Bordone, which show self-regard and display that borders on vanity, as the focus of the images shifts to elaborate, external staffage such as artistic hairstyles and wigs, sumptuous clothes, and cascades of fabric. Yinka Shonibare, on the other hand, employs sophisticated displacements as a way of criticising display, by paraphrasing social pigeonholing, particularly of clothing, as an expression of societal belonging and a mechanism of power.

Grief
Stephanie Damianitsch

'Grief is the most profound type of sadness. The object of grief is death which is one of the greatest misfortunes that can befall us,' according to the emotions researcher Aaron Ben-Ze'ev, thereby emphasising the feeling of loss, and awareness of transience connected to grief.[1] One's own mortality and vulnerability are impressively displayed in Berlinde De Bruyckere's wax sculptures of fragmented human forms.

The awareness of death doesn't just evoke grief however, fear is also present. In Zoe Leonard's photograph a female anatomical model with open rib cage poses defensively in an attempt to protect herself against an invisible, threatening presence. The fear of apparent decay is here juxtaposed against the human battle to prolong life via medical research. A similar dialectic also characterises the genre of still life, whether within the Baroque forms of Pieter Claesz, or a contemporary metaphor by Damien Hirst, who both make the transitory beauty of nature explicit and yet seek to keep it at the threshold where life ends and death begins. It becomes clear that art can assume the character of a memento mori, but also that in grief over past or coming loss, images are used, 'to remove the spell of incomprehension from pain and bring it to the realm of being bearable,'[2] but death has since time immemorial been, 'an unbearable absence that one fills with the image in order to render it bearable.'[3]

The mourning ceremonies of different cultures also display behaviour patterns intended to help in dealing with experiences of loss. In this way, the mourning dress worn by Empress Elisabeth of Austria, which, as part of a death ritual is intended to elicit a state of memento mori in the wearer, is placed in an associative exchange with contemporary works of art, where they borrow from the pathos formula of grief and this multilayered meaning is contrasted with current issues.

Grief can therefore be spoken of in terms of personal destiny, but also in relation to examining culture and collectives, not least in the context of political disappointments, which Shirin Neshat's photography *Graceful Death* and in particular William Kentridge's video work, *History of the Main Complaint* make explicit, the latter being a multilayered work drawing on memories that take a mournful look at the situation in South African society before and after apartheid.

1 Aaron Ben-Ze'ev, *Die Logik der Gefühle. Kritik der emotionalen Intelligenz* (Frankfurt, 2009), p. 257.
2 Trauer, ed. Thomas Trummer (Vienna, 2003), p. 5.
3 Hans Belting, *Bild-Anthropologie. Entwürfe für eine Bildwissenschaft* (Munich, 2001), p. 144.

Longing

Stephanie Damianitsch

If the feeling of grief equates to a consciousness of the finiteness of things, longing is just as existential an emotion, directed at eternity. It is characterised by the search for intimacy and security, whether in relation to another person, an idealised refuge or one's own self-knowledge, which, in contrast to unfulfilled wishes, reveals itself to be experienced as hard and disillusioning reality.

A central role was played by 'longing' in the continuation of the mysticism of Jacob Böhme into the Romantic period – there has been an ever increasing 'emotional parallel'[1] between this period and our current time – not least as a criticism of the Enlightenment and its overemphasis of human reason, which had led to strife and an abstract imbalance among people, according to Romanticism. The hope for the complete realisation of the self and the world became the greatest task of romantic longing. The wish for enhanced well being in relation to eternity – an extension of the Kantian idea of the sublime – is often translated into terms of impressions of nature. The representation of nature is thus made a 'landscape of the soul', which acts as a way to express internal mental and emotional states.

Thomas Ruff's *Sterne Bild* can, in this context, be seen as a contemporary 'hymn to the night', which allows the viewer to experience the romantic longing for eternity. Sharon Lockhart's photographic diptych, on the other hand, seems to reference Caspar David Friedrich's *Der Mönch am Meer* (1808 / 10), which creates an image of longing by juxtaposing the human against the vastness of nature. While Andrea Abati in *Accostamenti: il mare* allows this vastness of the ocean to speak for itself, Sharon Lockhart rolls back the wide horizon, the people are pulled into the foreground and turned to face us, even if they seem to be looking through us. Despite these adaptations, the feeling of longing is evoked in the viewer, an emotion that is often attributed to the characters depicted, between who a loving relationship can be assumed, although Sharon Lockhart has joined pictures taken on different continents, in a purely artificial pairing. This is used simultaneously to draw on the romantic motif of the Doppelgänger, which, according to Jean Paul indicates the longing to be a 'self-seer'[2], but also indicates the romantic fear of insanity, as it appears as a theme in the works of E.T.A. Hoffmann and Edgar Allan Poe, and as it is reawakened in Nathaniel Mellor's installation *Hippy Dialectics (Ourhouse)*, about the schizophrenic dialogue between two heads.

It is clear that contemporary artists are drawing on an, 'emotional vocabulary of longing that exists within the culture,' which, 'oscilates between a certain melancholia, a feeling of grief, a feeling of loss and a feeling of aspiration, of expectation.'[3]

1 Martina Weinhart, *Die Welt muss romantisiert werden. Über die Entdeckung einer Haltung*, in: Wunschwelten. Neue Romantik in der Kunst der Gegenwart, ed. Max Hollein (Frankfurt, 2007), p. 25.
2 Gerald Bär, *Das Motiv des Doppelgängers als Spaltungsphantasie in der Literatur und im deutschen Stummfilm* (Amsterdam / New York, 2005), p. 24.
3 Weinhart, as note 1, p. 25.

Suffering

Stephanie Damianitsch

Suffering is a basic human experience, and a feeling of intense mental or physical pain. Derived from the Greek word 'pathos', the Latin word 'passio' means the passive experiencing or suffering of something mental or physical, which shows how closely this idea is connected to pain, injury and illness, with an emphasis on the loss of control over one's self.[1] While one dreads one's own suffering above all else, there has, from time immemorial, been a strange fascination with the pain of others, which is the subject of theories of tragedy and also contemporary philosophy, e.g. Alain Badiou's 'passion of the real'. This can however also be seen in popular culture – notice the success of horror and splatter movies. Jake and Dinos Chapman's installation *Cyber Iconic Man* seems to be plucked from just such a horror film, but is based on the two brothers' decades-long obsession with Francisco Goya's series of prints *Los Desastres de la Guerra* (1810–1814) and underlines the relevance for our times of the atrocity of the physical violence and suffering they so explicitly show.

Torture and martyrdom have forever been bound up with exercising power and wanting to control other people. However, the body, upon which suffering can be inflicted, therefore becomes a means of resistance, the most vivid example of which, in Catholic culture, is the Stations of the Cross, the Passion. This was followed by Saint Sebastian, a captain in Rome's Praetorian Guard who revealed himself to be a Christian, under the rule of the Roman emperor Diocletian, and was then shot by Numidian archers. Veronese shows the martyr in pain and adopting a defensive pose, but despite this, he is looking towards heaven. According to the Christian tradition of the mortification of the flesh, physical suffering is transformed into a profound experience of oneness or transcendent revelation. Fiona Tan's female archers find themselves in just such a fierce state of passion in the video installation *Saint Sebastian* as they participate in the Toshiya ceremony in Kyoto, a ritual initiation that marks the transition from childhood to adulthood. In this work too – that through its title establishes an association with Veronese's work – there is a positive transformation of fervent suffering into passion, and from passion, even if this is sometimes experienced as pain, comes an experience of devotion to a discipline, or a higher cause.

1 Cf. Dieter Kliche, *Passion/Leidenschaft*, in: Ästhetische Grundbegriffe, vol. 4, ed. Karlheinz Barck (Stuttgart/Weimar, 2005), p. 684.

Rage
Alexandra Hennig

This chapter runs a gamut through time and theme, from elementary and intense emotions, such as deep anger, rage and fury, their eruption, all the way to the transformation of these negative emotions into creative outbreaks of furore, starting with a small Etruscan statuette of Athena in attacking pose, and progressing to the dark work of contemporary Italian artist Roberto Coughi. In Coughi's work, a horned creature emerges from the pitch darkness of the background – an oppressed composite creature with burning eyes and a projecting skull that seems to bode ill. Coughi's disturbing creature is reminiscent of Goya's *The Sleep of Reason Produces Monsters* (*Los Caprichos*, 1793–99),

one might think it is a monstrosity escaped from a nightmare. In contrast, the Roman marble head of Emperor Commodus, legendary for his cruelty and lust for blood, is presented in the style of a Greek philosopher, with peaceful eyes and flowing locks, an image that contradicts the acts of extreme violence and murderous enjoyment that the son of Marcus Aurelius is reputed to have indulged in. Charles V's magnificent Medusa shield on the other hand, which he received from his brother Ferdinand I as a present to mark his African campaign, was an expression of great respect shown to a worthy ruler and brave general, styling him a new Perseus. The blazing eyes of Medusa's head, with its writhing snakes, had the power to turn enemies into stone. It was a likewise mirrored shield, given to Perseus by Athena, that was used by him to kill the hated Medusa, who had seduced Poseidon when she was young and beautiful. According to the pathos formulas, the principle of opposites is expressed in processes that Warburg called 'meaning inversion' or 'energetic inversion'.[1] The term 'furore' therefore contains the potential for similar inversion, meaning both terrible rage, but also, in the sense of the 'furor poeticus' of Platonic thought, a description of an ecstatic state that is experienced, by poets among others, in moments of intense creativity. A similar charge of pathos can be found in Matthew Barney's operatic works of the *Cremaster* cycle, which are Dionysian in their exuberance and full of almost unsurpassable imagery, and in Diego Perrone's video of an opera singer training her vocal cords to produce a constantly increasing series of vibrato vowels.

1 Georges Didi-Huberman, *Das Nachleben der Bilder. Kunstgeschichte und Phantomzeit nach Aby Warburg* (Berlin 2010), p. 270.

Solitude
Alexandra Hennig

In a time of constant growth in the number of single households, the term solitude is primarily associated with negative connotations, such as loneliness and social isolation. The social sciences understand solitude as being trapped within oneself, as a lack of social contacts, and even as the early stages of depression. More exactly, when we see the term from a broader artistic point of view, it opens a spectrum of ideas that dwell on the dark side of morbid solitude, isolation depression and phobia, but, at the same time, take as their theme voluntary absence – the retreat – as a means of spiritual healing, ordering the mind and making space for creativity.

The photographic work *Via Trieste #1* by Maria Luisa Calosso, a young artist from Turin, makes the viewer an intruder on an empty apartment, an involuntary witness and voyeur of an intimate and uncomfortable moment, the pathos in the cinematic tension of the static image and the not knowing what came before, or what is to come after. A comparably irresolvable tension suffuses Tony

Oursler's installation *White Trash / Phobic*. Two puppets with faces projected on them, positioned opposite each other in a darkened room, scream in defiance at their enforced isolation. 'You can't move, you're stuck, you can't breathe, you can't get out,' says Mike Kelley, who collaborated with Tony Oursler on this work, putting the lack of communication and claustrophobia in a nutshell.

The transition from describing isolation as a mental problem to it becoming a Romantic idea that is characterised by looking inward, is the influence for a photographic reproduction of a prison cell with glimmering stage lighting. *Asylum* by John Casebere uses the architecture of absence and silence, and a subject that conveys a sublime power, to stage an almost monastic aesthetic and solitary retreat. Another site of penitence and asceticism – in this case voluntary – has been found by Mary Magdalene, in Francesco Albani's painting of nature. It is the cave where she spent the last 30 years of her life, sunk in prayer. True to Warburg's principal, a dynamic of unconscious emotions is reflected in the so-called 'movement in staffage', her absorbed fixation on Jesus, the folds of her scanty clothing and waves of unbound hair. The bachelor from the village of Kuivaniemi in the north of Finland, on the other hand, appears self-determined and relaxed, in Esko Männikkö's photograph of the same name. In these old-fashioned surroundings, it shows the protagonist, in a tradition typical of the Renaissance, amongst familiar objects that refer to his profession, lifestyle and personality, and in so doing, it draws a sensitive and respectful portrait of a man within his austere realm, at the edge of society and the world.

The centre of this chapter is formed by the installation by the Icelandic artist Ragnar Kjartansson, titled *The End – Venezia*, which consists of 144 images. Day by day, for the duration of the 2009 Venice Biennale, Kjartansson painted a portrait of one and the same person, in an old Palazzo that he turned into his studio. Uniquely, persuasively and with enduring repetition, Kjartansson adopted the habits of a solitary, melancholy and romantic artist, styling himself as retreating into serious reflections on himself, nature and art.

Excitement
Alexandra Hennig

The dialectic juxtaposition of a statue of a discus thrower from around the fifth century – the then epitome of a virile athlete – and Douglas Gordon and Philippe Parreno's monumental contemporary video portrait of compelling footballer Zinédine Zidane, develops a range of contradictory, sometimes conflicting feelings and agitations, that, in the end, are what makes sport fascinating. Nervousness, anxiety, stage fright, agitation, extreme tension and release characterise the exceptional conditions of top flight sport performance, although the two juxtaposed works couldn't be more different. It is not just that thousands of years separate the two works of art, that discus is an individual discipline, and that football is a team game, the bronze sculpture, which can only suggest movement and pathos through its pose, also finds a formal opponent in the medium of film.

It is therefore all the more remarkable that Gordon and Parreno use the complex technical processes of their masterpiece's medium, such as editing, dissolves, slow motion and sound, to actually draw the viewer's attention to the absence of action. Inspired by portraits of kings, monarchs and military commanders, as depicted by Spanish masters such as Goya, Velazquez and El Greco, the installation presents Zidane as seen through 17 cameras during a match featuring his team, Real Madrid. He is shown as a sports icon engrossed in the game – an example of self-control and concentration. The sometimes alienating isolation of the football star, usually tensely waiting, watching and observing, within the confusion of a sporting event, is carried primarily by the soundtrack. The difference between the sound of the roaring stadium, and the subdued atmospheric noises of the Scottish band Mogwai, raise the tension till it is almost unbearable. But the craved release is not found in a resounding victory, but culminates – in a foreshadowing of Zidane's infamous headbutt during the 2006 World Cup final against Italy – in just such an irrational and passionately aggressive altercation with a player from the rival team. This unsatisfying, from both a sporting and logical point of view, release of pent-up emotions suddenly transports the athlete into the role of a gladiator and catapults him, in a kind of flashback, to the time of the discus throwers and arenas of antiquity. Gordon and Parreno's *Zidane. A 21st Century Portrait* is reminiscent of Juvenal's concept of 'bread and circuses', a criticism of the use of sport by politics and the economy as a way of distracting and diverting the energy of the masses with spectacular sporting events.

Biografien der Autor(inn)en / Authors' Biographies

Francesco Bonami
* 1955 in Florenz. Studium der Szenografie und Kunstgeschichte an der Accademia di Belle Arti di Firenze. Ehemaliger Direktor der Biennale von Venedig, künstlerischer Leiter der Fondazione Sandretto Re Rebaudengo, Turin, des Enel Contemporanea, Rom, und der Fondazione Pitti Discovery, Florenz, sowie Berater der Stadt Mailand für zeitgenössische Kunst. / * 1955 in Florence; studied scenography and art history at the Accademia di Belle Arti, Florence. Former director of the Venice Biennale, artistic director at the Fondazione Sandretto Re Rebaudengo, Turin, the Enel Contemporanea, Rome, the Pitti Discovery Foundation, Florence, and advisor on contemporary art to the city of Milan.

Brigitte Borchhardt-Birbaumer
* 1955 in Wien. Studium der Malerei und Grafik an der Universität für angewandte Kunst Wien und der Kunstgeschichte, Archäologie und Byzantinistik an der Universität Wien. Promotion 1987. Kunstwissenschaftlerin, Journalistin, Ausstellungskuratorin und Dozentin. / * 1955 in Vienna; studied painting and graphic arts at the University of Applied Arts, Vienna; art history, archaeology and byzantine studies at the University of Vienna. Doctorate 1987. Art historian, journalist, exhibition curator and lecturer.

Irene Calderoni
* 1976 in Ravenna. Studium der Kommunikationswissenschaften an der Università di Bologna und der Bildenden Kunst an der Università IUAV di Venezia. Kuratorin der Fondazione Sandretto Re Rebaudengo, Turin. / * 1976 in Ravenna; studied communication sciences at the University of Bologna and fine arts at the Università IUAV, Venice. Curator at the Fondazione Sandretto Re Rebaudengo, Turin.

Stephanie Damianitsch
* 1982 in Wien. Studium der Kunstgeschichte, Theologie und Genderstudies an der Universität Wien und der Universität Leipzig. Wissenschaftliche Mitarbeiterin und Kuratorin der Kunsthalle Krems. / * 1982 in Vienna; studied art history, theology and gender studies at the University of Vienna and the University of Leipzig. Research assistant and curator at the Kunsthalle Krems.

Alexandra Hennig
* 1973 in Wien. Studium der Kunstgeschichte an der Universität Wien. Wissenschaftliche Mitarbeiterin und Kuratorin der Kunsthalle Krems. / * 1973 in Vienna; studied art history at the University of Vienna. Research assistant and curator at the Kunsthalle Krems.

Burghart Schmidt
* 1942 in Wildeshausen (Oldenburg). Studium der Biologie, Chemie, Physik, Philosophie und Kunstgeschichte an der Universität Tübingen. Promotion 1981, Habilitation 1984. Professor i. R. für Sprache und Ästhetik der Hochschule für Gestaltung Offenbach a. M., Honorarprofessor der Universität Hannover, Gastprofessor an der Universität für angewandte Kunst Wien. / * 1942 in Wildeshausen (Oldenburg); studied biology, chemistry, physics, philosophy and art history at the University of Tübingen. Doctorate 1981, habilitation 1984. Professor emeritus of language and aesthetics at the Offenbach University of Art and Design, honorary professor at Leibniz Universität Hannover, guest professor at the University of Applied Arts, Vienna.

Hans-Peter Wipplinger
* 1968 in Schärding. Studium der Kunstgeschichte, Theaterwissenschaft, Publizistik und Kommunikationswissenschaft an der Universität Wien. Direktor der Kunsthalle Krems, Kurator von Gruppenausstellungen und Personalen zur klassischen Moderne und zur Gegenwartskunst. / * 1968 in Schärding; studied art history, theatre studies and communication sciences at the University of Vienna. Director at the Kunsthalle Krems, curator of group exhibitions and retrospectives of modern and contemporary art.

Verzeichnis der ausgestellten Werke / List of Works on Display

Collezione Sandretto Re Rebaudengo

Andrea Abati
Accostamenti: il mare, 1999
C-print, 71 × 105 cm
Collezione Sandretto Re Rebaudengo
p. 118/119

Andrea Abati
Accostamenti: il mare, 1999
C-print, 103 × 77 cm
Collezione Sandretto Re Rebaudengo
p. 117

Matthew Barney
Cremaster 5: Her Diva, 1997
C-print in acrylic frame, 134 × 108 cm
Collezione Sandretto Re Rebaudengo
p. 142

Glenn Brown
Ariane 5, 1997
Oil on canvas, 91 × 71 cm
Collezione Sandretto Re Rebaudengo
p. 69

Maria Luisa Calosso
Via Trieste #1, 2009
Digital colour print, 50 × 75 cm
Collezione Sandretto Re Rebaudengo
p. 26, 149

James Casebere
Asylum, 1994
Silver dye bleach print, 136 × 166.5 cm
Collezione Sandretto Re Rebaudengo
p. 148

Maurizio Cattelan
Bidibidobidiboo, 1996
Taxidermized squirrel, mixed media, 58 × 50 × 60 cm
Collezione Sandretto Re Rebaudengo
p. 27, 59

Jake and Dinos Chapman
Cyber Iconic Man, 1996
Mixed media installation, 280 × 140 cm
Collezione Sandretto Re Rebaudengo
p. 33, 133

Roberto Cuoghi
Untitled, 2004
Mixed media on paper, 100 × 100 cm
Collezione Sandretto Re Rebaudengo
p. 139

Berlinde De Bruyckere
La femme sans tête, 2004
Wax figure, wood, glass, 182 × 82 × 192 cm
Collezione Sandretto Re Rebaudengo
p. 100

Hans-Peter Feldmann
9/12 Frontpage, 2001
151 framed newspaper covers, each 60 × 40 cm
Collezione Sandretto Re Rebaudengo
p. 20, 30, 41, 43, 44/45

Urs Fischer
Untitled (Baum), 1999
Cork, wood, silicone, acrylic paint, moss, glue,
wooden bird model, dried leaves, 280 × 150 × 200 cm
Collezione Sandretto Re Rebaudengo
p. 123

Anna Gaskell
Untitled #2 (Wonder), 1996
Chromogenic print, 127 × 102 cm
Collezione Sandretto Re Rebaudengo
p. 51

Douglas Gordon
A Divided Self (I and II), 1996
2 channel video installation, 14:00 min.
Collezione Sandretto Re Rebaudengo
p. 63

Douglas Gordon and Philippe Parreno
Zidane. A 21st Century Portrait, 2005
2 channel video installation, 16 mm transferred on DVD,
90:00 min.
Collezione Sandretto Re Rebaudengo
p. 31, 159, 160, 161, 162

Mona Hatoum
Hair Necklace, 1995
Human hair, wood, synthetic skin, 36 × 40 × 40 cm
Collezione Sandretto Re Rebaudengo
p. 92

Damien Hirst
Love is great, 1994
Varnish and butterflies on canvas, 213 × 213 cm
Collezione Sandretto Re Rebaudengo
p. 99

Carsten Höller
Balena Bianca, 1995
Polyester, glass eyes, artificial eyelashes, 90 cm
Collezione Sandretto Re Rebaudengo
p. 56/57

William Kentridge
History of the Main Complaint, 1996
Triptych projection: video and two 35 mm
transparencies, 5:47 min.
Collezione Sandretto Re Rebaudengo
p. 108, **109**

Suchan Kinoshita
Untitled, 1999
Glass and ink, 70 × 30 × 30 cm
Collezione Sandretto Re Rebaudengo
p. 95, **98**

Ragnar Kjartansson
The End – Venezia, 2009
144 paintings, dimensions variable
Collezione Sandretto Re Rebaudengo
p. 152/153, **154**, **155**

Donghee Koo
Tragedy Competition, 2004
DVD single channel projection, color, sound,
15:57 min.
Collezione Sandretto Re Rebaudengo
p. 66

Zoe Leonard
Seated Anatomical Model, 1990
Gelatin silver print, 56 × 39 cm
Collezione Sandretto Re Rebaudengo
p. 101

Sharon Lockhart
Jochen (approximately 8 p.m., North Sea), 1994
C-print, 79 × 105 cm
Collezione Sandretto Re Rebaudengo
p. 112

Sharon Lockhart
Lily (approximately 8 a.m., Pacific Ocean), 1994
C-print, 79 × 105 cm
Collezione Sandretto Re Rebaudengo
p. 111, **112**

Sarah Lucas
Love Me, 1998
Chair, papier-mâché, 76.2 × 83.8 × 81.3 cm
Collezione Sandretto Re Rebaudengo
p. 25, **81**

Esko Männikkö
Kuivaniemi, 1991
C-print, 55 × 65 cm
Collezione Sandretto Re Rebaudengo
p. 145, **151**

Margherita Manzelli
Le possibilità sono infinite, 1996
Oil on canvas, 200 × 251 × 3.5 cm
Collezione Sandretto Re Rebaudengo
p. 60/61

Hellen van Meene
Untitled, 1998
10 C-prints (series), each 40 × 40 cm
Collezione Sandretto Re Rebaudengo
p. 54, **55**

Nathaniel Mellors
Hippy Dialectics (Ourhouse), 2010
2 animatronic sculptures, each 112 × 40 × 40 cm
Collezione Sandretto Re Rebaudengo
p. 124/125

Shirin Neshat
Graceful Death (from *Women of Allah* series), 1994
B/w photographic print, 107 × 149 cm
Collezione Sandretto Re Rebaudengo
p. 107

Shirin Neshat
Possessed, 2001
16 mm and 35 mm b/w film transferred on DVD,
sound, 9:11 min.
Collezione Sandretto Re Rebaudengo
p. 65

João Onofre
Untitled Version (I See a Darkness), 2007
Single channel HDV color video projection with sound,
4:18 min.
Collezione Sandretto Re Rebaudengo
p. 67

Tony Oursler
White Trash / Phobic, 1993
Video installation
2 human scale figures, cloth, video projectors,
dimensions variable
Collezione Sandretto Re Rebaudengo
p. 156, **157**

Diego Perrone
La ginnastica mi spezza il cuore, 2000
Single channel video projection with sound, 4:00 min.
Collezione Sandretto Re Rebaudengo
p. 143

Thomas Ruff
Sterne Bild, 1990
C-print, 259 × 188 cm
Collezione Sandretto Re Rebaudengo
p. 121

Yinka Shonibare
Untitled, 1997
2 C-prints (diptych), each 127 × 97 cm
Collezione Sandretto Re Rebaudengo
p. 88, 90

Yinka Shonibare
Affectionate Men, 1999
Sculpture, mixed media, each 152.5 × 61 × 61 cm
Collezione Sandretto Re Rebaudengo
p. 91

Fiona Tan
Saint Sebastian, 2002
DVD double channel projection, color, sound, 22:00 min.
Collezione Sandretto Re Rebaudengo
p. 129, 130, 131

Sam Taylor-Wood
Travesty of a Mockery, 1995
Double channel video projection with sound, 9:49 min.
Collezione Sandretto Re Rebaudengo
p. 85, 86, 87

Jeff Wall
The Jewish Cemetery, 1980
Dispositive in light box, 75 × 245 × 24 cm
Collezione Sandretto Re Rebaudengo
p. 104 / 105

Kunsthistorisches Museum Wien

Anonymous
Statuette: *The Goddess Isis with Harpocrates*, 6th cent. BC
Bronze, hollow-cast, 20.2 × 7.5 × 9.5 cm
Kunsthistorisches Museum Wien, Egyptian and
Near Eastern Collection
p. 72

Anonymous
Statue: *Nefer-heb and Dedet-nebu*,
c. 1700–1650 BC
Basalt, 29.3 × 20.7 × 19.5 cm
Kunsthistorisches Museum Wien, Egyptian and
Near Eastern Collection
p. 75

Anonymous
Handle for the lid of a kettle-shaped urn: *Discus thrower*,
early 5th cent. BC
Bronze, height: 11.3 cm
Kunsthistorisches Museum Wien, Collection of Greek and Roman
Antiquities / Ephesos Museum
p. 163

Anonymous
Statuette: *Attacking Athena (Etruscan: Minerva)*,
1st half 5th cent. BC
Bronze, height: 24.1 cm
Kunsthistorisches Museum Wien, Collection of Greek and Roman
Antiquities / Ephesos Museum
p. 137

Anonymous
Portrait of Emperor Commodus, 180–192 AD
Marble, height: 34 cm
Kunsthistorisches Museum Wien, Collection of Greek and Roman
Antiquities / Ephesos Museum
p. 141

Anonymous
Helmet of a fluted armour, c. 1525 / 30
Bare steel, leather, 30 × 22.5 × 29 cm
Kunsthistorisches Museum Wien, Collection of Arms and Armour
p. 138

Anonymous (after Filippo Negroli)
*Circular shield (Medusa Shield) from an all'antica ensemble
with burgonet*, c. 1541
Steel embossed and chased, partially bronzed, partially
blackened, partially blued, partially damascened with gold
and silver, diameter: 70 cm, depth: 12 cm
Kunsthistorisches Museum Wien, Collection of Arms and
Armour
p. 135, 136

Anonymous (Venetian artist)
Portrait of a Young Man Wearing a Hat , c. 1510 (?)
Oil on panel, 52 × 42 cm
Kunsthistorisches Museum Wien, Picture Gallery
p. 113

Hans von Aachen
Laughing Couple, c. 1596
Oil on canvas, 63 × 51.3 cm
Kunsthistorisches Museum Wien, Picture Gallery
p. 77

Attributed to: **Francesco Albani**
The Penitent Mary Magdalene, c. 1640 (?)
Oil on canvas, 117 × 95.5 cm
Kunsthistorisches Museum Wien, Picture Gallery
p. 26, 147

Paris Paschalinus Bordon, called Bordone
Portrait of a Woman in a Green Coat, c. 1550
Oil on canvas, 102 × 77.5 cm
Kunsthistorisches Museum Wien, Picture Gallery
p. 93

Attributed to: **Paolo Caliari, called Veronese**
Saint Sebastian, c. 1565
Oil on canvas, 114 × 71 cm
Kunsthistorisches Museum Wien, Picture Gallery
p. 32, 127, 132

Valerio Castello
The Massacre of the Innocents, c. 1650/55
Oil on canvas, 61 × 91 cm
Kunsthistorisches Museum Wien, Picture Gallery
p. 15, 46, 47

Pieter Claesz
Vanitas Still-Life, 1656
Oil on panel, 39.5 × 60.5 cm
Kunsthistorisches Museum Wien, Picture Gallery
p. 96/97

Carlo Dolci
The Virgin and Child, c. 1660/70
Oil on canvas, 95 × 77 cm
Kunsthistorisches Museum Wien, Picture Gallery
p. 73

Pauwels Franck, called Paolo Fiammingo
Amori: Reciproco amore (Età dell'oro), between 1585 and 1589
Oil on canvas, 159 × 257.5 cm
Kunsthistorisches Museum Wien, Picture Gallery
p. 71, 78, 79

Francesco Furini
The Penitent Mary Magdalene (half-length figure), c. 1630/35
Oil on canvas, 69 × 59,5 cm
Kunsthistorisches Museum Wien, Picture Gallery
p. 49, 53

Johann Poyancz
Ferdinand I on His Deathbed, 1564
Oil on panel, 50 × 58 cm
Kunsthistorisches Museum Wien, Picture Gallery
p. 103

Jacob van Ruisdael
Mountain Landscape with Waterfall, c. 1670/80
Oil on canvas, 62.5 × 45.5 cm
Kunsthistorisches Museum Wien, Picture Gallery
p. 115

Maker: **Fanni Scheiner**
Formal Mourning Robe of Empress Elisabeth, after 1877
Kunsthistorisches Museum Wien, Department of Court Uniforms
p. 102

Johann Heinrich Schönfeld
Simson Taking Revenge on the Philistines, c. 1633/34 (?)
Oil on canvas, 138 × 201 cm
Kunsthistorisches Museum Wien, Picture Gallery
p. 21, 24, 42

Andrea Solario
Salome with the Head of Saint John the Baptist, c. 1520/24
Oil on canvas, 114 × 71 cm
Kunsthistorisches Museum Wien, Picture Gallery
p. 84

Bartholomäus Spranger
Jupiter and Antiope, c. 1596
Oil on canvas, 120 × 89 cm
Kunsthistorisches Museum Wien, Picture Gallery
p. 25, 80

Tiziano Vecellio, called Titian
Mars, Venus and Cupid, c. 1550
Oil on canvas, 97 × 109 cm
Kunsthistorisches Museum Wien, Picture Gallery
p. 82, 83

Tiziano Vecellio, called Titian
The Deposition, after 1557
Oil on canvas, 99.5 × 115.5 cm
Kunsthistorisches Museum Wien, Picture Gallery
p. 18, 24, 50

Adriaen van der Werff
Male Portrait, 1694
Oil on canvas, 47 × 39 cm
Kunsthistorisches Museum Wien, Picture Gallery
p. 89

Danksagung /
Acknowledgements

Franz Alexejew
Hermann Amon
Martina Aschbacher
Nina Auinger-Sutterluety
Lorenzo Balbi
Nikolaus S. Barta
Christian Beaufort-Spontin
Ulrike Becker
Alfred Bernhard-Walcher
Francesco Bonami
Irene Calderoni
Christian Chochola
Robert Cicek
Tobias Colz
Christof Cremer
Mario Döberl
Patrycja Domanska
Alexander Eisele
Franz Feldgrill
Sylvia Ferino-Pagden
Petra Fischer
Elisabeth Foissner
Philipp Freisleben
Andreas Frostl
Antoine de Galbert
Michaela Gregor
Sabine Haag
Gottfried Hahn
Gudrun Hatvagner
Jutta Höflinger
Christian Hölzl
Regina Hölzl
Catherine Homann
Michaela Hüttner
Miro Janczyk
Ilse Jung
Norbert Kaltenhofer
Angelika Kathrein
Franz Kohl
Anita Korn
Stefan Krause

Monica Kurzel-Runtscheiner
Susanne Längle
Manuela Laubenberger
Renata Malaguti
Carla Mantovani
Wolfgang Mattiasch
Elke Oberthaler
Gwendel Paget
Marc Paget-Schanzl
Frederik Pedersen
Matthias Pfaffenbichler
Ruperta Pichler
Franz Pichorner
Norbert Polt
Christian Redtenbacher
Alexander Rendl
Manuel Riegler
Bert Ross
Konstantin Rössl
Kathrine Ruppen
Daniela Sailer
Silvio Salvo
Patrizia Sandretto Re Rebaudengo
Martin Scheiber
Siegfried Schöffauer
Renate Schwarz-Barta
Theresa Slancar
Barbara Stanzl
Hester Stoebe
Christine Surtmann
Giuseppe Tassone
Helena Tatay
Chiara Torta
Birgit Trinker
Karl Unterweger
Bettina Vak
Helen Weaver
Claudia Wedepohl
Franz Wingelmaier
Karoline Zhuber-Okrog

Bildnachweis /
Photographic Credits

Impressum / Imprint

Katalog zur Ausstellung
Große Gefühle. Von der Antike bis zur Gegenwart
10. März–30. Juni 2013
www.kunsthalle.at

Catalogue to accompany the exhibition
Deep Feelings. From Antiquity to Now
10 March–30 June 2013
www.kunsthalle.at

Ausstellung / Exhibition
Direktor / Director: Hans-Peter Wipplinger
Geschäftsführung / Managing directors:
Cornelia Lamprechter, Peter Weiss
Konzept und Idee / Concept:
Brigitte Borchhardt-Birbaumer, Hans-Peter Wipplinger
Kuratoren / Curators: Brigitte Borchhardt-Birbaumer,
Irene Calderoni, Sylvia Ferino-Pagden, Hans-Peter Wipplinger
Wissenschaftliche Mitarbeit / Research assistant:
Stephanie Damianitsch
Leitung Ausstellungsorganisation / Head of exhibition
management: Katrin Unterreiner
Ausstellungsorganisation / Exhibition management:
Elke Pehamberger-Müllner, Alice Jacubasch
Presse / Media contact: Katharina Kober
Marketing / Marketing: Eva Zwirner (Leitung / Head),
Victoria Grünhut, Sabine Soban, Elisabeth Zettl
Kunstvermittlung / Art education: Tanja Münichsdorfer
Ausstellungsgestaltung / Exhibition design:
Atelier Christof Cremer
Aufbauteam / Art handling: Norbert Kaltenhofer,
Walter Lehmerhofer, Konstantin Rössl, Erika Schroll,
Brigitte Stigler, Karl Unterweger

Verlag für moderne Kunst Nürnberg
Königstraße 73, D-90402 Nürnberg
Tel. +49 911 2373100-0, Fax +49 911 2373100-99
verlag@vfmk.de
www.vfmk.de

ISBN 978-3-86984-427-5

Katalog / Catalogue
Herausgeber / Editor: Hans-Peter Wipplinger
Autoren / Authors: Francesco Bonami, Brigitte Borchhardt-
Birbaumer, Irene Calderoni, Stephanie Damianitsch,
Alexandra Hennig, Patrizia Sandretto Re Rebaudengo,
Burghart Schmidt, Hans-Peter Wipplinger
Redaktion / Editorial staff:
Stephanie Damianitsch, Elke Pehamberger-Müllner
Produktionsleitung / Production manager: Katrin Unterreiner
Grafische Gestaltung / Graphic design:
Alexander Rendi, Mitarbeit / collaboration Patrycja Domanska
Lektorat (deutsch) / Copy editor (German): Birgit Trinker
Englische Übersetzung / English translation: Barbara Stanzl
Gesamtherstellung / Printing and binding:
Grasl Druck & Neue Medien, Bad Vöslau

Cover vorne / Cover: Yinka Shonibare, *Untitled*, 1997,
Collezione Sandretto Re Rebaudengo
Cover hinten / Back cover: Tiziano Vecellio, gen. Tizian /
called Titian, *Mars, Venus und Amor / Mars, Venus and Cupid*,
um / c. 1550, Kunsthistorisches Museum Wien, Gemäldegalerie /
Picture Gallery

1. Auflage / First edition

© 2013 Kunsthalle Krems, Kunstmeile Krems Betriebs GmbH,
Verlag für moderne Kunst Nürnberg für den Katalog / for the
catalogue
© 2013 VBK, Wien, für die Werke von / for the works by
Hans-Peter Feldmann, Douglas Gordon, Damien Hirst,
Carsten Höller, Thomas Ruff und / and Fiona Tan

Alle Rechte, auch das des auszugsweisen Abdrucks und das der
Reproduktion einer Abbildung, sind vorbehalten. Das Werk ein-
schließlich aller seiner Teile ist urheberrechtlich geschützt. Jede
Verwertung ist unzulässig. Dies gilt insbesondere für Vervielfälti-
gungen, Mikrovervielfältigungen, Übersetzungen sowie die Einspei-
cherung in und die Verarbeitung durch elektronische Systeme.

All rights reserved, including reproducing extracts and single
pictures. This work, including all its parts, is protected by copyright.
All exploitation of copyright material is forbidden. This applies in
particular to reproduction, microfilming, translation, and storage
and processing on electronic systems.

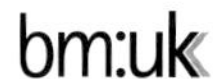
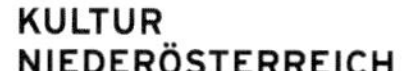

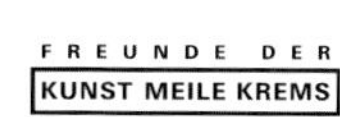
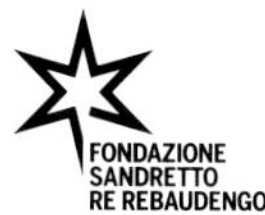